山东大学
马克思主义理论研究丛书

教育部人文社会科学研究青年基金项目
“马克思东方社会理论视域下的文化自信研究”
（20YJC710079）的结项成果

马克思东方社会理论视域下文化主体性建设研究

于少青　著

学习出版社

图书在版编目（CIP）数据

马克思东方社会理论视域下文化主体性建设研究 / 于少青著. -- 北京 : 学习出版社, 2025. 7（2025.12重印）. --（山东大学马克思主义理论研究丛书）.
ISBN 978-7-5147-1313-8

Ⅰ. A811.64

中国国家版本馆CIP数据核字第20254D38S8号

马克思东方社会理论视域下文化主体性建设研究

MAKESI DONGFANG SHEHUI LILUN SHIYUXIA WENHUA ZHUTIXING JIANSHE YANJIU

于少青　著

责任编辑：彭绍骏
技术编辑：刘　硕
装帧设计：壹读闻话　和物文化

出版发行：学习出版社
北京市崇外大街11号新成文化大厦B座11层（100062）
010-66063020　010-66061634　010-66061646
网　　址：http://www.xuexiph.cn
经　　销：新华书店
印　　刷：固安县铭成印刷有限公司

开　　本：710毫米×1000毫米　1/16
印　　张：19.5
字　　数：230千字
版次印次：2025年7月第1版　2025年12月第2次印刷

书　　号：ISBN 978-7-5147-1313-8
定　　价：69.00元

前　言

本书通过梳理马克思、恩格斯关于东方社会的相关论述，揭示马克思主义在“东渐”的过程中，以俄国、中国为代表的东方国家在致力于社会主义现代化的过程中，所进行的社会革命和建设既与原有的传统东方文化之间存在巨大的矛盾，同时也推动和促进了东方文化的发展。探讨东方社会理论下文化主体性建设，体现了马克思、恩格斯对东方社会发展过程中文化建设的关注，也是马克思东方社会理论的重要内容。本书所进行的研究既为当代文化主体性建设提供了学理参考，也为社会主义文化强国建设提供了实践路径。

第一，本书对马克思、恩格斯东方社会理论进行了综合论述和研究。本书立足全球文明文化交融和中华民族伟大复兴的时代背景，以马克思、恩格斯对东方社会发展路径的关切为主线，首先对马克思、恩格斯不同时期的研究视野进行了比较完整的展示，并对马克思、恩格斯关于东方社会的辩证批判进行了深入的论述。马克思、恩格斯对于东方文明的理解经历了两个时期：一是马克思、恩格斯从全球无产阶级运动的角度，对东方社会的落后性质进行了一定的批评；二是在《资本论》中揭露了资本主义冲突的实质以后，马克思、恩格斯又利用对“人类学笔记”的研究探讨了东方文化优越于资本主义的新元素，认为将来的社会文化将是一个更高层次的民族自由、平等与博爱文化的复兴。近代西方资本主义发展对东方社会造成的文化冲击，需要进行辩证的分析，马克思指出其在客观上成为一种“无意识的历史工具”，但这种“无意识的历史工具”在一定程度上限制了其在殖民地的发展，并造成了殖民地奢靡风气的泛滥与东方国家的文化自卑感。这是对唯物史观的进一步发展，也是对当时处于欠发达地区的东方社会进行文化建构的一个重要启示：一方面要承认近代以来自己民族文化的滞后性，另一方面又要在民族的传统中挖掘出一个适应现代化的新生长点，从而坚守自己的文化主体性。

第二，本书对东方社会部分国家走上社会主义道路，实现社会主义从理论走向现实的转变既有成就也有艰辛进行了相关论述和研究。随着无产阶级革命在俄国取得了成果，不但为当时相对落后的东方民族作出了革命与建设的典范，而且还带来了马克思主义这一精神武器。东方国家的社会发展，同样具有东方民族特有的、复杂的、落后的文化困局。列宁认为无产阶级革命文化建构具有高度的复杂性，因而其文化主体性建设是一项多维的系统工程，从政治文化、经济文化和社会文化等多个层面论述了如何进行文化主体性建设。从列宁关于东方社会的理论来看，列宁把俄国的历史特点、实际情况以及布尔什维克的政党历史等问题有机地结合起来，从而把握了当时面临的主要矛盾，通过无产阶级的革命，工人阶级掌握了在文化上所拥有的建设自主权；围绕经济建设，奠定了建设文化主体性的物质基础。对于东方社会的国家和民族来说，更应该注重自身的文化传承，而东方社会的政治文明改造也需要结合其文化环境。这一方面的研究，拓宽了马克思东方社会理论的研究视野，强调了近代以来西方社会的资本逻辑导致资本主义文化全球化，西方资本主义文化的全球化又使资本逻辑无孔不入。马克思、恩格斯认为在这样的资本逻辑场域中，近代以来的世界文化实质上就成为一种资本的殖民文化，这造成了资本主义文化与经济落后国家民族文化的矛盾和冲突。这也是新时代文化主体性建设面临的根本挑战。

第三，本书研究了中华文化主体性建设的历史背景、当代特点、现实困境和实践路径。中国共产党对马克思主义经典作家关于东方社会的理论进行了传承和发展。中国特色社会主义，既是对马克思主义经典作家关于东方社会理论的继承和发展实践，也为中国特色社会主义文化发展创造了一个崭新的发展范式。中华文化主体性建设一直在进行过程中，但也面临着一系列的困境和挑战：如何应对现代东方社会文化主体性建设中的“迷思”和价值追求，是当前中华文化主体性建设亟需回答的课题。因此，我们应该回归到现代东方社会发展的实际情境，剖析中华文化主体性建设的困境，探寻中华文化主体性建设的实践路径。这既是对西方资本主义思想文化在世界范围内的普遍渗入的警醒，也是建设社会主义文化强国的紧迫要求，同样是解决“现代化”和“西方化”之间存在着怎样差别的问题的关键。随着西方资本主义的发展与变化，数字时代资本主义的文化也呈现出新的特点、新的影响、新的危害。例如，数字资本主义将全世界的各个种族、各个国家的生产生活方式都融入到数字资本膨胀的逻辑之中。本书从理论上对中国走出资本主义文化危害的可能条件进行了剖析，但同时也面临着许多逻辑与历史、理论与现实之间的矛盾。我们既要保持对资本主义文化负面效应的普遍关注，又不能忽视其进步的一面。由于文化处于“被决定”的状态，因此，对待文化主体性建设必须进行全面的、系统性的思考，而文化对社会发展的反作用也要辩证看待，它促成了一种新的文化主体性建设——全民参与的文化主体性建设，其既能够充分吸收中华优秀传统文化的内容，又符合社会主义先进文化的要求，本书从文化自觉、文化自信和文化自强等角度探讨中华文化主体性的理论构建和现实途径。

总的来说，本书对马克思东方社会理论中关于文化建设的内容进行了相关发掘，从而为我国的文化主体性提供了“文化自信”的理论依据。在社会主义和资本主义“并存”的背景下，中华文化主体性在建设和实践途径等方面还有许多问题亟待厘清，例如，“西方文化”与“资本主义文化”混淆、与“社会主义文化”对立的一些“误区”。

中华文化主体性的建设发展必将实现对西方资本文化各个向度的扬弃，完成对资本的否定之否定，以中国特色社会主义制度优越性革除资本逻辑文化宰制为核心的西方资本主义文化，不断开拓中国文化自信的生成理路，从而进一步建设和巩固中华文化主体性，更好完成新时代的文化使命。

目 录

第一章 绪 论

第二章 马克思东方社会理论的基本内容

第三章 马克思东方社会理论的文化向度

第四章 资本逻辑文化向度批判：马克思东方社会理论的内在线索

第五章 驾驭资本逻辑：文化主体性建设的核心旨向

第六章 数字时代新局：文化主体性建设的困境与挑战

第七章 中华文化主体性建设的实践路径和未来展望

第一章

绪　论

近代以来，世界文明与民族文化不断交织与发展变化，迫切需要我们对相关问题进行理论的考察，对这些历史现象的分析既要在理论上植根于马克思主义基本原理，又要足以处理现实中的矛盾与冲突。习近平总书记在文化传承发展座谈会上强调："任何文化要立得住、行得远，要有引领力、凝聚力、塑造力、辐射力，就必须有自己的主体性。中国共产党历来重视文化，新时代我们在道路自信、理论自信、制度自信的基础上增加了文化自信。文化自信就来自我们的文化主体性。这一主体性是中国共产党带领中国人民在中国大地上建立起来的；是在创造性转化、创新性发展中华优秀传统文化，继承革命文化，发展社会主义先进文化的基础上，借鉴吸收人类一切优秀文明成果的基础上建立起来的；是通过把马克思主义基本原理同中国具体实际、同中华优秀传统文化相结合建立起来的。创立习近平新时代中国特色社会主义思想就是这一文化主体性的最有力体现。有了文化主体性，就有了文化意义上坚定的自我，文化自信就有了根本依托，中国共产党就有了引领时代的强大文化力量，中华民族和中国人民就有了国家认同的坚实文化基础，中华文明就有了和世界其他文明交流互鉴的鲜明文化特性。"[①]而马克思关于东方社会的理论，尤其是其中的跨越理论为文化主体性建设和中国特色社会主义文化自信提供了重要的理论依据与研究视角，能够使我们从科学的角度对在近现代社会发展进程中出现的文化冲突与交融问题进行整体性的探讨与再研究。

① 习近平：《在文化传承发展座谈会上的讲话》，北京，人民出版社 2023 年版，第 8—9 页。

第一节 研究背景和意义

一、研究背景

从当今现实来看，在西方资本主义文化于世界大行其道之时，资本主义文化依靠数字技术和传播手段的迅速发展，再加上资本逻辑的作用，使得晚期资本主义社会文化艺术的创作采取了工业化的流水线模式，文化商品可以大规模地复制和传播。资本逻辑掌控下的文化产业背离了自律性的发展规律，不能展现人的全面发展可能，这种同质化的文化产业不但不能满足人民对优秀文化产品的需要，反而使人受到资本逻辑的支配和控制。在中华文化主体性建设的现实问题上，“就是以马克思主义为指导，坚守中华文化立场，立足当代中国现实”[①]。以中国为代表的东方国家需要面对如何对待自己的历史传统与文化传承问题。这些为形成当代中国特色社会主义文化自信提供了历史机遇，从而需要思考如何在根本上区别于资本逻辑裹挟的西方资本主义文化，形成自己独特的文化特征与发展道路，进而推动中华文化主体性建设，这样文化自信才能有根本依托。

研究好马克思东方社会理论，为满足坚定文化自信的时代要求提供了强有力的历史印证和学理支撑。在马克思、恩格斯对“东方从属于西方”的相关理论论述中，特别强调了近代以来西方社会的资本逻辑导致资本主义文化全球化，西方资本主义文化的全球化反过来又使资本逻辑无孔不入，使“东方从属于西方”。近代以来的世界文化发展实质上是一种资本的殖民文化，这造成了资本主义掌控下的资本文明与民族文化的矛盾和冲突。西方资本主义入侵与中国传统文化思想的碰撞更为深刻，中华优秀传

---

① 《习近平著作选读》第2卷，北京，人民出版社2023年版，第34页。

统文化能够在近代资本主义的扩张中生存，尤其是在马克思主义传入中国后，二者的发展在马克思主义中国化的过程中互为催化剂，并淬炼成中国独特的反侵略、反压迫的中国共产党革命文化。这是在文化维度上，印证了晚年马克思在有关东方社会的描述中，提出关于近代东方落后国家发展所具备的文化上的相对独立性，甚至是可以借助自己的文明优势，发展为跨越资本主义、选择社会主义道路的一种独特优越性，中国共产党的革命道路也证明了这一点，也是中国当前推动创造人类文明新形态的重要历史依据。

二、研究意义

从研究的理论意义上说，当前文化主体性建设遇到的问题在于如何对待强势渗透中的西方资本主义文化，这一点与当时马克思分析近代东方社会发展遭遇的西方文化尤其是资本主义文化“入侵”有相似之处，而与西方学者费正清所提出的“冲击—回应”模式又有根本的不同。虽然马克思更多的是从经济、政治的角度界定东方社会的，尤其是研究东方社会时，东方的中国和印度被纳入视野，也把俄国归入研究范畴，但是对中国或东方社会从发展“停滞”到跨越的认识显然并不局限于经济与政治角度，保留自身文化上的独立性同样是关注的焦点。例如，马克思大力强调东方相对落后国家应积极利用与西方资本主义文明并生共存这一有利的世界历史环境，同时保留并发扬东方农村公社自身积极的文化因素，从而通过无产阶级革命推翻现有资产阶级统治。而理解和把握现代性文化扩张的实质，才能紧紧抓住文化主体性建设需要超越资本逻辑这个根本，从资本逻辑与现代文化的内在关联与冲突中把握中华文化主体性建设的发展方向。

从研究的现实意义来看，文化主体性建设过程中需要驾驭的资本既有促进文化发展的动力作用，也要有如何限制其无序扩张的考量，尤其是在当下数字时代呈现出很多马克思时代不具备的资本输出的新特点和发展新方向。这对于研究文化主体性建设的理论与实践、马克思主义中国化的现实发展、坚定对中国特色社会主义的文化自信具有重要的现实意义，尤其对于理解中国特色社会主义文化发展道路的选择及其未来具有重要启示。只有实现中华文明的复兴，形成中国式现代化的文化形态，才能使中国道路、中国模式、中国经验、中国声音成为当代世界关注的焦点。

第二节 相关研究述评

一、马克思东方社会理论中相关文化问题的研究述评

关于马克思东方社会理论与文化自信问题的研究可分为 3 个层面。首先，是对马克思东方社会理论本身的研究，尤其是关于中国部分的研究。英国学者吉伯特·阿什卡认为，萨义德对马克思的“东方主义”批判以及由此引发的对马克思主义的“后殖民主义”批判都触发了马克思主义的自我批判力和自我修正能力；[①]谌中和（2015）指出马克思对东方社会停滞、专制与可能前途的思考影响深远，唯有通过对这种理论的进一步反思，澄清理论前提及其历史性，才能实现对中国历史道路的必然性与合理性的充分把握，避免对中国历史传统的虚无主义理解，这对于我们加强历史与文化自信具有重要启示；[②]张奎良（2014）提出对马克思东方社会理论需要再反思，为了扩展唯物史观的视野，必须走出西方社会的历史局限；[③]俞良

① 参见［美］爱德华·W. 萨义德：《东方学》，王宇根译，北京，生活·读书·新知三联书店 2019 年版，第 1—37 页。

② 参见谌中和：《马克思的东方社会理论与中国历史道路》，《广东社会科学》2015 年第 5 期。

③ 参见张奎良：《马克思东方社会理论的再反思》，《求是学刊》2014 年第 5 期。

早（2022）指出马克思、恩格斯在19世纪50年代初提出了每当欧洲革命风暴暂时平息的时候，就会产生永远解决不了的“东方问题”，即欧洲列强在摆脱了革命危机和巩固了统治地位之后，会蹿到东方，为掠夺东方的财富和扩大在东方的势力范围而进行争斗甚至战争。[①]杨耕（2022）认为当马克思完成了对西方资本主义社会的批判后，便把研究视野转向东方社会，开始剖析和探讨东方社会的社会结构和发展道路，并且“在改造资产阶级‘东方学’的基础上创立了自己独特的东方社会理论”[②]。

其次，是对马克思东方社会理论中的相关文化向度问题的研究。胡芳（2015）认为目前学术界对马克思的东方社会理论的研究主要存在两个问题：一是研究主要停留在从政治和经济的层面对“跨越理论”的考察；二是主要针对马克思的晚年著作进行研究，却忽视了结合他早期著作的辩证考察，容易陷入“文化虚无主义”的境地。[③]叶险明（2022）从文化上分析了马克思学说的创立和发展必然离不开马克思对“西方中心论”的科学批判，指出马克思彻底摆脱了“东方社会停滞”等“西方中心论”词语表述影响的同时，把对资本主义的一般与特殊及其相互关系的认识从西欧推及世界，指出了一条与资本主义紧密相关，但又不同于西方社会的可能性发展路径，根据历史的具体环境把握“文明形态的多样”与“世界文明发展的统一和趋向”之间的关系。[④]

① 参见俞良早：《马克思恩格斯关于“东方问题”留待欧洲革命解决的思想》，《马克思主义与现实》2022年第1期。

② 杨耕：《东方的崛起：关于中国式现代化的哲学反思》，北京，人民出版社2022年版，第61页。

③ 参见胡芳：《东方社会主义的文化建设境遇》，北京，中国书籍出版社2015年版，第1—6页。

④ 参见叶险明：《重新诠释两个重要历史哲学命题间的关系——超越“文明形态的多样”与“世界文明发展的统一和趋向”关系认识中的误区》，《理论视野》2022年第8期。

最后，是研究如何挖掘马克思的东方社会理论，从而使其为中国式现代化建设和增强文化自信服务的问题。马克思的传统文化观既是马克思的东方社会理论得以形成的重要依据，也对科学社会主义理论和“新唯物主义”的丰富和发展产生了重要影响。薛永龙、吴学琴（2018）认为没有高度的文化自信，就没有中华文化的繁荣昌盛，就没有中华民族的伟大复兴。因此，必须培养高度的文化自觉和自信，重塑西方资本主义文化与中国特色社会主义文化的价值边界，即必须实现资本逻辑和文化逻辑的融合统一，使文化发展返璞归真；[①]马骏（2022）提出马克思将社会研究的视野扩展至中国、印度、俄国等东方国家，其时正值欧美国家先后进入工业文明时代，全球范围内的对外扩张成为西方资本主义发展的主旋律之一，东西方社会之间大规模的交汇和碰撞由此开启，东方国家的现代化历史进程也从此发端。对东方国家现代化历史进程的理论思考是马克思对自身社会发展理论具体内容和研究方法的深化拓展，对于我们今天坚持和发展中国式现代化新道路有着重要的指导和启发意义。[②]张培培（2020）通过分析马克思给查苏利奇的复信，指出俄国农村公社可能成为俄国社会获得新生的支点，说明“公有”与“国有”作为一种文化传统和社会共识而存在，至于是否赋予具体的制度实施，要看历史的具体环境。[③]

另外，也有学者提出了耳目一新的观点。王莅（2023）指出就马克思所生活的19世纪而言，虽然资本同化世界历史进程是时代的主旋律，但也

① 参见薛永龙、吴学琴：《资本逻辑场域下传统文化的发展困境及出路》，《中国石油大学学报（社会科学版）》2018年第5期。

② 参见马骏：《马克思关于东方国家现代化进程的理论思考及启示》，《社会主义研究》2022年第6期。

③ 参见张培培：《问题与解释：马克思〈给维·伊·查苏利奇的复信〉为何四易其稿》，北京，中国社会科学出版社2020年版，第73页。

不可忽视大量非资本主义因素对资本扩张的排异现象。其中，亚细亚社会便是资本扩张进程中遭受重创且无法消弭的一道空间界限，需要基于马克思的资本批判视角，从历史传统、社会结构和殖民冲突 3 个层面，揭示亚细亚社会凸显的以东方社会为代表的非资本主义因素在世界历史进程中所扮演的历史空间界限、社会空间界限和文化空间界限角色。亚细亚社会与西方资产阶级社会的冲突不仅证明了资本主义不是人类历史的唯一出路，而且还为人类社会超越资本逻辑的统治提供了新的历史选择。①东方社会是在马克思世界历史思想关注的重点范畴之内的，英国殖民者完成的双重使命，其实是资本的双重使命，即充当野蛮破坏与不自觉的历史工具。

总体来看，国内外学术界对马克思东方社会理论有较为成熟的理论研究，而由此引发的马克思相关文化思想的研究则较多停留在马克思的人本主义的抽象文化哲学，即站在文化角度研究文化自信等相关文化主体性建设问题，因此仍然需要进一步从根本的唯物史观与社会变革的角度出发来研究文化问题，在发展实体性、历史实践性内容的研究上还需要有所突破，需要置于当时资本主义世界发展的大潮流中和马克思资本批判的语境中，最终服务于对新时代中国特色社会主义文化发展的研究。

二、文化主体性建设的研究述评

学术界对马克思主义理论视角下的文化主体性建设相关问题的研究，特别强调了近代以来西方资本主义的发展使“东方从属于西方”。近代以来的世界文化发展实质上是一种资本的殖民文化，这造成了资本主义掌控下的资本与民族文化的矛盾和冲突，对中华文化主体性建设产生了挑战。

---

① 参见王莅:《亚细亚社会与资本扩张的空间界限——基于马克思的资本批判视角》,《马克思主义与现实》2023 年第 2 期。

学术界在对马克思、恩格斯著作中文化问题的研究中发现，在马克思的时代，文化还是相对边缘的概念，尚未掌握意识形态的中心话语权，因此马克思、恩格斯著作中关于文化的描写不多并不奇怪。总的来看，马克思主义创始人著作中“文化”一词常与“文明”“精神生产”“意识形态”“哲学”等概念互释。一方面，对传统文化的精神释义展开批判；另一方面，又秉承了“文化”一词的启蒙传统，视文化为人类解放的力量。文化建设的关键在于，文化反映出的社会关系是人们在社会实践活动过程中结成的相互关系的集合。社会关系建立在社会实践活动的基础之上，建立在人们的生产和生活包括物质活动和精神生活的实践过程中，同时，也是社会实践活动的存在形式。[①]以各种不同方式进行生产活动的社会中的个体，都会在活动中形成相应的社会、政治关系，而社会关系是以社会生产关系、经济关系为基础，文化是其反映，人总是在一定的社会关系中生存和发展的，人的存在和发展受到相应历史与现实社会关系，即文化条件的影响和制约，同时在这种历史与现实的发展过程中凝聚着共同的价值旨向。

在研究马克思对文化相关问题的看法本质方面，美国学者胡伊森（2010）确认了现代大众文化起源于《共产党宣言》发表的年代，马克思、恩格斯在《共产党宣言》中指出：“资产阶级抹去了一切向来受人尊崇和令人敬畏的职业的神圣光环。它把医生、律师、教士、诗人和学者变成了它出钱招雇的雇佣劳动者。”[②]事实上，马克思、恩格斯在这里便指出了资本与文化生产联姻所带来的后果。日本学者柄谷行人（2017）在《作为精神的资本》中认为需要辩证地看待发展的主体从精神变成资本这一点，即

① 参见陆扬等：《马克思主义文化理论发展史》，南昌，百花洲文艺出版社 2018 年版，第 9 页。

② 《马克思恩格斯文集》第 2 卷，北京，人民出版社 2009 年版，第 34 页。

作为“精神的资本”[①]，而《资本论》所描绘的就是从商品物神至资本物神的发展。这正是说明对马克思文化理论的研究脱离不开马克思资本批判的研究范式，主要集中于研究马克思所论述的资本如何融合与控制文化，进而影响和操控文化主体性。而关于资本逻辑与文化、中华文化传统的关系问题，秦慧源（2018）认为，资本逻辑主导形态的不断演变及资本主义生产方式的不断创新都对文化生产产生了深刻而复杂的影响。[②]因此，结合资本逻辑的动态演变对“资本逻辑介入文化生产”这一议题进行深入的学理分析与反思，对新时代中国特色社会主义文化发展具有重要的启示意义。可以说，文化的商品化及其后果是资本逻辑扩张在文化领域的体现，它并不是一种偶然现象，而是一个世界性问题。张三元（2019）则直接认为文化全球化“根源于资本逻辑”[③]，提出资本全球化必然导致文化全球化，文化全球化必然伴随着资本全球化，文化全球化乃是资本逻辑在文化领域扩张的终极追求。国外学者针对马克思资本逻辑批判的哲学与政治经济学研究中，涉及资本如何参与到资本主义全球化文化的扩张过程，进而助推了资本逻辑的无序性及其带来的危机，这些研究都直接缘起于马克思主义创始人的有关学说，例如法兰克福学派的文化产业批判理论，英国伯明翰学派的文化研究。詹明信（2013）认为科技是资本的成果而非成因，将商品和服务纳入文化生产的过程中，而“只有通过某种主导性文化逻辑或者支配性价值规范的观念，我们才能够对后现代主义与现代主义之间的真正差异作出评估”[④]；大卫·哈维（2016）提出马克思坚持通过考察资本

① ［日］柄谷行人、欧阳钰芳：《作为精神的资本》，《开放时代》2017 年第 1 期。

② 参见秦慧源：《唯物史观视域下的文化资本逻辑批判》，《哲学动态》2018 年第 7 期。

③ 张三元：《论资本逻辑与现代性文化》，《江汉论坛》2019 年第 3 期。

④ ［美］詹明信：《晚期资本主义的文化逻辑》，陈清侨等译，北京，生活·读书·新知三联书店 2013 年版，第 353 页。

主义的内在动态来理解危机，这恰恰是回到马克思的论述中，尤其是资本让“自然被当作工具对待”去思考相应的问题。[①]

而研究中华文化主体性的相关问题，主要集中于对中华文化主体性的内涵拓展和建设路径。例如，刘同舫（2024）讲到“文化主体性”，不是以文化本身作为主体，而是意指在文化层面上彰显当代中国作为主体的特殊性质；[②]何中华（2023）则提出，“第一个结合”内在地蕴含着“第二个结合”,“第二个结合”被主题化，是确立中华民族文化主体性的客观需要。[③]胡海波（2022）从文化自信的角度，认为“文化自信需要具体落实到主体的自觉践行上，自觉能动性是每一个实践主体的根本属性”[④]。在建设路径方面，仍然以马克思资本逻辑批判范式的研究居多，集中于资本的文化向度对文化、中华文化主体性产生的影响等问题，在资本逻辑视角下如何坚定文化自信等。例如，林彦虎（2023）研究了资本与文化在现代社会中具有的内在契合性，即资本扩张需要文化的助力，而文化的发展又需要资本的驱动，必须严防资本对我国文化发展造成的破坏；[⑤]李明哲、高福进（2023）认为在资本增殖与权力扩张双重逻辑宰制下，文化帝国主义意图迈入数字垄断阶段，其真实目的是要借助数字技术重塑西方文化模式的移

---

① 参见［美］大卫·哈维：《资本社会的 17 个矛盾》，许瑞宋译，北京，中信出版社 2016 年版，第 301 页。

② 参见刘同舫：《“第二个结合”与文化主体性的巩固》，《思想理论教育》2024 年第 1 期。

③ 参见何中华：《从马克思主义中国化看“两个结合”的意涵》，《哲学研究》2023 年第 9 期。

④ 胡海波：《新时代中国特色社会主义文化自信的总体性研究》，北京，学习出版社 2022 年版，第 138 页。

⑤ 参见林彦虎：《论资本介入文化领域的双重影响及其超越路径》，《湖北社会科学》2023 年第 8 期。

植外衣和生成场域，在数字媒介的单向统摄中实现数字资本的价值增殖，这引发了一系列全球文明的新殖民危机；[①]陈立新（2023）指出资产阶级建构了与资本运动相匹配且能够提供必不可少文化辩护的观念体系或意识形态，需要让资本在劳动原则的引领下，在巩固中华文化主体性上充分发挥其“伟大的文明作用”[②]。

通过马克思资本批判的文化向度视域下研究资本应用到文化发展领域中产生的作用和存在的问题，这是当前的一个较为热门的研究方向。资本逻辑主导文化革命带来了人与自然、人与人的关系在价值上的失调，以海德格尔（1953）为代表的观点认为自然成为资本逻辑征用现代技术的对象，在这一过程中使自然物在人精神上的神秘性不复存在，人对自然陷入了“订置的疯狂”，变成了“完成了的形而上学”[③]。这并没有脱离马克思对资本与人的本质的论述，我们更需要进一步思考这一“神秘性”文化背后的资本逻辑动因。一些西方马克思主义学者同样提出了类似的观点。例如，阿多诺指出，文化工业受资本逻辑的绑架，最终成为资产阶级统治的帮凶。在资本逻辑的作用下，文化丧失了其自律性，文化艺术成为商品和工业品。原本作为生活方式展现的文化，既能够展现普通社会生活的丰富性与多样性，又能展现高于所处时代的独特性和创造性。但在阿多诺看来，“文化工业”把二者强行聚合在一起，结果双方都深受其害，高雅艺术的严肃性在它的效用被人投机利用时遭到了毁灭；低俗艺术在文明的重

① 参见李明哲、高福进：《文化帝国主义数字殖民的危机表征及应对路径》，《马克思主义文化研究》2023 年第 1 期。

② 陈立新：《中华民族现代文明的文化主体性建设》，《中国社会科学评价》2023 年第 4 期。

③ ［德］海德格尔：《演讲与论文集》，孙周兴译，北京，商务印书馆 2020 年版，第 84 页。

压下消失殆尽。而葛兰西著名的“文化领导权”的观点虽然强调了文化的统治功能，但又容易陷入文化决定历史的唯心主义观点中。资本逻辑发展的未来走向可能使人的生产、生活方式越来越产生价值偏离，因此，需要选择新的价值形式或文化信念。例如，克里斯蒂安·福克斯（2020）提出在数字时代解决危机的唯一选择是从数字劳动中退出和克服异化，“用公有化逻辑取代资本逻辑”，把数字劳动转化为数字工作，重塑人们对财富的价值观念；[①]乔尔·莫基尔（2020）认为文化既具横向流动性，又具纵向传承性，其中横向流动性要遵循历史唯物主义的文化适应于其所处的经济发展环境，而纵向传承性，是一定的经济条件成熟时，适当的文化传统将以某种新的形式出现，这是一个根据现实实践条件而会产生的必然结果，人们会选择符合他们物质利益的文化。[②]

总的来说，国内外学术界对马克思东方社会理论和文化主体性建设的研究已经取得了一定的成果，对研究马克思资本批判引出的文化批判问题也有一定的研究，而在发展实体性、历史实践性内容方面的研究仍然需要有所突破。例如，资本的问题并不是在社会发展中的孤立因素，对全球化条件下产生一系列文化问题的历史根源，以及如何运用好马克思东方社会理论促进新时代中华文化主体性建设，我们还缺少一个整体性把握，需要将其置于新时代的文化使命的范畴语境中，置于当前推进中国式现代化的时代潮流中，这也是为中华文化主体性建设作出的基于历史唯物主义的研究。

---

① 参见［英］克里斯蒂安·福克斯：《数字劳动与卡尔·马克思》，周延云译，北京，人民出版社 2020 年版，第 372 页。

② 参见［美］乔尔·莫基尔：《增长的文化：现代经济的起源》，胡思捷译，北京，中国人民大学出版社 2020 年版，第 43—44 页。

第三节 研究目标、思路与方法

一、研究目标

马克思的东方社会理论思想蕴含着丰富的内容。本书立足马克思、恩格斯对东方社会的科学分析与整体把握，主要研究东方社会理论中的相关文化向度问题，认为马克思在东方社会问题上是以资本文化向度的批判为内在线索。将中西方文化交融的历史文化发展事实作为相关的分析基础与论证材料，以期实现在历史与文化的维度上，佐证与挖掘马克思的东方社会理论，推动相关马克思主义中国化理论的完善，从而进一步在实践中为建设中华文化主体性提供历史与理论支撑。

二、研究思路

本书首先以马克思东方社会理论在文化向度上的相关阐释为基础，研究世界历史中的东方社会理论及其命运，着重关注资本逻辑批判中资本与文化的结合点，进而强调马克思论述的西方资本主义文化对东方文化遮蔽的批判，并且强调资本逻辑问题的世界历史性以及东方社会文化的独特性；依据这一思路，从纵向历史继承上，研究将超越资本逻辑作为中华文化主体性建设的根本旨向；从横向时代发展上，研究数字时代文化主体性建设面临的西方资本文化向度的新特点和带来的新挑战，最后提出超越西方资本文化向度，建设、巩固和发展中华文化主体性的实践路径。

（一）马克思东方社会理论及其在文化向度上的相关阐释

马克思、恩格斯虽然没有系统论述东方社会文化议题的专门文本，但他们在分析西方近代以来资本主义生产方式过程中都蕴含着对资本以及资本逻辑如何影响社会文化的思想，尤其是对“现实的人”生活的关注。晚年马克思更注意从积极的意义去探索东方文化优于资本主义制度的新生因素。马克思、恩格斯对资本主义文化有极为深刻的认识，资本主义文化中存在着巨大的矛盾，他们通过对史前社会的考察，特别是在研读“人类学笔记”之后，发现了与资本主义把“物”作为生产的目的不同，古代社会把“人”作为生产的目的的文化理念是对资本主义文化的修正，提出未来社会文化将是古代氏族的自由、平等和博爱的复活，但却是在更高级形式上的复活。马克思在俄国农村公社中发现了“二重性”，有可能成为优于资本主义文化的“新生的因素”。马克思对东方社会的关注，主要是从对俄国、中国、印度 3 个国家进行考察开始的，根据东方各国的殖民化程度不同，在文化选择上分为 3 种特征：第一，完全殖民地国家，以印度为代表，是在英国殖民统治下，被迫接受西方资本主义文化，属于“植入”型；第二，半殖民地半封建国家，以中国为典型，属于被迫开放与自主选择相结合；第三，落后的资本主义国家，如俄国，主动进行资本主义改革，学习和引进资本主义文化，有实现跨越资本主义“卡夫丁峡谷”的可能。由于资本的扩张本性，西方资产阶级必然对东方国家实行殖民侵略，因此，东方社会的文化特征也成为马克思文化解放思想的逻辑展现。随着国际无产阶级运动的发展，马克思、恩格斯对东方文化的认识也发生了重大转变，从早期的西方无产阶级革命运动来推动东方民主革命运动的发展，到马克思、恩格斯晚年的东西方革命“互相补充”和“两极相联”的思考，他们对东方文化的态度也从批判转向积极探索新因素，他们对于西方资本主义对东方社会的文化影响，以及对东方社会俄国、中国、印度等国的文化选择和文化发展所进行的思考，也是本书研究内容的基本出发点。

（二）马克思对资本逻辑文化向度的批判是东方社会理论内在线索

马克思、恩格斯在《共产党宣言》《资本论》中论述了丰富的文化批判内容，文化向度的视角也凸显了马克思东方社会理论中关于“跨越”理论的实质。马克思在分析批判资本主义生产方式的过程中，就已经涉及其对文化和生活方面的重要影响，世界历史的形成绝非仅仅停留在经济和政治方面，而是深入文化及其对人本身的影响，即人与自身、人与人、人与社会之间的关系。当涉及东方社会理论的相关问题时，以资本逻辑渗透为核心的西方殖民主义对东方文化及文明未来走向的影响成为内在线索，研究民族优秀传统文化如何反制西方资本主义文化带来的不利影响也是这一部分研究的重点。

马克思对资本文化向度的批判并不是资本逻辑与文化逻辑的关系问题，也不是对文化资本逻辑的简单批判，而是资本逻辑对文化的显性与隐性影响乃至控制，以及文化的相对独立性问题，即究竟什么样的文化能够较少受到资本逻辑运动的影响，甚至能够制约资本逻辑的不利因素，从而能够实现发展的相对独立且可以超越资本逻辑的社会主义文化。在《共产党宣言》中，马克思、恩格斯明确地指出了资本逻辑全球拓展问题的实质所在：“不断扩大产品销路的需要，驱使资产阶级奔走于全球各地。它必须到处落户，到处开发，到处建立联系。”[①]“资产阶级即资本”的文化全球化是理性形而上学与资本权力共谋的必然结果。但是，需要思考的是，资本“到处开发，到处建立联系”的逻辑对不同文明、不同文化程度的国家和地区影响程度并不一致，甚至在一个大的国家内，不同地区也有文化发展的不平衡性，他们接受资本逻辑的程度显然是不同的。资本逻辑形成的巨大的客观物质力量是一种不以人的意志为转移的客观规律，一切地区文明与民族文化是否都要让位于资本逻辑，资本逻辑对文化的控制和影响是否已经不可避免，这便需要从马克思对资本文化向度的批判出发，进而涉及构建文化主体性包含的层面。

---

① 《马克思恩格斯文集》第2卷，北京，人民出版社2009年版，第35页。

（三）西方资本文化向度对东方社会文化的遮蔽

文化作为上层建筑的一部分，经济基础（主导的生产方式）到底是如何产生出截然不同的文化模式的？资本是历史的产物，是生产力发展到一定水平后的经济关系。西方资本文化向度对东方社会文化遮蔽的实质依然是社会关系的物质化的表达。归根到底，资本文化向度显现出的是一种社会力量，是人与人之间的社会关系。所以，必须把其放在一种社会关系中进行动态地理解。资本与文化的结合点便在于此，但重点便是如何理解这个结合点，即它在历史发展现实中的表现与特征。反过来讲，资本作为一种社会关系，它本身就体现着一种文化——现代性文化。而现代性文化，源于资本文化向度或者资本逻辑发展的庇护之下，它必然需要面对东西方文化不同的这个实际。也就是说，东西方现代性文化的发展都不得不考虑资本逻辑这个实际，否则，就失去了文化存在的现实环境。结合资本文化向度的发展演变，对资本与文化的结合点深入分析，才能使西方资本文化向度对东方社会文化的遮蔽中存在的问题予以合理澄明。

（四）驾驭资本逻辑：中华文化主体性建设的根本旨向

从历史的纵向继承上看，马克思主义必须与中国具体文化特点相互贯通。马克思主义之所以有力量，就在于它与不同国家具体文化的“相通”性。在回答“马克思主义是怎样以及为什么会变成存在于中国语境中的这种形式”的问题时，需要对文化特殊性进行准确的研究，因为它对中国接受马克思主义思想具有重大意义。而中华文化主体性建设，需要体现在马克思主义基本原理尤其是主宰近代社会发展的“资本逻辑”之上，它为中国理解马克思主义的资本逻辑批判提供了一个任何事物都具有的连续性的历史观框架。马克思对资本逻辑的批判向度，在中国传统文化哲学的“王霸之辨”中能够得到生动体现，从而使问题置于资本逻辑从“霸道”到“王道”的中国化语境。近代以来资本主义历史发展之所以遵循“霸道”的资本逻辑有其历史必然性，资本逻辑“霸道”的经济现实与驾驭资本逻辑的“王道”追求之间的矛盾斗争、交融与转化，构成了资本主义向社会主义前进的重要动力。

（五）数字时代新局：中华文化主体性建设的困境与挑战

从时代的横向发展上看，当前社会正处于数字时代，数字时代是互联网、大数据、云计算、人工智能、区块链等数字技术全面渗透到社会生活各个领域、各个方面的发展形态，而数字时代资本逻辑的文化扩张表现为一种数字技术与文化发展的结合，表现了个人与社会、个体与技术、现实与虚拟的复杂关系。数字时代人类文明是趋向资本主义的“赛博朋克”还是社会主义的“人类文明新形态”？在西方数字资本主义条件下，数字技术在外在层面上表现出要全面接管资本主义生产方式的架势，数字技术是否已经超越资本成为人类社会的主宰？对这些问题的回答不仅是对相关技术或文化现象的探讨，也需要回归马克思的资本逻辑批判理论，在整体性上探究数字时代资本逻辑文化表征及其后果，为当代中国发展数字经济及进行实践，并在文化价值层面上超越资本逻辑、实现中华文化主体性建设的新突破与发展提供参考。

（六）坚定文化自信：中华文化主体性建设的实践路径和未来展望

从现实与未来发展上看，在西方资本主义文化正于世界大行其道之时，以中国为代表的东方国家需要正确对待自己的历史传统与文化传承。在这个过程中，不是用西方文明的先进性来消解东方文明的民族性，而是通过东方社会文明内部机制的自我更新，既汲取西方文明的部分先进性元素，又根除东方文明的落后性，使东方（中国）文化在具有世界性的同时又不失其民族性。所以，研究马克思批判资本主义文化的实质就是社会主义文化的发展需要突破资本逻辑的掣肘，打通资本逻辑和文化之间的研究壁垒，驾驭资本逻辑实现极大丰富物质基础上的文化自信与文化认同。

习近平总书记在纪念马克思诞辰200周年大会上的讲话中指出："马克思、恩格斯高度肯定中华文明对人类文明进步的贡献，科学预见了'中国社会主义'的出现，甚至为他们心中的新中国取了靓丽的名字——'中华共和国'。"[①]只有真正驾驭与超越文化发展中的资本逻辑，才能抓住当代世界文化交流发展中的问题所在，从而探求中华文化主体性的建设、巩固和提高，为中华文化主体性建设提供马克思主义方案和中国力量。

三、研究方法

在研究方法上，本书坚持以马克思主义历史唯物主义和辩证唯物主义的世界观和方法论为根本原则和依据，在具体研究上坚持理论与实际相统一、规范与程序相结合，综合运用多种研究方法，力求客观、准确、完整地反映与分析问题。

（一）文献资料分析法

本书用到的基础理论文献是《马克思恩格斯全集》，其中有马克思、恩格斯关于东方社会及其相关文化问题的丰富论述，另外也有中华优秀传统文化的相关研究文献，文献资料分析法也是本书最为主要的研究方法。

（二）历史分析法

本书的一个重要部分就是对资本逻辑的历史脉络进行分析，运用历史分析法，以马克思历史唯物主义思想与理论为研究主体，多学科的研究角度为辅助。在研究过程中进一步贯彻采用以史为论的"正反批判与古今对比相结合"的分析方法，以期进一步充实中国特色社会主义文化理论的研究方法。

① 习近平：《在纪念马克思诞辰200周年大会上的讲话》，北京，人民出版社2018年版，第12页。

第四节 创新点及未来研究方向

一、创新点

在研究内容方面，本书在马克思东方社会理论的研究框架下思考文化问题，以马克思东方社会理论的文化向度为基础展开，提出重视资本文化向度对东方社会文化渗透遮蔽的观点，把推动文化主体性建设纳入资本逻辑的考量之中。在纵向上结合中华优秀传统文化的价值理念，找到资本引致文化问题的本质，同时在横向上结合数字时代社会关系革命的时代语境，对全球化资本主义背景下资本形态的嬗变及其对文化的影响进行分析，认识到西方一些提倡文化资本主义的观点的局限性所在，指出依靠社会主义力量驾驭和超越资本逻辑而实现社会进步必然是社会主义先进文化，为研究中华文化主体性建设提供新的研究视域和研究思路。

在研究视角方面，研究马克思主义理论的相关论题，对历史的分析多停留在历史描述层面，主要用以论证理论的正确性。本书贯彻运用马克思历史唯物主义研究历史的方法，结合中华优秀传统文化的价值理念，突破资本逻辑的掣肘，打通资本批判和文化之间的研究壁垒，驾驭和运用资本以加强和巩固物质财富较为丰富基础上的中华文化主体性建设。

二、未来的研究方向

本书的未来研究方向在于，运用中华优秀传统文化、中国共产党的革命文化、社会主义先进文化突破西方资本主义文化的渗透和掣肘，打破西方国家垄断现代文化发展的壁垒，使中国的文化发展不再受制于资本逻辑，而是能够具备中国特色，形成中华文化主体性自身的发展特点，从而在中华民族伟大复兴的实现过程中始终坚守中华文化主体性。

第二章

马克思东方社会理论的基本内容

在探究马克思东方社会理论对中华文化主体性建设的意义时，我们首先要明确该理论的核心内容。马克思东方社会理论强调历史的具体性和社会形态的多样性，这为我们理解和把握中华文化的独特性和主体性提供了重要的理论依据，深入剖析马克思东方社会理论的核心内容，以此作为文化主体性建设的坚实理论基石。这一理论不仅为我们理解东方社会独特的历史变迁、文化形成以及社会发展提供了独特的视角，还特别注意到了东方社会的特殊性。这一视角，对于我们深化对中华文化历史逻辑和发展规律的认识至关重要，也为文化主体性建设指明了方向。

第一节　马克思东方社会理论的发展历程

在马克思、恩格斯的研究历程中，早期探究唯物史观的出发点是带有一定的“西方中心论”色彩的，这是基于近代发达的资本主义体系发端于西方的历史事实。也正是对当时西欧发达的资本主义生产方式进行的剖析，马克思、恩格斯才能不断揭示唯物史观体现出的人类社会发展普遍规律。但是这并不意味着马克思、恩格斯始终持有“西方中心论”的观点，他们的研究视角从来没有只是局限于西方，这一点在他们看待和研究东方社会的诸多著作和文章中均有体现。

“西方中心论”又被称为“欧洲中心主义”，“欧洲中心主义是指一种错误的普遍主义，它将打上西欧资本主义烙印的文明模式和历史模式不加批判地作为衡量一切人类历史和文明的标准。欧洲中心主义可以被定义为在欧洲征服世界的几个世纪中不断发展、或多或少自发地产生影响的‘文化帝国主义’……马克思将欧洲特有的历史发展过程视为普遍有效的。但是在《〈政治经济学批判〉序言》中对于经济社会模式各阶段的描述并不完全符合每一个国家模式的必然发展过程”[①]。在19世纪50年代，马克思、恩格斯在1848年欧洲革命之后，就将研究目光逐渐指向了东方社会，并在之后的各种著作和书信中多有涉及，并通过对东方社会的持续关注和研究，建立起了特有的马克思东方社会理论。随着20世纪社会主义在全世界范围内的实践运动，特别是在东方国家取得了极大的成功，马克思关于东方社会的思想又焕发出耀眼的光芒，并逐渐发展为具有一定普遍性的东方社会发展规律。

马克思东方社会理论集中体现在以下著作中：马克思、恩格斯1851—1862年为《纽约每日论坛报》撰写的多篇关于东方社会的文章，例如《中国革命和欧洲革命》《不列颠在印度的统治》《俄国在远东的成功》等，马克思晚年的五大人类学笔记（菲尔笔记、柯瓦列夫斯基笔记、摩尔根笔记、拉伯克笔记、梅恩笔记）、历史学笔记，1875年恩格斯的《论俄国的社会问题》，1877年马克思的《给〈祖国纪事〉杂志编辑部的信》，1881年马克思的《给维·伊·查苏利奇的复信》及4个草稿，马克思、恩格斯的《共产党宣言》1882年俄文版序言，1894年恩格斯的《〈论俄国的社会问题〉跋》以及马克思同俄国政治活动家如丹尼尔逊、拉甫罗夫、查苏利奇、普列汉诺夫等的长期通信及其他有关俄国社会问题的手稿、札记。此外，1870年马克思在弗列罗夫斯基《俄国工人阶级状况》一书上的批注，同年3月24日所写的《国际工人协会总委员会致日内瓦的俄国支部委员会委员》也具有重要的参考意义。在上述文章中，马克思对俄国等东方国家能否和如何不通过资本主义制度“卡夫丁峡谷”直接走上社会主义道路

① ［德］沃尔夫冈·弗里茨·豪格主编：《马克思主义历史考证大辞典》第3卷，俞可平等编译，北京，商务印书馆2023年版，第880—882页。

的问题，作了深刻的分析、研究和回答。当然，在马克思、恩格斯的其他主要著作和书信往来中，也有很多关于东方社会的零散论述。

一、东方社会的含义及其特点

从广义上讲，“东方社会”有两个含义：一是亚洲地区的地域观念；二是经济和政治的概念，它是在前资本主义时期，用来与西方资本主义相适应的。马克思对东方社会的定义一般都是从经济和政治两个方面进行的。因为东亚地区的中国、印度是东方国家的主要代表，因此马克思将其称为“亚洲式”的“亚细亚式”社会，把中国看作所有东方活动的共性的“活的化石”，体现着“一切东方运动的共同特征”[①]。俄国从地域上延伸到欧洲，其斯拉夫文明也与欧洲有着千丝万缕的联系，因此，马克思有时把俄国称为“半东方”和“半亚细亚”的国家，而如果从经济和政治发展的观点来看待俄国，则把它看作一个东方的社会，因为俄国在政治和经济发展的各个时期都显现出一定的东方特征。所以，马克思、恩格斯在论述“东方社会”的时候，总是把中国、印度和俄国作为自己的主要研究对象。

马克思首先在《不列颠在印度统治的未来结果》等文章中强调了东方社会历史发展的社会模式，随后又在其《〈政治经济学批判〉序言》中进一步拓展为亚细亚生产方式，对东方社会的相关内容已经有了清晰的表述。马克思以唯物史观的视角对中国、印度、埃及、巴比伦与古希腊罗马、西欧各国的特征与发展规律进行了综合的对比研究，着重探讨了土地所有制、经济结构、国家政权形式等方面的问题。弗朗索瓦·贝尔尼埃在他的《大莫卧儿等国游记》中提到，在东部的一些地方，如土耳其、波斯、印度，都没有土地所有权；琼斯从比较角度出发，对东部地区进行了

① 《马克思恩格斯全集》第15卷，北京，人民出版社1963年版，第545页。

全面的研究，肯定了东部没有土地所有权的事实，并认为只有君主或政府才是东部地区唯一的地主。通过对贝尔尼埃和琼斯等人的研究，马克思在给恩格斯的信中，清楚地表明东方社会“一切现象的基础是不存在土地私有制。这甚至是了解东方天国的一把真正的钥匙”①。恩格斯在给马克思的回信中也明确指出：“不存在土地私有制，的确是了解整个东方的一把钥匙。这是东方全部政治史和宗教史的基础。”②

马克思认为，东方社会土地所有制的特点体现在两个方面。一是自然地理环境由东方社会特殊的地域条件造成的。这是因为东方社会的天气和土地特性，尤其是因为它从撒哈拉地区穿过阿拉伯、波斯、印度，一直延伸到亚洲的高地，因此农业的发展首先要靠的就是自然地理环境。这个任务，不是一个人或一个村社能够胜任的，只有国家才能胜任。二是由于东方社会的文化，包括生产方式和区域交流等方面的发展，它不可能自发地结合起来，所以就有必要实行中央政权的干涉。由于东方社会独特的地域条件和相对不平衡的文化水平，导致了东方社会“无私人产权”，而“国王”则成了土地的“独主”。由公社规定的一定范围内的土地，不得出售或转让。马克思正是从这一点出发，主张“在亚细亚的（至少是占优势的）形式中，不存在个人所有，只有个人占有”③。

如此看来，随着人类文明的出现，自然条件对其生产与社会发展产生了重要的作用，古代埃及、古代巴比伦、古代印度、古代中国的文明都有一定关联。因此，马克思、恩格斯在《德意志意识形态》中指出：“全部人类历史的第一个前提无疑是有生命的个人的存在。因此，第一个需要确

① 《马克思恩格斯文集》第10卷，北京，人民出版社2009年版，第112页。
② 《马克思恩格斯文集》第10卷，北京，人民出版社2009年版，第113页。
③ 《马克思恩格斯文集》第8卷，北京，人民出版社2009年版，第132页。

认的事实就是这些个人的肉体组织以及由此产生的个人对其他自然的关系。当然，我们在这里既不能深入研究人们自身的生理特性，也不能深入研究人们所处的各种自然条件——地质条件、山岳水文地理条件、气候条件以及其他条件。任何历史记载都应当从这些自然基础以及它们在历史进程中由于人们的活动而发生的变更出发。”①

马克思认为，从社会结构上看，东方社会是以农村公社作为其社会单元的。在东方社会，农村公社具有特别的重要性。这样的农村公社，是一个“自我封闭的组织”，其特征是生产限制在自己的范围内，与农耕是有直接联系的，因此，农村公社对东方社会的商品经济的发展起到了很大的阻碍作用。旧的东方城市和西方城市有很大的不同，不是作为一个商业与贸易中心，更多是一种经济构造上的附加物而已。因此，东方社会商品经济相对落后，导致无法彻底地使农村公社解体。在东方社会，农村公社与欧美有着明显的区别，既与“印度—俄国”等东方民族的发展历程相异，又构成了整个东方社会最根本的单元。

土地所有制和农村公社所有制并非对立，而是相互补充，它们在经济体制中的“公有”与在政治上的“专制”并没有冲突。东方社会的农村公社中存在着村社制度。正如前面已经提到的，在许多东方国家，农村公社是最基层的单元，也是一种区域性的社会组织，它冲破了过去的亲属关系，通过对土地的共同占有和利用而结合在一起；而农村公社则“与世隔绝”，分裂成了无数外表相似却又不相连的小块。在这样一种经济结合中，出现了大量的对社会公共事务进行治理的需要，而在此基础上，东方各国也随之出现并不断发展。“在印度有这样两种情况：一方面，印度人也像所有东方人一样，把他们的农业和商业所凭借的主要条件即大规模公共工程交给

① 《马克思恩格斯文集》第1卷，北京，人民出版社2009年版，第519页。

中央政府去管，另一方面，他们又散处于全国各地，通过农业和制造业的家庭结合而聚居在各个很小的中心地点。由于这两种情况，从远古的时候起，在印度便产生了一种特殊的社会制度，即所谓村社制度，这种制度使每一个这样的小结合体都成为独立的组织，过着自己独特的生活。”①

由此可见，东方社会的“专制”与私有制并无必然的关系，这是东方社会的一个特点，也是民族文化独特性产生的一个重要原因。在东方社会，由政府对农村公社进行整个社会的治理，并将其组成为跨越乡村的大型的社会公共事业。政府的政治治理是建立在实现其社会功能的前提上的，并且如果不履行其社会功能，则其政权将难以长期维持。

二、马克思对东方社会的研究转变

马克思、恩格斯很早就注意到了东方社会的问题，19 世纪五六十年代以中国和印度为研究重点，并在其后期的研究中，系统性地指出以俄国为代表的部分东方地区，在某些特定的情况下，具有不经过资本主义“卡夫丁峡谷”的发展路径，从而走向社会主义的可能性。

从 19 世纪 50 年代初开始，马克思、恩格斯就一直在关心和思索着东方社会的发展道路及前途等问题。19 世纪 70 年代，随着东方社会发展的重要性问题日益凸显，马克思重新将注意力集中在了对该问题的探讨上。晚年马克思撰写的一些主要著作或书信，包括《给〈祖国纪事〉杂志编辑部的信》《给维·伊·查苏利奇的复信》《〈共产党宣言〉俄文第二版序言》等，都是关于俄国和农村公社发展的方向和前途的。在这些文章中，马克思从俄国的实际出发，阐述了俄国及其农村公社能否跨越资本主义“卡夫丁峡谷”的重大设想，对马克思世界历史思想的发展也具有重大意义。

---

① 《马克思恩格斯文集》第 2 卷，北京，人民出版社 2009 年版，第 681 页。

19世纪70年代以来，马克思的世界历史观经历了一次重要的转变。在此期间，欧美、俄国学界在对人类早期文明，以及前资本主义社会形态等方面的研究均有重大突破，并有一批学术著作问世。与此同时，俄国思想界关于俄国社会发展道路的争论也日趋激烈。有些革命民粹派也已经较多地接触了马克思、恩格斯的著作和思想，有的还从阅读马克思《资本论》第1卷开始，对马克思思想有了一定程度的了解，其中一些思想家还成为在俄国传播马克思思想的积极行动者。由于俄国的土地关系具有典型形态，马克思请俄国朋友丹尼尔逊、拉甫罗夫等人给他寄来了大量的俄国资料，并与他们在信中交流对俄国土地问题和资本主义问题的看法，计划在《资本论》第2卷中详尽地探讨俄国土地所有制形式。1875年之后，在历史唯物主义揭示的社会发展规律的客观性和普遍性的基础上，东方社会问题开始作为一个独立的议题进入马克思、恩格斯的研究视野。

马克思、恩格斯开始阅读"人类学笔记"，以加强对人类学中的东方社会理论的研究，如马克思在晚年对俄国学者柯瓦列夫斯基一书的摘记、对摩尔根一书的摘记等，通过摘录他们的著作，马克思探讨了东方国家的土地制度、村社结构和氏族制度等一系列问题，着重考察东方社会的特殊性问题。通过对史前社会、东方社会特别是俄国问题的研究，区分了史前公社和农村公社的不同类型，把原始社会看作人类社会的原生形态。1875年之后，马克思、恩格斯与俄国政治活动家的交流、通信日益增多，因为丹尼尔逊、拉甫罗夫等俄国朋友给马克思、恩格斯寄来了大量的俄国书籍，使马克思、恩格斯可以充分地研究俄国农村公社、俄国1861年农奴制改革以及俄国改革之后的经济发展问题。马克思、恩格斯在与米海洛夫斯基、查苏利奇、丹尼尔逊、普列汉诺夫的交流中逐渐形成了对东方社会理论的专门研究。1873年，马克思着重阅读了关于俄国农村公社及其土地所有制历史的著作，这些著作有伊·德·别利亚耶夫的《俄罗斯的农民》、尼·卡拉乔夫的《古代和当代俄国的劳动组合》、赫列勃尼科夫的《蒙古入侵前俄国历史上的社会和国家》等。1875年，马克思又阅读了哈克斯特豪森的《俄国的土地制度，它的产生和1861年它在立法上的确立》等著作。这些著作中提供的历史资料和理论观点，大大开阔了马克思对史前社会研究的视野。在研究俄国方面，马克思在1876年之后，从未停止过对俄国农村社会与土地所有权的历史发展研究。与此同时，马克思又将自己的研究范围扩大到对欧洲其他各族人民尤其是斯拉夫人的古代社会的研究。其中包括毛勒的《领主庄园史》和《乡村制度史》、汉森的《特利尔专区的农户公社》、卡尔德纳斯的《试论西班牙土地所有制的历史》。就在这一年，恩格斯的《劳动在从猿到人转变过程中的作用》一文已经完稿。不难设想，恩格斯在这一文本中阐述的精辟思想，对马克思的研究一定产生了重要的影响。1877—1880年，马克思进一步阅读了乌蒂塞诺维奇的《南方斯拉夫人的家庭公社》、巴·亚·索柯洛夫斯基的《俄国北部农村公社史概要》、亚·瓦西里契柯夫的《俄国和欧洲其他国家的土地占有制和农业》、柯瓦列夫斯基的《公社土地占有制，其解体的原因、进程和结果》等著作。特别值得一提的是，在1880年下半年和1881年年初，马克思仔细研究了美国人类学家摩尔根的《古代社会》一书，并写下了长达98页的笔记，这就是《路易斯·亨·摩尔根〈古代社会〉一书摘要》。同时，马克思也对梅恩的《古代法制史讲演录》、菲尔的《印度和锡兰的雅利安人农村》、佐姆的《法兰克法和罗马法》以及道金斯的《不列颠的原始人》等著作，做了详尽的摘录。

马克思在19世纪70年代后半期到80年代初的这些孜孜不倦的研究，使他对史前社会有了一些新的理解，认识到原始社会存在的历史事实，才改变了《共产党宣言》中的一些原有的结论，如恩格斯在《共产党宣言》1888年英文版的注释中指出的，《共产党宣言》中原有的“至今一切社会的历史”，“这是指有文字记载的全部历史。在1847年，社会的史前史、成文史以前的社会组织，几乎还没有人知道”[①]。马克思的一个重要转变是：一方面承认了世界历史的整体性，另一方面又从不同的社会发展过程中揭示出了巨大的差别。马克思在经历了10余年的反思之后，认识到不同的社会、不同的历史背景，决定了不同的国家有着各自不同的发展路径，他认为：“在俄国，由于各种独特情况的结合，至今还在全国范围内存在着的农村公社能够逐渐摆脱其原始特征，并直接作为集体生产的因素在全国范围内发展起来。正因为它和资本主义生产是同时存在的东西，所以它能够不经受资本主义生产的可怕的波折而占有它的一切积极的成果。”[②]马克思的这一思想揭示了在欠发达国家与发达国家共存的情况下，欠发达国家也存在着一种社会发展的选项。正是因为这样的共存，才能让欠发达国家或不发达国家，找到与资本主义发达国家共存的发展之路，不发达国家、社会主义国家或者是前资本主义国家，都能在不经历巨大的曲折的情况下，享受其所有的好处。也就是说，事实上，社会发展确实具有跨越式发展的可能，即它可以越过某一时期，直接进入另一时期，不必再重复过去。这就产生了世界历史的多样性、社会发展道路的一般规律性和社会发展道路的跨越性的路径选择问题。马克思据此指出：“如果资本主义制度的俄国崇拜者要否认这种进化的理论上的可能性，那我要向他们提出这样的问题：俄国为了采用机器、轮船、铁路等等，是不是一定要像西方那样先经过一段很长的机器工业的孕育期呢？”[③]在世界历史进程中，俄国是可以利用西方国家发达的生产力，而不需要经过像西方国家那样的机器工业的孕育期。

① 《马克思恩格斯文集》第2卷，北京，人民出版社2009年版，第31页。
② 《马克思恩格斯文集》第3卷，北京，人民出版社2009年版，第571页。
③ 《马克思恩格斯文集》第3卷，北京，人民出版社2009年版，第571页。

19世纪80年代初，马克思进一步认为，在历史发展中社会形态会出现多种多样的变化，比如对各种原始公社衰落历史的研究表明，“把所有的原始公社混为一谈是错误的；正像在地质的层系构造中一样，在历史的形态中，也有原生类型、次生类型、再次生类型等一系列的类型”[①]。在人类的历史发展过程中，可以呈现出多种社会发展路径。就算是同一类型的社会，内部也可以呈现出各种不同的、各有特点的发展模式。即在发展道路和发展过程中，从垂直方向上讲，既有共性又有多样化；从纵向上讲，同一社会结构中存在着原始型、次生型和复生型等多种发展类型。因此，在垂直方向上，既有单一性又有多元的水平，既有原生的又有流派的。马克思对世界历史发展的认识是对东方社会发展路径问题进行探讨的一个重要线索。在“人类学笔记”中，马克思首先通过摘录柯瓦列夫斯基的《公社土地占有制，其解体的原因、进程和结果》发现了英国统治与印度公社制度之间的矛盾。起初，英国统治者通过扶持柴明达尔作为征税阶层来促进土地资本化，以期复制资本主义生产方式，但柴明达尔此后的做法表明他们仍以旧式生产方式维持土地经营，而无意按照资本主义的逻辑来促进土地使用收益的提高。为此，英国统治者开始利用公社来破坏公社。具体而言，他们通过破坏公社制度、买卖公社土地、鼓励奢侈之风、发放高利贷款等方式人为地破坏公社土地占有制，进而实现土地的私有化。遗憾的是，当这一切完成之后，印度农民宁愿在没有所有权的土地上耕种，也不愿出卖自己的劳动力而成为雇佣工人。结果是，印度似乎保留了一种类似于半封建的制度，而没有走上资本主义的发展道路。至此，殖民地不再是因经济水平低下而被资本主义轻易吸纳的落后环节，恰恰相反，殖民地及广大的亚非拉美地区越来越成为欧洲资本主义拓展中难以被消解的“文化

① 《马克思恩格斯文集》第3卷，北京，人民出版社2009年版，第581页。

他者”，这为殖民批判提供了合法性前提。以此为基础，马克思进一步通过摘录摩尔根的《古代社会》证明了私有制产生于公有制解体，而这一经济转变过程根植于历史更为久远的从母系制到父系制的家庭形式转变，由此，他将经济问题分析拓展至更广阔的社会制度领域，以此否定了资本主义制度的天然合理性。所以，马克思研究资本主义拓展的结果是走向了发掘资本主义历史性和揭露殖民统治侵略性的资本批判路径。

三、东方社会发展的不同可能性

以世界历史的视角看待近代资本主义的兴起，其实质就是要建立一个资本主义统治下的世界制度。按照马克思的观点，它是一种“一核一副”结构的“全球系统”。“半东方”的俄国等被欧美资产阶级殖民化或半殖民化的东方各国，在资本主义世界体系中是“卫星”。正是基于这个原因，马克思才有必要探讨生产方式的国际交往，以及它对于处于资本主义制度下的那些落后的民族的意义。法国学者高德利埃界定的亚细亚生产方式的范围，要比马克思所设想的大得多，他强调必须区分两种不同形式的亚细亚生产方式：有大规模（公共的）工程和无大规模（公共的）工程。一些观点认为马克思强调的跨越资本主义“卡夫丁峡谷”，主要重点放在了制度的跨越，或是跨越资本主义原始积累阶段，或是跨越资本主义和帝国主义垄断阶段，问题在于，近代世界历史的事实说明了世界上很多后发国家实际上已经跨越了资本主义发展的这些阶段，那么从东方社会理论出发，我们究竟要跨越的是什么？比如拜物教问题，来源于西方宗教批判，在中国文化中是否真的存在完全意义上的拜物教问题？马克思、恩格斯能够站在世界历史的高度，以历史唯物主义的科学观点，分析西方殖民主义与中国传统社会的碰撞与交融，凸显了世界历史发展的复杂性。而这一复杂性，显然并不在于经济发展或制度条件的复杂，重要的是在于文明顺延性与文化特殊性的复杂。

一是近代印度沦为西方资本的“猎物”，农村公社在西方列强的蹂躏下走向灭亡，从而使印度陷入新的萧条。西方资本的入侵让印度失去了原来的家园，却没有得到一个新世界。将印度的“亚洲专制”和“欧洲专制”相结合，导致印度社会陷入一种新的萧条状态，形成“没有历史的历史”，由此，印度完全沦为西方资本主义的殖民地。

二是近代中国正处在一个“分崩离析”的阶段，它受到了西方资本主义的影响，表现出了很强的“生命力”。马克思对古代中国面对西方资本主义的入侵表现出异乎寻常的稳定与持续力，以及其中的缘由十分关切：“过去有个时候，曾经流行过一种十分虚妄的见解，以为天朝帝国‘大门被冲开’一定会大大促进美国和英国的商业；当时我们曾根据对本世纪初以来中国对外贸易所作的较详尽的考察指出，这些奢望是没有可靠根据的。我们曾认为，除我们已证明与西方工业品销售成反比的鸦片贸易之外，妨碍对华出口贸易迅速扩大的主要因素，是那个依靠小农业与家庭工业相结合而存在的中国社会经济结构。”[①]马克思通过对比分析印度与中国两种经济结构在受到西方资本主义影响时的共性与差异，指出印度与中国的生产模式都是以小型农场与家庭手工业结合为主。

三是近代俄国有可能跨越资本主义的“卡夫丁峡谷”，直接建立无产阶级专政的国家。根据马克思对俄国农村公社的研究，俄国农村公社并没有沦为西方资本主义的殖民地，尤其是在俄国农奴制改革之后，受到资本主义的影响多是“自发的”，俄国农村公社因此具有特殊的“二重性”，它具有的“集体制因素”要远远超过西欧农村公社的“私有制因素”，并且这一因素始终在资本主义发展条件下得以保留。从外在的情况来分析，俄

① 《马克思恩格斯文集》第 2 卷，北京，人民出版社 2009 年版，第 672 页。

国并非独立于整个社会之外，而是与西方的资本主义处于同一时期，因而也不可避免地与之产生关联。俄国可能是当时欧洲土地上唯一一个保留了土地公社所有制的国家，它碰巧生活在由资本主义生产方式支配的快速发展时期。也就是说，在这个时期，由于欧洲的资本主义发展得很好，俄国在帝国主义序列中能够利用它所取得的一切成果，为将来的社会主义建设创造物质基础。马克思认为这是一切文明民族的起点。正是因为公社所有制，积极因素在于其“公”的性质和由此形成历史惯性，虽然在私有制的社会里依然存在着这一文化观念，从未消失；虽然这种原始公有制显然与社会主义和共产主义公有制有根本上的不同，但是它在当代的作用在于其是人类社会文明发源与文化积累的起点。

在对《资本论》的理解上，当时俄国思想家们在总体上是赞成马克思对资本主义制度批判的基本观点的，但是俄国民粹派并没有想要采纳马克思在对资本主义进行批判时所建立的一种科学的世界观、方法论，也没有将马克思对资本主义的发展的一些根本原则同俄国的现实相联系，从而对俄国的社会发展规律进行剖析和理解；他们更愿意从马克思的一些已知的结论中推导出一些支持民粹派的观点。在民粹派社会主义者那里，马克思主义并不是他们观察世界和俄国社会的世界观和方法论，而只被看作证明他们观点“正确”的“条条”或“根据”。马克思于1877年撰写了《给〈祖国纪事〉杂志编辑部的信》，明确反对民粹派所理解的可以将西欧的发展模式不加分析地套用到俄国的想法。他指出，“但是这对我的批评家来说是太少了。他一定要把我关于西欧资本主义起源的历史概述彻底变成一般发展道路的历史哲学理论，一切民族，不管它们所处的历史环境如何，都注定要走这条道路，——以便最后都达到在保证社会劳动生产力极高度发展的同时又保证每个生产者个人最全面的发展的这样一种经济形态。但是我要请他原谅。（他这样做，会给我过多的荣誉，同时也会给我过多的侮辱。）让我们来举个例子来看看”[①]。

马克思东方社会理论既反映了人类社会形态发展趋向的统一性或一致性，又反映出人类社会发展更替模式的差异与多样，为东方社会国家和民族探索一条与西方截然不同的发展之路提供了科学的理论依据。人类社会发展道路的一致性体现在：不同国家和民族都在自由、平等、民主、法治和公正等人类文明的基本价值观上达成了共识。社会发展路径的多元化表现在：任何一个国家，任何一个民族，都必须找到体现自由、平等、民主、法治和正义的基本价值观的特定发展形态，才能取得成功。东方各国的社会发展具有普遍性和独特性。东方民族的社会发展轨迹之所以具有普遍性，就是因为它与西方的社会形态一样，都必须被纳入一个基于资本主义生产方式的世界历史的范畴之中。东方民族社会发展的独特之处在于，一些国家并没有完全遵循“五大社会形态”的顺序发展，也没有违反世界历史的内在逻辑另辟蹊径，而是要根据自身的特定国情，选择一条由传统到近代的特定途径，从而构建出一种适合本国国情的现代化的社会生产方式。从亚细亚生产方式到资本主义生产方式和社会形态的根本性变革，是东方社会从传统到近代的必经之路，这是一个不可避免的过程。对于这一点，马克思说得很清楚：“的确，英国在印度斯坦造成社会革命完全是受极卑鄙的利益所驱使，而且谋取这些利益的方式也很愚蠢。但是问题不在这里。问题在于，如果亚洲的社会状态没有一个根本的革命，人类能不能实现自己的使命？如果不能，那么，英国不管犯下多少罪行，它造成这个革命毕竟是充当了历史的不自觉的工具。”[②]马克思认为亚洲社会发生了根本性的变革，这一变革是从传统到近代的普遍途径。在这一历史进程中，

① 《马克思恩格斯文集》第3卷，北京，人民出版社2009年版，第466页。

② 《马克思恩格斯文集》第2卷，北京，人民出版社2009年版，第683页。

虽然从主观上看，西方资本主义对东方社会各国的入侵是罪恶的，但是，从客观上来说，却为东方社会变迁和历史发展创造了条件。

四、东方社会的“停滞性”及其历史命运

东方社会的发展过程及其历史命运，既不是西方社会发展的复制品，也不是东方社会发展的“他者”，也就是说，东方社会的发展既不是西方社会的“西化”，也不是东方社会完全脱离人类社会的“本土化”，二者虽然有差异，但同属人类文明发展史上不同阶段的两种典型。历史地看，东方社会在世界文明发展史上曾经长期居于领先地位。然而，自从历史进入近代以后，在西方资本主义主导的全球化进程中，东方社会却逐渐落伍了，甚至处于劣势地位。究其原因，在于其基于资本主义发展所定义的东方社会的“停滞”或“落后”。东方社会中的中国、印度、埃及、巴比伦等文明古国，虽然它们所处的地域特点和兴盛的具体时代皆有具体差别，但也都是基于同一种历史发展规律和类似的物质生产方式。无论是其经历的原始社会、奴隶社会还是封建社会，既有在发展规律上的相同点，亦有各自独特的文明和文化发展方向，可以说，在近代以前的东方社会长期的发展历程中，既有“缓慢”也有“快速”，既有“停滞”也有“跨越”，在人类文明发展史上往往可以形成相似甚至相同的发展阶段。

马克思对东方社会“停滞性”的描述，主要是对东方社会的基础经济结构的描述，而将政治和文化的变化甚至是在一定的程度上提升了一些，这些都是建立在生产方式的进步之上的。也就是说，马克思所关注的，正是东方社会具有“稳定性”的社会经济体系。马克思认为，东方社会的经济结构之所以能够保持稳定，而其社会发展处于停滞状态，根本原因在于其内在的农耕与手工业紧密地融合在一起，形成了一种自足的自然经济。“这些自给自足的公社不断地按照同一形式把自己再生产出来，当它们偶

然遭到破坏时，会在同一地点以同一名称再建立起来，这种公社的简单的生产有机体，为揭示下面这个秘密提供了一把钥匙：亚洲各国不断瓦解、不断重建和经常改朝换代，与此截然相反，亚洲的社会却没有变化。这种社会的基本经济要素的结构，不为政治领域中的风暴所触动。”[①]东方社会独特的气候和地理环境，以及大范围统治区域与大一统的传统，使东方国家政府长期存在除财政部门、战争部门以外的公共工程部门，这是区别于西欧的一个重要特征。这一政治特征的不同与文化传统的不同密不可分，即人们对国家与政府是“公共管理”这一认识的深入，通过徭役和赋税，人人都要参与到这一公共事业中去。这种东方的社会基础，形成了一种文化传统。长期以来，很多学者认为马克思对农村公社存在的功利性、封闭性和停滞性持激烈的批判态度，表现在对待印度农村公社的问题论述上，但是我们不应该忘记，这些田园风味的农村公社不管看起来怎样祥和无害，却始终是东方专制制度的牢固基础，它们使人的头脑局限在极小的范围内，成为迷信的驯服工具，成为传统规则的奴隶，表现不出任何伟大的作为和历史首创精神。

一切农耕国家的农业生产，都是依附于手工业，既是为了解决农业的需要，也是为了满足人们的生活需要。在所有农业为主的国家的发展过程中，都有一个不可避免的过程，那就是农工结合的自然经济。为了满足农产品、手工业产品交易的需要，需要进行商品交换，这就可能促使自然经济的解体。从人类的发展历程来看，无论在东西方，都可以追溯到奴隶制度的早期阶段，而在西欧，商品的生产却一直处在初级阶段。其中的一个因素是各个国家之间的劳动分工问题，封建时代的一个显著特点是，将大型的公共事业作为其经济活动的基本前提，由政府来进行经营，这种特点

① 《马克思恩格斯文集》第5卷，北京，人民出版社2009年版，第414—415页。

体现在所有制方面，就是国家是唯一的地主，而事实上的公社只是继承的使用权。在东方社会由政府进行的集体建设与农村公社的孤立性和消极性构成了一种对立的矛盾，它的目的不在于消灭它的孤立性和消极性，而在于保持和加强它的这两个特点。东方农耕民族的盛衰，也依赖于它是否能够对农村公社的经济进行良好的管理。马克思、恩格斯在研究中国时，指出不存在土地私有制、血缘宗法制在社会生活中占统治地位和中央集权专制制度是亚细亚社会的主要特征。令人十分困惑的现象是，土地公有制对应的应该是民主制度，但为什么在亚洲国家却导致中央集权专制制度的产生？西欧的封建庄园对应东方社会的农村公社，实际上体现在政治结构上，就是政治统治权与土地所有权二者的结合，而中国自秦朝以后，这种形式的分封权力方式已经不再是历史的主流。所以马克思在给查苏利奇的复信及其草稿中指出，《资本论》中关于资本主义起源的“历史必然性”仅限于“欧洲各国”。

无论东方还是西方，社会的物质生产都是与自身、生活产品相关的生产，作为人类文明繁衍生息的重要基础，也是不断推动社会形态变革的根本性力量。马克思在研究人类社会发展早期状态时认为，一开始的劳动生产与生活界限都是不明显的，这就是生产的原始性。随着人类社会生产力的不断发展和分工的出现，生产部门、交换部门日益分化，这就是进入了早期文明阶段，需要对自己生产和交换的产品进行加工和改造。因此，人类社会进入文明阶段后就必然会发展起一系列新的生产部门和交换部门来，生产力同生产关系之间一定的不平衡性就会越发表现出来，物质生产模式的差异导致政治上层建筑发展的不同。人类政治文明发展到今天，已经从最初的原始社会的氏族民主制，发展到现代化的代议制民主政治。然而，这并不意味着所有的国家和地区都采取了完全相同的政治制度和模式，古代东方社会的政治制度从来也不是“亚细亚生产方式”能够简单决定的。而近代以来，一些东方国家在探索本民族现代化发展道路上，也曾采取过很多西式民主政治体制，但并没有取得成功，主要原因并非在于东方社会的“停滞性”。

就其历史过程和实际特点而言，东方社会与西方社会的以私有制为主体的社会结构有着较大的区别。就其发展趋势而言，其发展的规律性和必然性，东方社会与西方社会又存在着紧密的内在关联。马克思、恩格斯指出，东方社会与世界体系是一个不可分割的整体，而东方古代社会在进入近代后则不可避免地受到了西方资本主义生产方式的冲击。在这种发展过程中，各种相互作用的活动范围不断地扩大，各国人民的原始的与世隔绝的状态，随着生产力的提高，交流的加强，劳动人民之间的劳动分工的自然发展，也就逐渐消失了。比方说，马克思指出英国发明了一种机器，它使印度和中国的许多工人失去了工作，使他们的生活方式发生了变化，这就是一件世界性的历史事件。马克思揭示了世界历史发展的必然进程，这一进程既表现为西方资本主义的快速发展，也表现为西方资本主义对东方社会的全面渗透，使其固有的狭隘性成为封闭的最后一道障碍，并很快地走向解体。马克思指出：“与外界完全隔绝曾是保存旧中国的首要条件，而当这种隔绝状态通过英国而为暴力所打破的时候，接踵而来的必然是解体的过程，正如小心保存在密闭棺材里的木乃伊一接触新鲜空气便必然要解体一样。可是现在，当英国引起了中国革命的时候，便发生一个问题，即这场革命将来会对英国并且通过英国对欧洲发生什么影响？这个问题是不难解答的。”[①]马克思认为，西方资本主义的侵略在不自觉中成为东方社会民族进行根本性变革的手段。无论英国在印度的殖民有多大恶意和残酷，但却使得一个当时处于停滞状态的社会发生了改变。马克思、恩格斯

① 《马克思恩格斯文集》第2卷，北京，人民出版社2009年版，第609页。

从世界历史角度对东方社会进行了分析，并指出，东方社会从落后到近代的过渡是不可避免的，是建立在资本主义生产方式之上的。但是，印度和中国等古代东方国家的资产阶级革命，并不是建立在资本主义生产方式已经发展到相当程度的前提下，才能实现社会制度的根本变化。英国这样的资本主义国家摧毁了东方的原始经济根基，这是亚洲历史上一次重要社会剧变，其直接后果就是使东方社会被迫进入了资本主义的世界历史系统。在西方资本主义生产方式的强烈冲击和影响下，东、中、西不同地区的国家和社会不可避免地走上了与世界历史的发展相融合的道路，东方社会的古代制度体系必然解体，向近代社会过渡。

第二节　马克思东方社会理论的核心要义

马克思东方社会理论的核心要义可以从亚细亚生产方式和跨越“卡夫丁峡谷”两个方面进行认识，核心要义是指事物内在要素的有机整合，是一个整体性概念，而最终目的指向跨越“卡夫丁峡谷”的实现机制，也是东方社会理论的实践归宿。马克思虽然强调东西方的革命可以互补，并且在一开始认为西方的无产阶级革命应是最先获得成功的，然而，问题的核心并不在这场东西方之争，而是在无产阶级革命第一次获得了成功之后，选择了一条什么样的社会主义的道路，这就是除了世界历史的客观事实以外，也唯有从这些发达资本主义国家吸取其存在的积极因素，才能成为跨越“卡夫丁峡谷”的另外一种能够利用的外在因素，从而为当时的俄国在十月革命后能够走上社会主义道路提供外力推动和示范作用，使更多的东方落后国家走上社会主义道路。

一、亚细亚生产方式

“亚细亚生产方式”是马克思东方社会理论的一个重要范畴，是“人类历史中的一种特殊的生产方式。这种生产方式以自然经济为基础，以农村公社为基本社会组织形式，具有宗法血缘和国家专制主义特征”[①]。在东方社会形成和发展的过程中，亚细亚生产方式呈现出复杂的状况，一方面，是存在于俄国的以农奴制为基础的亚细亚生产方式；另一方面，是存在于其他东方国家中的亚细亚生产方式，作为社会发展早期的根基所在。马克思在《1844 年经济学哲学手稿》中对亚细亚生产方式进行了相关的研究，并与西欧生产方式进行了对比。尽管马克思没有常用“亚细亚生产方式”一词，但亚细亚生产方式在关于东方社会形成和发展的研究中仍然是不可忽视的一个重要范畴。古代东方社会的长期历史发展过程中，主要存在着东方封建制和亚细亚生产方式。虽然它们都是早期就出现过的生产方式和制度模式，但在不同时期又有其不同的特点。东方封建制往往以分封的诸侯和地主占有土地和农民劳动为基础，在土地上实行强制性的租佃关系；亚细亚生产方式以农民部分占有土地和劳动力的使用权为基础，在土地上实行劳动，在一定时期也具有强制性的人身依附关系。虽然东方社会与西欧社会在发展的道路上有很大的不同，但它们都遵循物质生产方式的发展规律，只是在性质和具体形式上有所不同。马克思分析了东方社会产生和发展的历史条件，认为亚细亚生产方式之所以产生和发展的历史条件有 3 个：第一，东方社会在原始公社制时代最初以家庭为单位，不存在阶级分化；第二，生产力低下，生产水平落后；第三，没有或难以出现资本主义萌芽。

唯物史观视角下看待东西方原始公社制的解体，均由生产力的发展所

① 徐光春主编：《马克思主义大辞典》，武汉，崇文书局 2017 年版，第 93 页。

决定，按照恩格斯在《家庭、私有制和国家的起源》中的研究，从私有制的产生到家庭的出现，再到国家的创立是一个人类社会自然发展的过程，这个过程也不是一帆风顺的，而是一个缓慢且反复的过程。一种社会制度的解体也不意味着下一种社会制度立即出现。在东方社会早期的国家内部，由于以亚细亚生产方式为基础，所以在这些国家内的政治统治机构、经济结构、土地制度和阶级关系等方面都表现出与西欧封建农奴制不同的特征。一方面，东方社会的农民对土地的所有权是有限的，例如出自《诗经》的“溥天之下，莫非王土”。土地是天子的“公有”，天子把土地分封给诸侯贵族，从而通过一系列法律制度加强自己的政治统治，在这些法律中，对农民阶级利益起作用的是“王法”。“王法”具有很强的稳定性和持久性，它规定了农民阶级在政治上享有多么大的权利，但这种权利实际上是被贵族地主掌控的。另一方面，东方国家内部长期形成了以自给自足的小农经济为主的经济结构，这些小农经济与西欧的领主封建农奴制的发展也有不同，例如在人身依附关系上，西方社会的“我的附庸的附庸，不是我的附庸”，与东方社会就有很大区别。这在于古代东方国家主要是以亚细亚生产方式为基础建立起来的君主专制国家。这种生产方式以土地所有制为核心，例如在中国商周时期实行的“井田制”，就是在天子逐层分封诸侯的过程中，形成一种土地耕作模式，并且规定了各种详细的耕作制度，土地耕作者不得自行买卖和转让井田，同时要交一定的土地税费，私田和公田皆有，农民在这种土地制度下必须依靠自己的力量去进行生产经营。

作为一种较为原始和早期的生产方式，亚细亚生产方式的产生确实是由人类社会发展早期的生产力水平决定的，并且也是受它所处的自然地理环境深刻影响的。亚细亚生产方式既不属于一个民族，也不属于一个国家和地区，而是一种独立的经济形态，是一定历史时期发展的产物。因此，马克思把亚细亚生产方式与其他人类社会发展主要经历过的生产方式进行了并列和研究，相比较而言，亚细亚生产方式虽然是一种“原始”的方式，但并不意味着只存在于东方社会，而在西欧资本主义社会的形成过程中，也有私有制和公有制的混合、各种生产方式并存的情况。马克思认为，在资本主义兴起之后，除了国家机器，资本主义社会表现出的都是商品的巨大堆积，马克思强调了商品经济对资本主义生产方式发展进而替代其他生产方式所起的促进作用。

一方面，马克思将东方社会的土地公有、农村公社与“专制政府”的“三位一体”视为东方社会的主要特点，也对土地公有在整个历史过程中所占有的地位加以研究，并试图将其与整个社会发展的整体过程相结合。正是基于这种认识，马克思才有了亚细亚生产方式的相关论述。马克思在《〈政治经济学批判〉序言》中第一次对亚细亚生产方式进行了重要阐述，在《资本论》中又较为系统地、深刻地分析了亚细亚生产方式。亚细亚生产方式也为马克思研究东方社会奠定了基础。历史唯物主义视角下的亚细亚生产方式、古希腊罗马的生产方式以及封建生产方式均属于“原始所有权”的特殊形态，它们的共同特点是其客观存在状态并不属于人类劳动的自有产品，亚细亚生产方式与古希腊罗马的生产方式以及封建的生产方式也有着不同的特点。就其形态而言，亚细亚生产方式中的个人仅仅是某一特殊的土地所有者；土地私有制早已有之，而个人只能在农村公社中获得土地。亚细亚的生产方式、古希腊罗马的生产方式和封建的生产方式，尽管它们都是古代的所有制形态，但是这 3 种生产方式却并不是最早的所有制形式，它们都在一定程度上发生了变化。19 世纪 50 年代，马克思对最基本的产权形态尚不十分明确，所以亚细亚生产方式成为马克思认为的研究的最早期的所有制形式，从这个角度说，这与研究古代东方社会的“停滞”并没有必然的或直接的联系。

另一方面，马克思将亚细亚、古希腊罗马和封建的3种生产方式放在一起，并认为它们同属原始所有制，都是由“原生的社会形态”向“次生的社会形态”过渡的形式；从动态方面来分析，即从“原生的社会形态”向“次生的社会形态”的转变过程来分析，亚细亚、古希腊罗马和封建的这3种生产方式在时间上可能是相互更替的。特别是亚细亚的生产方式变动最小，没有出现建立在土地所有制之上的特殊性质的社会，因此，马克思认为这是人类社会经济形式演化的初级阶段。马克思就是从这个角度出发，在《〈政治经济学批判〉序言》中提出了这样的观点：“大体说来，亚细亚的、古希腊罗马的、封建的和现代资产阶级的生产方式可以看做是经济的社会形态演进的几个时代。资产阶级的生产关系是社会生产过程的最后一个对抗形式，这里所说的对抗，不是指个人的对抗，而是指从个人的社会生活条件中生长出来的对抗；但是，在资产阶级社会的胎胞里发展的生产力，同时又创造着解决这种对抗的物质条件。因此，人类社会的史前时期就以这种社会形态而告终。”①

针对有人否认原始公社所有制是普遍现象的偏见，马克思提出了如下批评：“近来流传着一种可笑的偏见，认为原始的公有制的形式是斯拉夫人特有的形式，甚至只是俄罗斯的形式。这种原始形式我们在罗马人、日耳曼人、凯尔特人那里都可以见到，直到现在我们还能在印度人那里遇到这种形式的一整套图样，虽然其中一部分只留下残迹了。仔细研究一下亚细亚的尤其是印度的公有制形式，就会证明，从原始的公有制的不同形式中，怎样产生出它的解体的各种形式。例如，罗马和日耳曼的私有制的各种原型，就可以从印度的公有制的各种形式中推出来。”②因此，亚细亚生

① 《马克思恩格斯文集》第2卷，北京，人民出版社2009年版，第592页。

② 《马克思恩格斯文集》第5卷，北京，人民出版社2009年版，第95页。

产方式在马克思这里是一种历史性的观念。马克思在19世纪50年代将亚细亚生产方式理解为一种具有地方特色的“东方特征”；马克思从19世纪六七十年代开始，就将亚细亚生产方式视为亚洲乃至欧洲都曾经有过的一种生产方式，并指出其产生与发展有着一定的历史必然性。在后殖民视角，脱离对亚细亚生产方式的种种话语迷雾，追溯其产生的时代背景，就会发现亚细亚生产方式从属于马克思的东方社会理论，它是数千年以来由西方世界建构起来的各式各样的“东方思想”所孕育而出，并在马克思后期的思想历程中最终实现了对“西方中心论”的超越。

今天对马克思东方社会理论中有关亚细亚生产方式的研究，我们可以结合中国的历史发展特点和现实实践需要，对亚细亚生产方式的具体内涵和历史作用进行辩证探讨，以进一步深入认识和发展马克思关于亚细亚生产方式的思想。亚细亚生产方式对研究中国古代社会的构成和发展、中华文明早期发展的历史形态以及当今中国式现代化实践的发展，都具有重要的借鉴意义。只有在理论上切实把握亚细亚生产方式的基本性质、主要特点和历史定位，才能在现实实践中正确面对和解决亚细亚生产方式对于古代和近代中国的发展所起到的双重作用。另外，也能够从生产方式的角度，跳出原有“五大社会形态”的研究桎梏，澄清东方社会不同国家的生产方式既有共同点，也有独特性，并揭示以中国为代表的东方社会特殊的发展规律，从而进一步充实和发展唯物史观，而对东方社会研究进行扩展和深入，也是进一步对马克思的生产方式理论的现代化革新。在马克思的世界历史思想中，东方社会相较于西方社会具有的独特性是在近代资本主义发展之后，东方社会被迫卷入资本主义世界体系后“消失”了。例如，在西方的发展史上，没有一种生产方式能够完整地总结出东方社会所采用的不同生产方式的历史和实际，一个亚细亚生产方式虽然不足以代表整个古代东方社会所采取的主要生产方式，但也只有以亚细亚生产方式为基础，才能对东方社会的一系列特征和问题进行科学考察。我们需要在亚细亚生产方式的基础上，更好地把握中国历史和文化的基本情况，更好地认识中国古代社会发展变化的根本特征及其规律，进而不断探索和完善中国式现代化的未来走向。

二、跨越“卡夫丁峡谷”

“卡夫丁峡谷”典故讲的是，公元前321年，萨姆尼特人在古罗马的卡夫丁峡谷击败了罗马军队。按照古罗马双方交战的惯例，罗马军队必须在由长矛构成的“轭形门”下通过，这被认为是对战败军队的最大羞辱。后来，人们以“卡夫丁峡谷”比喻灾难性的历史经历。马克思借助这一典故，在1881年给俄国民粹派女革命家、社会民主主义运动家与活动家查苏利奇复信的草稿中提到，在俄国，是否“可以不通过资本主义制度的卡夫丁峡谷，而把资本主义制度所创造的一切积极的成果用到公社中来”的问题，或者说是“可以不通过资本主义制度的卡夫丁峡谷，而占有资本主义制度所创造的一切积极的成果”①的问题。这就是在20世纪马克思主义发展史上一再被提起的跨越“卡夫丁峡谷”问题的内涵。

1881年2月，查苏利奇写信向马克思求教：“要是您肯对我国农村公社可能遭到的各种命运发表自己的观点，要是您肯对那种认为由于历史的必然性，世界上所有国家都必须经过资本主义生产的一切阶段这种理论阐述自己的看法，那末您会给我们多大的帮助啊。”②面对查苏利奇的请求，马克思进行了深入而慎重的思考，在给查苏利奇的复信草稿及正式复信中，比较全面地论述了他对俄国社会发展道路的看法，明确提出俄国在一

---

① 《马克思恩格斯文集》第3卷，北京，人民出版社2009年版，第575、587页。

② 《马克思恩格斯与俄国政治活动家通信集》，北京，人民出版社1987年版，第378页。

定条件下跨越资本主义“卡夫丁峡谷”直接进入社会主义的设想。

在这一设想中，马克思从“农业公社”的特征着手，论述了作为原始公社历史残迹的“农业公社”所具有的二重性及其两种可能的历史命运，明确指出“农业公社”的历史命运有两种选择：“或者是它所包含的私有制因素战胜集体因素，或者是后者战胜前者。先验地说，两种结局都是可能的，但是，对于其中任何一种，显然都必须有完全不同的历史环境。一切都取决于它所处的历史环境。”[①]马克思还以俄国农村公社的性质及其所处时代条件为前提，具体论述了俄国跨越资本主义“卡夫丁峡谷”的可能性。马克思指出：“俄国是在全国范围内把‘农业公社’保存到今天的唯一的欧洲国家。它不像东印度那样，是外国征服者的猎获物。”[②]同时，俄国不是脱离现代世界孤立生存的，“和控制着世界市场的西方生产同时存在，就使俄国可以不通过资本主义制度的卡夫丁峡谷，而把资本主义制度所创造的一切积极的成果用到公社中来”[③]。

在马克思看来，俄国社会这种发展可能是符合时代发展方向的。“对这一点的最好证明，是资本主义生产在它最发达的欧美各国中所遭到的致命危机，而这种危机将随着资本主义的消灭，随着现代社会回复到古代类型的高级形式，回复到集体生产和集体占有而告终。”[④]马克思明确指出，跨越资本主义“卡夫丁峡谷”在当时还只是一种理论上的可能，要实现这种可能，必须具备一些条件，其中俄国内部必须发生革命。他认为：“如果革命在适当的时刻发生，如果它能把自己的一切力量集中起来以保证农村公社的自由发展，那么，农村公社就会很快地变为俄国社会新生的因

---

① 《马克思恩格斯文集》第 3 卷，北京，人民出版社 2009 年版，第 574 页。
② 《马克思恩格斯文集》第 3 卷，北京，人民出版社 2009 年版，第 574 页。
③ 《马克思恩格斯文集》第 3 卷，北京，人民出版社 2009 年版，第 575 页。
④ 《马克思恩格斯文集》第 3 卷，北京，人民出版社 2009 年版，第 579 页。

素，变为优于其他还处在资本主义制度奴役下的国家的因素。”[①]

在马克思、恩格斯看来，实现跨越资本主义“卡夫丁峡谷”的可能性，仅有内部条件还不够，还必须具备外部条件。在1882年《共产党宣言》俄文版序言中，他们指出，俄国要实现跨越必须取得西方无产阶级革命的支援，“假如俄国革命将成为西方无产阶级革命的信号而双方互相补充的话，那么现今的俄国土地公有制便能成为共产主义发展的起点”[②]。从这些论述中可以看出，马克思、恩格斯在世界历史的视角下，认为无论是俄国革命还是西方发达资本主义国家进行的无产阶级革命，均是需要紧密联系和相互配合，才能“共同胜利”。第一，俄国的农村公社，其基本保持着人们的基本生活方式（数量很多，但并不零散），它既具有公有制与私有制，又具有无阶级和阶级社会双重特征，是俄国在某些情况下，不需要经过“卡夫丁峡谷”的资本主义制度，就可以进入社会主义社会的关键。在一个社会中，也有一些相似的农村公社，但是数量并不多，而且零散地分布着，这就不能说明这一点了。第二，俄国在高度发展生产力和与世界普遍交往的前提下，能够不经过“卡夫丁峡谷”而充分吸收发达资本主义国家在其发展过程中产生的有益结果，从而走向更高层次的社会主义。第三，如果上述内部和外部因素都满足了，那么俄国等东方社会和国家就可以在世界历史发展的基础上摆脱“卡夫丁峡谷”的资本主义的历史冲击，走向社会主义的发展之路。这是马克思在历史唯物主义的基础上，依据世界历史的基本原则，通过对一些落后的东方国家和民族具体的历史条件进行科学剖析，得到的一种科学认识。这是一种从根本上不同于俄国民粹派和空想社会主义的理念。俄国民粹派和空想社会主义者则主张如果

① 《马克思恩格斯文集》第3卷，北京，人民出版社2009年版，第582页。

② 《马克思恩格斯文集》第2卷，北京，人民出版社2009年版，第8页。

有了农村公社这个内在的因素，那么，像俄国那样的经济和文化比较落后的民族，完全可以根据农村公社的历史和“优势”，自行走向社会主义的发展之路。这是一种小资产阶级的乌托邦式的空想社会主义，正是科学社会主义所反对的。

马克思关于跨越“卡夫丁峡谷”问题的分析，并没有直接指出在一切情况下，所有的东方国家都可以不通过或越过资本主义社会，而直接走上社会主义的道路，只是俄国有可能在一定的历史条件下，例如，在保留农村公社的情况下，直接建立社会主义制度。换句话说，马克思所说的“卡夫丁峡谷”理论，是俄国以农村公社为基础，跨越资本主义制度，并没有“跨越”整个资本主义生产方式。俄国当时特有的一种情况，并不是一种世界意义上的普遍情况，它可能会出现在当时所有的东方社会落后国家和民族的革命过程中。否认跨越“卡夫丁峡谷”的可能性，将马克思的跨越“卡夫丁峡谷”说成一种普遍意义上的世界各个国家和民族都可以采用的发展之路，进而证明必然可以跨越资本主义社会的一切过程直接进入社会主义，这一看法是错误的。马克思对跨越“卡夫丁峡谷”的整个论述，是以俄国农村公社的具体状况和特定的历史背景为基础而进行的。例如，被外来侵略者直接掠夺和完全殖民的国家，是难以有这样的直接可能的。但是，俄国当时的具体情况却有了类似的基础，俄国因为有某些特定情况才可能出现这样的机遇。在内部条件上，一是俄国农村公社的土地公有制，是集体生产与集体所有权的基础，使得逐步地把小规模的个人耕种直接转变为集体耕种成为可能；二是俄国的历史传统和民族文化心理构成，俄国的自然地理条件有利于机械化的大规模生产，农民在生产过程中形成了一种劳动结合的组织形式，这种组织形式使其由小规模生产向合作制生产转变；三是俄国的自然地形，对机械的利用起了很大的作用，它可以逐渐地取代小面积耕种，而不是直接进行大规模的机械耕种。从外在条件上讲，俄国农村公社是与西方资本主义同时存在的，它是在与由资本主义生产支配的世界市场相结合的近代历史背景下发展起来的，因此，俄国农村公社能够利用它已经取得的经济成果，为实现向社会主义的转变创造了物质和社会条件。若无上述种种条件，俄国便无跨过“卡夫丁峡谷”之根基，亦无实现无产阶级革命成功的可能，当时除俄国以外，任何一个东方国家可能还不具备这种特别的条件，所以第一次世界大战之后只出现了一个社会主义国家。我们在研究东方社会发展道路的时候，不能忽略“西方中心论”的影响，脱离自己的国情，照搬西方的社会发展规律和发展途径，或者在对东方社会的研究中，抛弃资本主义文明的成就和西方的社会主义革命，在东方进行“自上而下”的国家社会主义实验。对此，我们需要立足东方社会的客观现实和发展历程，对东方社会的传统结构进行扬弃，建构新的现代化生产模式。在当代，东方各国应该与世界各国的社会改革运动紧密结合，吸收和运用整个世界文明的精华，吸纳全人类共同道路的实践经验，这样才能不断创造和发展出不同于西方的文明新形态。

三、东方社会的发展趋势及“东方道路”

马克思、恩格斯指出，古代社会的生产力要素被绝对控制或限制，是造成古代社会发展出现长时间停滞不前的根本原因。唯物史观认为，任何一个社会的发展都离不开阶级斗争。从古希腊到古罗马的奴隶制度，一直到欧洲的封建社会，都有一个统治着社会的统治阶级，而另一个则是作为生产力发展代表的竞争阶级，两者因为生产方式的冲突而产生了无法化解的矛盾。最后，作为先进生产力的一部分（奴隶社会的封建地主阶级，封建社会的资产阶级，资本主义社会的无产阶级），在与原来的统治阶级的斗争中取得胜利，进而使社会整体向前发展。古代东方社会的问题是，国家对土地的独占，使竞争阶层的发展受到抑制。例如，在前资本主义时期，由政府主导的城乡社区一体化的自然经济，使其较少能够像古希腊和古罗马的奴隶制度一样，对商品的发展起到推动作用，也较少能够像欧洲封建社会一样，促进了互补的农业和都市商业的蓬勃发展。欧洲的奴隶主和封建主占有着资本主义产生的剩余价值，而这不是由国家和政府来决定的。由于政府垄断地位的存在，私有产权的缺失阻碍了强势阶层的诞生。没有了阶级斗争，社会革命就难以发生。古印度的文明断绝，文化无法传承，而总是在征服者的文化中选择。所以马克思不同意认为印度有过“黄金时代”的人的意见，但是认为印度可以积极利用世界历史创造的有利条件参与到世界历史的发展过程中。英国殖民者破坏了印度本地的原有公社和工业，给印度带来了深重灾难，更重要的是再一次毁灭了印度的文明。马克思批判了一些资产阶级学者，认为印度村社的灭亡是由于经济进步造成的，这种观点实质上是否认英国殖民主义才是印度村社解体的直接原因，进而掩盖资本主义殖民统治的历史罪责。马克思在这里所指的还不是英国东印度公司在亚洲式专制的基础上建立起来的欧洲式专制，马克思指出：“在大不列颠本国现在的统治阶级还没有被工业无产阶级取代以前，或者在印度人自己还没有强大到能够完全摆脱英国的枷锁以前，印度人是不会收获到不列颠资产阶级在他们中间播下的新的社会因素所结的果实的。但是，无论如何我们都可以满怀信心地期待，在比较遥远的未来，这个巨大而诱人的国家将得到重建。”[①]这里，实际上也强调了国家独立与民族解放才能实现选择文化的自主性，这是文化独立与文化自信的前提。所以英国殖民者只能在印度完成破坏的使命，而不是重建的使命，只是“充当历史不自觉的工具”，这是殖民主义的本性所决定的。东方国家的文化传承有自身的特殊性所在，所以在取得自身独立后有自身的发展方式，也

① 《马克思恩格斯文集》第2卷，北京，人民出版社2009年版，第690页。

会走向在世界历史发展潮流中的繁荣和进步。恩格斯评价了中国人反抗英国殖民入侵的方式是灵活的，符合当时中国的发展程度和文化环境，“而对于起来反抗的民族在人民战争中所采取的手段，不应当根据公认的正规作战规则或者任何别的抽象标准来衡量，而应当根据这个反抗的民族所刚刚达到的文明程度来衡量”[①]。所以从生产方式来看也是如此，东方国家习惯于劳动组合关系，这种劳动组合关系，最早也是与生产力发展水平相适应的产物。

人类历史的一般特征是不同国家和地区发展的基础，而马克思的“生产力和生产关系”等历史唯物主义原理则是对人类历史发展的一般规律的反映，但这些规律并不能替代国家的历史特点。在研究不同国家民族历史时要注意一些特殊规律。每个民族的发展路径、发展方式都有其自身的特点，其发展过程也不会一定与某一地区的发展过程相一致。每一个国家的历史走向，都有其自身的发展路径与方式。忽略每个国家独特的发展规律，是违背人类发展的客观现实的。世界上所有国家和民族都有共同探讨自己的发展之路的普遍性和特殊性的可能。假如一个星球上所有的国家、民族和地区都是同样的发展历程，就不会有一部精彩的民族史，也不会有一个完整的世界历史，只会是一部分的，而不同的文明也会是一样的。首先，在人类的发展史上，很多国家都没有完全经过五个社会形态，中国没有经过一个完整的资本主义社会，但是中国在现代化发展过程中有自己的特点，中国特色社会主义取得了辉煌的成绩。而日耳曼社会是从原始社会向封建社会过渡的，也没有经过奴隶制时期。这种情况在人类史上屡见不鲜。其次，发展道路的“一元论”将所有国家和民族的历史都纳入一种既定的范式之中，从而使所有国家和民族的革命与建设走上了一条道路。中国共产

① 《马克思恩格斯文集》第2卷，北京，人民出版社2009年版，第626页。

党在新民主主义革命过程初期产生的教条主义的失误，正是由于照搬俄国革命经验以及共产国际的错误指导而产生的。苏联的社会主义在东欧得到了广泛传播，而之后苏联模式的失败，苏联社会主义事业的崩溃，东欧各国在全盘照搬苏联的社会主义发展方式后，也随之崩溃，这是一个历史性的教训：在各个社会主义国家都重复使用一个相同的社会主义模式。在这场动荡中，科学社会主义和国际共产主义运动遭受了空前的重创，这段历史经验教训值得深思。最后，近代中国社会发展过于重视一般规律，而忽略了自身的特点，这是近代思想界“全盘西化论”产生的根本原因，就是要全面以欧美为师，这都是对中国自身发展独特规律的不正确认识。这种误解之所以一直没有得到强有力的批评，还与照抄“五大社会形态”学说并忽略马克思的东方社会理论有关，其实质是将所有国家的历史发展路径都融入了一个统一的模型之中，而忽略了不同国家的发展轨迹。

所以根据科学社会主义与马克思东方社会理论，我们可以清楚地看到“东方道路”的特点：由于每个国家和民族的历史传统、文化积淀和基本国情不同，其生产方式及其发展道路必然有着自己的特色。不同的国家和民族走什么样的发展道路，选择什么样的生产方式，“是由这个国家的历史传承、文化传统、经济社会发展水平决定的，是由这个国家的人民决定的”[①]。中国今天选择的发展道路和生产方式，是在东方和中国的历史环境、文化传统、经济社会发展的基础上长期发展、渐进性改进、内生性演化的结果。东方社会的国家和民族所选择的发展道路和生产方式都扎根于本地区、本民族的文明土壤之中，都有自己的本色、长处与特点。从历史上看，在从原始社会向阶级社会过渡的历史时期，中国等东方国家同西方国家一样都是实行以土地个人占有与公社所有为基础、以兼有公有制与私

① 《习近平谈治国理政》第1卷，北京，外文出版社2018年版，第105页。

有制二重因素为特征的亚细亚生产方式，这是亚细亚生产方式的原生形态，是当时世界普遍存在的生产方式，是人类文明的共同起点。但是，在进入阶级社会以后，由于不同于西方的历史环境，中国等东方国家走上了不同于西方的历史发展道路，形成了不同于西方的生产方式与社会制度。因此，中国在原始社会解体后并没有形成同西方一样的社会生产方式，而是形成了自己特殊的社会生产方式。从总体上说，东方及中国古代社会的生产方式并不是像西方社会那样的奴隶制生产方式与封建制生产方式，而是一种完全不同于西方社会生产方式的特殊的生产方式。具体来说，东方及中国社会生产方式的特殊性主要表现为特殊的分工体系、特殊的国家制度、特殊的土地制度、特殊的劳动方式与特殊的剩余索取形式。从其分工体系来看，一方面是国家负责组织提供兴修水利灌溉工程等农业基本生产条件，另一方面是分散的小农以个体劳动直接从事农业生产活动。总的来说，“东方道路”是在近代帝国主义历史条件下，东方国家无产阶级领导民主革命通向社会主义探索的新道路。这是由无产阶级领导的，与西方道路不同，“东方道路”强调无产阶级担负起历史上由资产阶级担负的对民主革命的领导责任，并在革命胜利后形成无产阶级领导的政权；民族革命理论是“东方道路”的重要组成部分，它关注东方社会的民族解放和独立问题；而在文化主体性上，“东方道路”也强调坚守东方文化主体性的重要性，以推动社会的全面进步。以中国为例，改革开放以来，中国通过和平与发展的方式探索了一条适合自己的发展道路，即中国特色社会主义道路。这条道路在坚持马克思主义基本原理的同时，结合中国的具体国情，实现了经济的快速发展和社会的全面进步。如此看来，“东方道路”是东方社会在特定历史条件下探索的通向社会主义的新道路，它强调无产阶级的领导、民族革命理论和文化主体性，并在实践中取得了显著的成就。

第三节 马克思东方社会理论的后期发展

马克思逝世后，随着世界局势的发展变化，无产阶级革命的形式也发生了一定的变化，马克思东方社会理论得到了进一步的发展，恩格斯晚年对马克思东方社会理论作了进一步探讨和完善，尤其是针对俄国相关问题的论述有了一些新进展。列宁从俄国无产阶级运动和建设发展苏维埃时代起，就投身于俄国的无产阶级革命，发展新的苏维埃政权，并对东方国家的人民革命活动给予了极大的重视。第一次世界大战之后，列宁对俄国的前途和在东方各国掀起的无产阶级革命活动十分关心，从而进一步完善和发展了马克思的东方社会理论。

一、恩格斯晚年对东方社会理论的探讨

在马克思关于东方社会的发展路径问题上，恩格斯晚年也作出了重大贡献。早在 1875 年，恩格斯根据马克思的意见，发表了《论俄国的社会问题》，用以回应民粹派特卡乔夫提出的俄国“落后优越性”观点，阐述了俄国的社会、经济联系及其未来发展方向。恩格斯反驳俄国人民是“天生的共产主义者”，同西欧相比俄国更接近共产主义的观点：“谁竟然断言在一个虽然没有无产阶级然而也没有资产阶级的国家里更容易进行这种革命，那就只不过证明，他还需要学一学关于社会主义的初步知识。”[①]然而，恩格斯对俄国社会、经济形式的发展具有深刻的认识，他并未彻底否定其具有跨越式发展的可能。他带着一种谨慎的态度指出俄国的农村公社只有在适当的情况下才能继续存在，而且还得到了西欧无产阶级革命胜利

① 《马克思恩格斯文集》第 3 卷，北京，人民出版社 2009 年版，第 390 页。

的援助，“不可否认有可能使这一社会形式转变为高级形式”①。马克思认为这是19世纪70年代恩格斯在《人民国家报》上所写的一篇最有价值的文章。恩格斯在充分肯定马克思关于东方社会理论学说的基础上，通过对东方社会不同国家社会发展进程中所遇到的特殊历史条件和社会矛盾的深入研究，深刻揭示了东方社会“不能简单地照抄西方道路”的原因和历史条件，从而得出了东方社会向社会主义过渡必须经历曲折的结论。恩格斯通过了解东方社会各国的具体生产力发展水平、交往关系的发展、交通和市场等因素，认为东方国家实现和发展社会主义同样不可能是一帆风顺的，不仅是要充分利用好西方资本主义带来的资本与技术发展本国经济，而且是需要克服外国资本和技术因素给生产带来的消极影响，在这个过程中根本还是在于立足本国人民的积极性和文明的主体性，也就是始终保持国家独立和民族解放。这也并不意味着只有“东方”和“西方”两种完全不相交的路线，这个过程应是多种多样且是动态互补的过程。

东方社会各国在近代资本主义发展初期的相对落后，以及能否在经历外来资本主义的“阵痛”后走上社会主义道路，这也是恩格斯在晚年关注的重点。通过对俄国、中国等东方国家的经济发展特点和历史传统进行分析，恩格斯认为俄国近代资本主义发展过程的自发性和中国晚清时期发展中的特殊性，体现了西方资本主义国家的发展模式在东方社会的国家独立和民族解放历程中不能直接套用，因此，东方社会的社会主义革命必然也要从东方社会的实际出发，探索向社会主义道路的过渡形式，这种过渡形式也并没有先例或固定的模式。这是因为，第一，由于近代以来全球资本主义发展的不平衡性，东方社会的外来资本主义和原有封建主义并存的情况较为特殊；第二，东方社会特殊的地理环境和人口因素，成为资本主义

① 《马克思恩格斯文集》第3卷，北京，人民出版社2009年版，第398—399页。

发展不能够忽略的地区，也成为西方资本主义在原始积累阶段掠夺的对象；第三，东方社会各国的历史悠久，在长期的历史发展中形成了独特的历史底蕴和文明积淀；第四，东方社会古代的经济政治体制已经较为稳定，在向近代转型的过程中，只能依赖于自己国家和人民的主动性和创造性。

恩格斯在马克思逝世后，进一步深化和发展了唯物史观，在对待东方社会相关问题的研究上，尤其是对俄国的社会发展问题也继续进行了持续的关注。尤其是19世纪90年代，恩格斯针对俄国新的社会经济发展的现实和革命形势的变化，对马克思关于东方社会发展道路作出了一些新的阐释。首先，从俄国当时在经历农奴制改革后，根据资本主义持续快速发展的趋势，预言了俄国农村公社也会走向灭亡的结局。恩格斯以他所能获得的最新材料，认识到俄国的资本主义正在飞速发展。恩格斯在给俄文版《资本论》译者、民粹派理论家丹尼尔逊的信中说，希望他对农村公社的前景能有所改观，“恐怕我们将不得不把公社看作是对过去的一种梦幻，将来不得不考虑到会出现一个资本主义的俄国。毫无疑问，这样就会失去一个大好机会，但对经济事实是无可奈何的”。[①]其次，从社会发展的一般规律出发，对俄国农村公社组织自身存在的缺陷进行了剖析。恩格斯指出，从氏族制度保存下来的农业共产主义，“在任何地方和任何时候除了本身的解体以外，都没有从自己身上生长出任何别的东西”；同样，“俄国的公社存在了几百年，在它内部从来没有出现过要把它自己发展成高级的公有制形式的促进因素”[②]。在恩格斯看来：“每一种特定的经济形态都应当解决它自己的、从它本身产生的问题；如果要去解决另一种完全不同的

① 《马克思恩格斯全集》第38卷，北京，人民出版社1972年版，第306页。

② 《马克思恩格斯文集》第4卷，北京，人民出版社2009年版，第456—457页。

经济形态的问题，那是十分荒谬的。"[①]"较低的经济发展阶段解决只有高得多的发展阶段才产生了的和才能产生的问题和冲突，这在历史上是不可能的。"[②]最后，在此基础上，结合落后国家的国情，探讨了东方社会国家进行"跨越式"发展进而跨越"卡夫丁峡谷"的可行性及实现路径。恩格斯在分析了农村公社存在的缺陷的同时，也没有否定它在实现跨越"卡夫丁峡谷"所发挥的作用。恩格斯还指出："不仅可能而且毋庸置疑的是，当西欧各国人民的无产阶级取得胜利和生产资料转归公有之后，那些刚刚进入资本主义生产而仍然保全了氏族制度或氏族制度残余的国家，可以利用公有制的残余和与之相适应的人民风尚作为强大的手段，来大大缩短自己向社会主义社会发展的过程，并避免我们在西欧开辟道路时所不得不经历的大部分苦难和斗争。"[③]他强调，实现这一点的第一个条件是外部的推动，就俄国而言，"对俄国的公社的这样一种可能的改造的首创因素只能来自西方的工业无产阶级，而不是来自公社本身"[④]；如果没有西方国家无产阶级的胜利，"目前的俄国无论是在公社的基础上还是在资本主义的基础上，都不可能达到社会主义的改造"[⑤]。

恩格斯晚年着重研究的东方社会发展道路，是主要以俄国作为研究对象，根据俄国农村公社自身内在的两重性，结合具体的历史条件，提出了俄国无产阶级革命需要有西方无产阶级革命取得成功的必要条件这一假设，该设想具有丰富的辩证唯物主义和历史唯物主义理论意蕴。恩格斯对东方社会特殊的农村公社进行的相关研究，是马克思东方社会理论的一个

① 《马克思恩格斯文集》第4卷，北京，人民出版社2009年版，第458—459页。
② 《马克思恩格斯文集》第4卷，北京，人民出版社2009年版，第458页。
③ 《马克思恩格斯文集》第4卷，北京，人民出版社2009年版，第459页。
④ 《马克思恩格斯文集》第4卷，北京，人民出版社2009年版，第457页。
⑤ 《马克思恩格斯文集》第4卷，北京，人民出版社2009年版，第466—467页。

主要组成部分，它不仅仅是对东方社会进行的研究，对我们理解人类社会发展过程中的早期文明阶段的社会组织和结构，具有一定的借鉴意义。马克思、恩格斯提出的在特定的历史条件下，我们能够超越资本主义发展的各个时期的观点，反映出了历史规律所具有的共性和特殊性。马克思、恩格斯认为，近代以来发展相对滞后的民族，要善于汲取西方资本主义有益的东西，才能成就一种现代化的、开放的、有活力的社会主义。马克思、恩格斯的这一观点，既是马克思主义发展史上一个重大的历史事件，也是20世纪世界经济发展水平较低的后发国家所面临的解决发展问题的一种有益启示。这对于东方社会理论的发展，自然是根据俄国当时的社会发展现实而提出来的，马克思、恩格斯关于农村公社的论述，也是俄国能够越过“卡夫丁峡谷”的起点，西欧的无产阶级革命是俄国越过“卡夫丁峡谷”的互补条件，这些都具有一定的现实意义。但是，在新的时代背景下，对上述一些特定命题应作怎样的认识，还有待于我们在新的时代背景下重新进行思考。恩格斯对前来请教的俄国人提出过这样的要求：应当按照自己的实际状况，按照马克思的方式来考虑，而不是机械地照搬马克思主义的教条。所以，马克思、恩格斯关于东方社会发展规律的研究，也是为了探索世界历史的一般规律，并不是要一切国家和地区照搬和照抄世界历史中某一国家或地区的经验。历史的发展有其自身的规律，所以在探索世界历史发展规律的过程中，我们要总结经验，但不能照搬经验，必须实事求是地分析和看待世界上不同国家或地区在发展上的差异性，并充分认识到这种差异性所带来的发展的曲折性。在此基础上，马克思、恩格斯提出了跨越“卡夫丁峡谷”和东方落后国家发展特殊性的理论和实践，这为东方国家实现社会主义提供了可能性。然而，我们必须看到，马克思、恩格斯在当时的研究也面临着巨大的困难。但是，他们没有退缩，没有畏惧困难，而是在克服各种困难、解决各种问题中不断地前进。所以说，要想真正研究和解决好“东方问题”，还必须继续坚持马克思、恩格斯关于东方社会发展规律的研究和探索。

二、列宁对东方社会理论的发展

如果说马克思、恩格斯的东方社会理论是马克思主义关于东方社会发展理论的基础和核心，那么列宁的东方社会发展理论则意味着马克思主义关于东方社会发展理论臻于成熟。①

列宁东方社会发展理论将俄国、中国和印度等一些当时东方社会落后的国家和民族的发展问题结合在一起，对东方社会的整体发展作出了很高的评价。考察马克思、恩格斯的著作，可以发现他们对于俄国问题的研究主要集中于对西方问题的研究与回应，而对中国、印度等东方社会本身存在相关问题的研究不足。尤其是在那个时候，中国和印度的无产阶级革命还没有兴起和发展，他们的研究著作自然不会重点提到这方面的问题。

而在继承了马克思、恩格斯的东方社会理论的基本观点后，列宁关于东方社会发展理论对近代俄国、中国、印度等一批发展相对滞后的民族的发展状况进行了进一步的考察，并把他们作为同一权力系统加以考察和研究，对于其地位给予了很高的评价。因十月革命胜利的推进与造成的世界影响，俄共（布）与之后的共产国际在东方落后国家和地区的人民革命斗争中，不断掀起轰轰烈烈的支持无产阶级革命的活动。列宁在共产国际二大的相关讲话中，对东方国家人民的革命斗争给予了充分的肯定，他认为在东方各国，大家都知道苏维埃的地位和重要性。苏维埃运动，在整个亚洲和东方，在所有的殖民地国家和民族中间，都已发展或建立起来了。列

① 参见俞良早、王进芬、孟宪平等：《20世纪马克思主义发展史》第3卷，北京，中国人民大学出版社2019年版，第283页。

宁在这次大会上所作的陈述中，提出了必须使东方各国的人民革命运动同苏维埃俄国结成最密切联盟的观点，他说："目前的世界政治形势把无产阶级专政提上了日程，世界政治中的一切事变都必然围绕着一个中心点，就是围绕世界资产阶级反对俄罗斯苏维埃共和国的斗争。而俄罗斯苏维埃共和国必然是一方面团结各国先进工人的苏维埃运动，另一方面团结殖民地和被压迫民族的一切民族解放运动。这些民族根据自己的痛苦经验深信，只有苏维埃政权战胜世界帝国主义，他们才能得救。"[①]

列宁在1922年年末到1923年年初发表的《论我国革命》一文中，指出俄国发展的特点在于俄国的生产力还不高，没有足够的经济基础去实现向社会主义的转变，但在特定的政治背景下，无产阶级首先取得了政权，无产阶级要善于运用自己的优势，解放和发展生产力，并为实现向社会主义生产方式的转型而奋斗，这一特点同样也反映在其他东方社会的国家和地区，"在东方那些人口无比众多、社会情况无比复杂的国家里，今后的革命无疑会比俄国革命带有更多的特殊性"[②]。而在《宁肯少些，但要好些》一文中，他又指出，中国和印度等国家因第一次世界大战而脱离了原有的发展轨道，正在接近西方资本主义的发展轨道，而东方社会则发生了与西方资本主义相似的动荡，发生了一场场革命。因此，列宁认为，在这场战争中，东方社会终于加入了一场世界无产阶级革命的运动，并在整个世界范围内形成了一个巨大的旋涡。他又指出，在俄国，在中国，在印度，很多东方社会的民族，都能看到无产阶级和资产阶级之间的战争结果，并预言了他们的命运。这场战争最终的结果，归根结底要看俄国、印度、中国以及其他东方国家。近年来，就是这些人中的绝大多数为自己的

① 《列宁全集》第39卷，北京，人民出版社2017年版，第164页。

② 《列宁全集》第43卷，北京，人民出版社2017年版，第376页。

自由和解放而奋斗得如此之迅速，因此，我们可以充分、绝对地确保社会主义革命的最后胜利。列宁把俄国、中国和印度这三个东方社会的革命运动看作一个统一的有机整体，这一点在列宁看来是一个必然。应当注意，列宁认为，在整个东方社会，几乎所有国家的苏维埃运动都已经出现或发展起来，并且已被卷入了世界无产阶级革命的旋涡之中，在世界历史的发展过程中，俄国、中国、印度等东方国家都是世界上最主要的国家，从这些国家的斗争中可以看到世界社会主义胜利的希望，这是对东方社会的国家和民族进行的革命斗争的意义和地位的充分肯定。

列宁逝世前夕，于1922年年末到1923年年初，就东方社会各国如何走向社会主义问题，发表了许多新见解，也是在这个时候提出了一些新的观点，其中最重要的，一是东方社会各国都将会朝着社会主义方向发展，这是一个客观的事实，也符合历史发展的规律。俄国孟什维克在那时认为俄国的生产力尚未达到建设发展社会主义的程度，而且也没有一个客观的经济条件来实施社会主义。关于这一点，列宁指出，生产力决定生产关系，只有资本主义的经济社会发展到相当的水平，生产力发展到一定的阶段以后，才能实现从资本主义过渡到社会主义的转变，这是一个世界历史发展的普遍规律。但是，“世界历史发展的一般规律，不仅丝毫不排斥个别发展阶段在发展的形式或顺序上表现出特殊性，反而是以此为前提的。他们甚至没有想到，例如，俄国是介于文明国家和初次被这场战争最终卷入文明之列的整个东方各国即欧洲以外各国之间的国家，所以俄国能够表现出而且势必表现出某些特殊性，这些特殊性当然符合世界发展的总的路线，但却使俄国革命有别于以前西欧各国的革命，而且这些特殊性到了东方国家又会产生某些局部的新东西”[①]。从列宁的观点来看，俄国社会的

① 《列宁全集》第43卷，北京，人民出版社2017年版，第374页。

发展历程具有特殊的发展条件。这个特点表明，俄国的生产力不高，从资本主义到社会主义的转型，其客观的经济前提存在不足，但在特定的时代背景下，无产阶级首先取得了政权已成为事实，随后运用政权来发展社会主义生产，并为实现向社会主义的转型而奋斗，从而取得社会主义建设的成功。俄国这种特定的发展历程是与生产力和生产关系的矛盾运动，与整个人类社会发展的普遍规律相一致的。应当注意，列宁曾说过，这种特点是在东方社会进程中所特有的，并且革命也会不断东移。二是特殊环境决定东方国家的工农群众展开革命和掌握政权，俄国的工人、农民发动革命是由特定条件所决定的，在当时他们必须进行革命，夺取政权。同样，孟什维克也否认了俄国的无产阶级想要发动革命，想要夺取权力。这一点，列宁认为需要把十月革命看作一场与第一次世界大战有关的革命。第一次世界大战使俄国的阶级冲突和社会冲突更加尖锐，在这样一个特定的情况下，无产阶级政党带领人民，夺取了政权，引发了工人、农民的觉醒。列宁指出，在第一次世界大战的特定情况下，当时已经失去前途的俄国工人和农民，会不会为了争取自己的生存和发展机会而起来奋斗呢？他补充说，马克思在 1856 年建议过一种用农民斗争来支援无产阶级革命的想法，既然俄国发生了这样的情况，那么，如果农民斗争和工人运动结合起来，无产阶级是不是也可以同农民斗争做点什么呢？列宁认为，因为俄国地处东方，符合东方社会各国的发展特征，因此，马克思设想的“农民战争和劳工运动结合起来”是符合这一要求的，这场革命是可以取得成功的。列宁所提出的这一主张，不仅是对俄国革命必然胜利的原因阐释，而且对东方社会各国的革命斗争也起到了必要的理论指导作用。在东方社会的其他地区，由于某些特定情况和某些特殊环境，也在国际工人运动的推动趋势下，真正实现了这种联合。三是西方无产阶级革命被推迟下去和社会主义最终胜利取决于东方社会人民革命斗争发展。19 世纪后半叶，欧美各国资产阶级统治者通过掠夺海外的巨额财产，采取收买国内无产阶级的方式，来缓解内部的阶级冲突。尤其是在第一次世界大战之后，“国际关系体系现在已成为这样：欧洲的一个国家受着各战胜国的奴役，这就是德国。其次，一些国家，而且是西方一些最老的国家，因获得胜利而能够利用胜利向本国被压迫阶级作一些不大的让步，这些让步毕竟在推迟这些国家的革命运动，造成某种类似‘社会和平’的局面”①。这表明列宁意识到，在之后一段时间内，很难有大规模的无产阶级革命。在这之前，十月革命和苏俄内战期间，列宁都把自己的期望寄托在了俄国革命的爆发与成功上，并期望在这场斗争中，可以给予西方的无产阶级革命一定的帮助。他认为如果失去了这次机会，将来很难有一场变革，这是一个很大的机遇，来实现社会主义的巨大成功，苏俄在面对其被推翻、被入侵的威胁时，也能够坚持到其最后的成功，列宁寻求的是来自东方社会的现实可能。他指出，第一次世界大战之后，在俄国，在中国、印度和其他很多的东方民族之中，都已经进行了一场革命，从而预言了无产阶级同资产阶级之间的斗争的命运和结果。列宁生前的一些主张，例如，东方社会各国实行社会主义合乎世界历史发展的普遍规律，对东方社会各国在相对低下的生产力、相对落后的经济状况下，如何进行社会主义建设进行了开创性的阐述，从而证明了东方社会各国的无产阶级和各党派实行的建设社会主义策略是合乎历史发展潮流的。列宁在共产国际二大的相关讲话中指出，在一些特定的情况下，东方各国要想实现社会主义革命的成功，就必须得到那些曾经获得了革命成功的国家的援助，但是，他并不认为这个要求是必要或特别重要的，这是列宁后期思想观念的重大变化与发展。东方社会各国的工人、农民革命是由特定的历史条件所决定的，这是从特殊性的意义上解释了在东

① 《列宁全集》第43卷，北京，人民出版社2017年版，第393页。

方社会各国的无产阶级政党，是带领工人、农民和其他先进人士进行革命、夺取权力的历史必然。列宁提出的把西方无产阶级革命转变为东方社会主义的成功，这是对社会主义理论的一次伟大的创新，它标志着马克思东方社会理论在实现和建设社会主义策略上的一次重要转向。

俄国十月革命在当时虽然取得了成功，但俄国社会关系（秩序、制度）中的中世纪制度、农奴制度、封建制度残余，特别是东方文化中的一些愚昧、落后性残余极大地阻碍着新生苏维埃的政治和经济的发展。无论是农民中的大量文盲，还是工作机关中的官僚主义恶习，以及党政干部缺乏管理知识，都深刻地影响着苏维埃政权的巩固和发展。因此，“文化革命”成为列宁晚年执政的主要任务，它是俄国“能成为完全社会主义的国家”的必要条件。俄国社会主义革命的成功与建设的文化困境在落后的国家具有一定的代表性，当世界无产阶级革命并没有从马克思主义创始人所设想的西方发达资本主义社会中大规模发生，而是在“帝国主义链条中最薄弱的一环”——东方的俄国爆发，全世界的目光都聚焦于这个曾经“专制而又落后”的东方国家，它不仅给东方落后国家的革命和建设提供了一个参考范式，还给他们送来了马克思主义——这一面科学的思想文化旗帜。布尔什维克党正是在俄国物质文化水平相对低下的背景下，从事革命的首要任务就是要把严重妨碍俄国文化发展和进步的“奥吉亚斯的牛圈”打扫得干干净净，夺取政权建立了无产阶级专政，开展了历史上第一次属于劳动人民的文化建设。但是，原有的官僚或农奴制等落后的旧政治文化传统笼罩了苏俄社会各阶层，给社会主义的发展蒙上了厚厚的文化阴影，严重制约苏俄社会主义现代化建设进程。而当时的其他东方国家都或多或少存在着与俄国相似的情况，例如类似的亚细亚生产方式、等级专制的封建制度、饱受本国统治阶级的剥削和帝国主义侵略等多种压迫。无论是东方革命（包括资产阶级民主主义革命和社会主义革命），还是东方社会建设（无产阶级专政下的经济建设和政治改革）都遭遇到东方特有的、复杂的、落后的文化困境。

总的来说，马克思、恩格斯关于东方社会的论述为我们理解东方社会的历史发展和社会结构提供了重要的理论框架。他们通过对东方社会的深入研究，揭示了东方社会与西方社会在历史发展和未来选择上的重要差异，并指出了东方社会在发展过程中可能面临的挑战和机遇。这些论述对于我们今天理解东西方社会的差异与融合，探索适合不同国情的发展道路，进一步推动中国式现代化建设具有重要的启示意义。

第三章

马克思东方社会理论的文化向度

马克思对资本主义社会发展规律的揭示没有只停留在经济层面，同样深入对资本主义矛盾的文化本质的揭示，马克思的东方社会理论也是如此。需要指出的是，马克思、恩格斯对于东方社会文化的理解也是一个持续发展的过程：19 世纪 50 年代，马克思、恩格斯对于东方文化的理解，更多地站在全世界无产阶级革命的角度，到了 19 世纪 70 年代末，马克思写完《资本论》，对资本主义文化有了更加深入的了解，并对其内部的各种冲突进行了研究，尤其是在晚年研究了“人类学笔记”以后，他意识到，与资本主义以“物”为生产力的目标相异，东方古代以“人”为其生产目标，其文化观念将可能对资本主义文化进行有力的改造。由此，马克思认为俄国农村公社所具有的“二重性”是一种具有超越资本主义文化潜力的“新元素”。

东方社会的文化传统，是人类历史文化宝库中一笔宝贵的财富，它对人类文明的发展、进步和创新，具有重要的意义和影响。马克思、恩格斯同样也看重东方文明对世界文明的发展作出的巨大贡献。正是由于东方社会在人类文明发展史上发挥了巨大的作用，才使得东方社会在世界历史上产生了重大影响。例如，古埃及文明为人类贡献了悠久的历史文化遗产，中华文明为人类贡献了中华民族所特有的人文精神，古印度文明为人类贡献了具有独特文化魅力和民族精神气质的传统宗教和文化。因此，我们充分肯定东方社会在历史上所起过积极作用的同时，也不能忽视东方社会文化自身所存在的一些消极方面。否则，就会失去对东方社会历史作用和地位的全面认识。

第一节 东方社会体现人类社会发展规律的特殊形式

在社会主义的发展进程中，因为每个国家的情况都有其独特之处，在经济、政治、文化等发展方面皆存在着差异，这也是由生产力发展水平和不同国家和地区的社会实践所决定的。另外，无产阶级政党本身的成熟度也存在着差异，以及不同的阶级基础和群众基础，还有不同的革命传统，再加上历史和现实的、国内和国际的种种原因，使得不同国家的社会主义发展道路具有多元化的特征。

首先，各国的社会主义发展路径因其所处的经济发展水平、所处的历史时期而呈现出各自的特色。从社会主义发展史来看，凡是取得成功的社会主义国家，其发展的起点往往都是相对落后的，然而，不同的民族又有很大的不同。因此，各国都要依据自身的生产力发展水平和社会发展的阶段，因地制宜地建设社会主义。其次，不同的历史、不同的文化传统造就了不同的社会主义发展路径。马克思指出："人们自己创造自己的历史，但是他们并不是随心所欲地创造，并不是在他们自己选定的条件下创造，而是在直接碰到的、既定的、从过去承继下来的条件下创造。"[①]各国、各民族的历史、文化传统，是各国、各民族开展各种社会主义实践的先决条件与依据。正因各国、各民族自身的经济、政治和文化条件上存在着普遍差异，这就要求我们要根据自身的现实条件，进行符合本国特色的社会主义事业；要做到这一点，必须坚持马克思主义基本原理同各国国情的统一，使社会主义在拥有不同条件的国家中生根发芽。最后，不同国家社会主义发展道路呈现出多元化特征，这并非否认人类社会发展规律的普遍

---

① 《马克思恩格斯文集》第2卷，北京，人民出版社2009年版，第470—471页。

性。时间在向前，实践在向前，社会主义的实践也是与时俱进、不断发展的。社会主义500多年的发展历史，从理论和实践上都证明了每一个社会主义国家都要按照自己的实际情况，结合科学社会主义的基本原则，在不同的历史阶段，适应于时代与现实的发展需要，选择符合世情国情的社会主义发展道路。只有这样，才能使各国社会主义体系始终保持旺盛的生机和活力，为实现共产主义做好最充分的准备。

一、东方社会历史文化环境决定发展道路的特殊性

马克思东方社会理论为我们提供了一个新的视角，即世界上不同区域的国家和民族，都要在各自所属的历史进程中，结合不同的时代背景，选择适合自己的发展之路，才能充分地掌握本国社会主义的发展规律，无论东西方社会皆是如此。西方社会在长期的历史发展过程中，形成了自己独特的世界观、人生观、价值观和方法论，在基督教等主要宗教文化的影响下，还形成了个人主义、自由主义等文化理念。西方社会的文化传统在近代以来的资本主义全球化扩张中，既有一定的积极作用，推动了资本主义因素在全球范围内的扩张，也有消极作用，“商品拜物教”“资本拜物教”等新的“宗教压迫”纷至沓来，这本身也是西方社会在长期的历史发展过程中形成的“特殊性”。

马克思主义经典作家从生产力和生产关系的矛盾运动规律出发，曾阐述了5个不同的社会形态，即人类社会形态更替的先后顺序。但是，社会形态发展的“五阶段”却不是每个国家和民族都要一定经过的历史发展顺序，也不是由每个国家和民族各自的生产力和生产关系的矛盾所决定的，而是由整个人类社会发展的总过程，也就是由总的生产力和生产关系的矛盾所决定的。“五阶段”的演进顺序，是以各国的生产力与生产关系的矛盾以及它们的发展历程之间的相互联系、相互作用的总和所决定的，它反

映了一种具有普遍意义的、无法被逾越的性质。然而，在各国、各民族的生产力与生产关系之间的矛盾体系中，生产力的发展既受生产关系的影响，也受上层建筑和外在条件的限制，因此，生产关系对生产力的发展具有一定的适应性。在这个被整体的生产力与生产关系的矛盾体系涵盖的各民族的生产力与生产关系之间的互动历程中，呈现出参差不齐、犬牙交错的态势。比如，奴隶制在古希腊和古罗马都得到了很大的发展，而在奴隶制发展落后的中国要早于古希腊和古罗马进入封建社会，并且中国所引起的社会震荡也比古希腊古罗马要小得多。虽然封建制度的历史光彩是从中国等东方国家放射出来的，但是，封建制度发展得不如中国的西欧国家却率先实现了从封建社会到资本主义社会的过渡。由此可见，任何一个民族、国家都应该根据内外部条件构成的特定的历史环境选择适合自己的发展道路。实际上，马克思关于俄国不通过资本主义制度“卡夫丁峡谷”直接走上社会主义道路正是对这一基本原理的具体运用。因此，在探讨经济文化落后国家的发展过程中，必须拒绝对其“作纯学理的、必然是幻想的预测”[①]，“应该马上做些什么，这当然完全取决于人们将不得不在其中活动的那个既定的历史环境”[②]。根据历史环境选择适合于自己国家的发展道路，“这不仅适用于俄国，而且适用于处在资本主义以前的阶段的一切国家”[③]。可以说，20世纪上半叶，俄国、中国等东方相对落后国家先后走上社会主义道路，是列宁、毛泽东等无产阶级革命家在正确把握本民族、本国家所处的历史环境的基础上作出的正确选择。同样的道理，在经济文化落后基础上进行社会主义建设的国家也必须从自身的历史环境出发制定正

① 《马克思恩格斯文集》第10卷，北京，人民出版社2009年版，第459页。

② 《马克思恩格斯文集》第10卷，北京，人民出版社2009年版，第458页。

③ 《马克思恩格斯文集》第4卷，北京，人民出版社2009年版，第459页。

确的发展战略，只有这样才能取得社会主义建设的成功。

中华文明在数千年的发展历程中，既缔造了古代经济的繁荣和文化的灿烂，又在近代社会发展中与西方存在着较大的差距。一方面，中国在近代前夕的经济文化和政治发展处于停滞状态，而原有的社会体制和文化传统却在很长一段时间内继续存在。中华文明的发展史，可以分为早期中华文明的形成、中华文明的灿烂与近代的衰落3个阶段。从本质上讲，中华文化的发达和中华文化的僵化滞后，都源于东方社会独特的生产方式，即一定意义上的亚细亚生产方式。在原始农耕时期，亚细亚生产方式仍能与生产力发展相适应，从而促进了社会的发展和进步，并形成了辉煌的古代文明；在由农耕社会到工业社会的转型时期，以小农经济、自然经济、国家垄断和官僚体制为主的亚细亚生产方式，已经严重制约了近代中国的生产力发展，阻碍了经济、技术、文化和政治等方面的发展，使其在近代社会处于相对滞后的地位。从中国数千年的文明史来看，中华文明在形成、确立和稳定之后，多是改易之小变、渐变，较少有变革之大变、质变，这也是中国古代君主专制社会能够长期延续、进步有限并在近代落伍的重要原因。之所以如此，主要是因为古代中国的亚细亚生产方式在实际发展中具有鲜明的改良性特征。例如，在农业生产技术条件的发展上，中国只有不断改良农业生产工具而没有实现超脱农业领域的革命性变革；只有精耕细作技术的不断改良而没有生产动力技术的革命。特别是在秦汉以后的社会历史中，无论是农业生产还是手工业生产主要集中于小生产，不管是佃农经济还是自耕农经济都主要是一家一户的小生产规模，经济生活主要是自给自足的小农经济，所有这些决定了农业生产技术方式以精耕细作为主要特征，而无须再去实现生产工具和技术的进一步革命。这样，秦汉时期形成的生产工具基本能够满足当时农业生产方式的需要。因此，生产工具与生产技术总体上长期处于停滞不前的状态。

在几千年的发展历程中，中华文明从未被打断。直至近代，整个世界发生了巨大的变化，其中，中国古代的宗法制度、君主专制、自然经济等发生了根本性转变，但语言文字、生活习俗和社会心态等文化方面的内容却有一脉相承的部分。中华文明以夏商为起点，以汉唐为高峰，至两宋之际曾达到顶峰。到了明朝和清朝，中华文明不但已经失去了昔日的辉煌，反而陷入了一个“东方的中世纪”，这就是所谓东方社会的“停滞”。文化沦为统治阶级愚昧人民的武器，直至到了晚清民国时期，才逐步发生了真正意义上的文化变革和体制革新，当然在这个过程中也产生了如何对待中国的传统文化等问题。

二、东方社会的社会主义实践决定发展道路的特殊性

马克思东方社会理论从近代俄国等经济、文化发展相对滞后的民族走向社会主义发展之路的独特基点出发，强调社会主义的发展道路具有其自身的特点，并明确指出了其多元化和特殊性相结合的特点。中国特色社会主义既是基于中国现代化发展过程中实践经验的提炼和总结，也是对马克思东方社会理论的一个重要验证和当代实践。

东方社会的社会主义实践决定东方国家走上社会主义发展道路的特殊性。第一，马克思东方社会理论对列宁探索新经济政策具有重要的指导意义。首先，列宁在俄国十月革命刚取得成功的时候就提出了直接向社会主义体制转变的构想，表明当时列宁对于俄国在其经济和文化上处于相对滞后地位而最先开展的社会主义革命的特殊性还缺乏足够理解。然而，1918年春到1920年年底，苏俄必须应对国外的反革命集团同本国的叛乱分子勾结的危险，为保卫刚刚建立起来的苏维埃政府而进行斗争，这就不可避免地使“直接过渡”中止，并由此转入到战时共产主义的方针之中。在第一次世界大战后，苏俄的经济和社会都受到了严重的损害，造成了物资的

严重短缺，人民的生活质量下降，对现实生活感到不满，并且在这个时候，发生了社会不稳定的情况，在对苏俄的经济和文化发展有比较深刻了解的情况下，列宁采取了一系列富有创造性的新的经济政策。列宁就是在这个时候，根据苏俄的落后情况，提出了许多重大的思想。他于1921年4月发表的《论粮食税》一书中写道："看一下俄罗斯联邦的地图吧。在沃洛格达以北、顿河畔罗斯托夫及萨拉托夫东南、奥伦堡和鄂木斯克以南、托木斯克以北有一片片一望无际的空旷地带，可以容下几十个文明大国。然而主宰这一片片空旷地带的却是宗法制度、半野蛮状态和十足的野蛮状态。那么在俄国所有其余的穷乡僻壤又是怎样的呢？乡村同铁路，即同那联结文明、联结资本主义、联结大工业、联结大城市的物质脉络往往相隔几十俄里，而只有羊肠小道可通，确切些说，是无路可通。到处都是这样。"[①]正因如此，1921年10月列宁在《十月革命四周年》中进一步指出，十月革命胜利后，"我们计划（说我们计划欠周地设想也许较确切）用无产阶级国家直接下命令的办法在一个小农国家里按共产主义原则来调整国家的产品生产和分配。现实生活说明我们错了"[②]。那么，错在哪里？问题究竟出在什么地方？列宁在1923年1月2日的《日记摘录》中明确指出："问题就在于我们直到今天还没有摆脱半亚洲式的不文明状态，如果我们不作重大的努力，是不能摆脱的，虽然我们有可能摆脱，因为没有哪一个地方的人民群众像我国的人民群众这样关心真正的文化；没有哪一个地方像我国这样把文化问题提得这样深刻，这样彻底；没有哪一个地方，哪一个国家像我国那样国家政权掌握在工人阶级手里，而大多数工人深知自己的——且不说在文化方面，而是在识字方面——不足；没有哪一个地方的

① 《列宁全集》第41卷，北京，人民出版社2017年版，第216页。
② 《列宁全集》第42卷，北京，人民出版社2017年版，第187页。

工人阶级像我国工人阶级这样，为了改善自己在这方面的状况，情愿忍受并且正在忍受如此重大的牺牲。”[①]马克思、恩格斯有时直接把印度、中国说成是亚洲的社会状态。比如，马克思论述英国在印度的殖民统治担负着双重的使命时，就是用类似“亚洲的社会状态”这一表述。而这样的社会正是广义的亚细亚社会。列宁是马克思主义的坚定捍卫者和继承者，因此，列宁这里所说的“半亚洲式的不文明状态”实质上就是“半亚细亚社会的不文明状态”。正因如此，“我们的文明程度也还够不上直接向社会主义过渡，虽然我们已经具有这样做的政治前提”[②]。严酷的事实使列宁重新站在当时苏俄落后的半亚细亚国情基点上，反思自己的理论：“这种特殊的、对于我们自然也是极不愉快的情况是由什么引起的呢？是因为我们在经济进攻中前进得太远了，我们没有给自己留下足够的基地；群众已经感到的，我们当时还不能自觉地表述出来，但是过了几个星期，我们很快就认识到了，这就是：向纯社会主义形式和纯社会主义分配直接过渡，是我们力所不及的，如果我们不能实行退却，即把任务限制在较容易完成的范围内，那我们就有灭亡的危险。”[③]列宁在新的情况下，经过认真思考，决定放弃原来的主张，转而提出新经济政策，这是一条适合当时苏俄情况的建设社会主义的正确道路。[④]其次，列宁还针对当时一些人对十月革命的质疑，根据马克思的革命辩证法，论证了经济文化落后国家社会主义革命胜利的可能性，他指出：“经济和政治发展的不平衡是资本主义的绝对规律。由此就应得出结论：社会主义可能首先在少数甚至在单独一个资本主

① 《列宁全集》第43卷，北京，人民出版社2017年版，第361页。

② 《列宁全集》第43卷，北京，人民出版社2017年版，第395页。

③ 《列宁全集》第43卷，北京，人民出版社2017年版，第282页。

④ 参见张爱武：《世界历史性社会主义研究》，北京，社会科学文献出版社2005年版，第161—162页。

义国家内获得胜利。"[①]列宁在此基础上提出了社会主义过渡理论、社会主义建设的一系列方针政策。最后，到20世纪纪初，尽管俄国因资本主义的发展而使村社有所破坏，但是，十月革命以后反而出现回潮，此前不少离乡的人又返乡加入村社，村社一时又成为农村居民的主要组织形式。[②]尽管这满足了马克思提出的俄国不通过资本主义制度"卡夫丁峡谷"直接走上社会主义道路需要保存大量农村公社这一内部条件，但是，有先进资本主义国家已经走上了社会主义道路这一外部条件是肯定不具备的。正因如此，列宁对经济文化落后的俄国社会主义革命和建设的探索具有重大创新意义，实现了对马克思东方社会理论进而对科学社会主义理论的创新发展。

第二，俄国十月革命胜利和社会主义建设探索对中国革命、建设和改革具有直接启示意义。首先，十月革命的胜利对中国共产党的成立和发展发挥了重要启示作用。"十月革命一声炮响，给我们送来了马克思列宁主义。十月革命帮助了全世界的也帮助了中国的先进分子，用无产阶级的宇宙观作为观察国家命运的工具，重新考虑自己的问题。走俄国人的路——这就是结论。"[③]中国共产党一成立就以马克思列宁主义为指导，就以实现社会主义、共产主义为奋斗目标。毛泽东认为，中国革命必须分两步走。毛泽东指出："中国革命不能不做两步走，第一步是新民主主义，第二步才是社会主义。"[④]他还把新民主主义革命和社会主义革命比喻为文章的上篇和下篇："两篇文章，上篇与下篇，只有上篇做好，下篇才能做好。坚

① 《列宁全集》第26卷，北京，人民出版社2017年版，第367页。

② 参见郑异凡：《新经济政策的俄国》，北京，人民出版社2013年版，第82页。

③ 《毛泽东选集》第4卷，北京，人民出版社1991年版，第1471页。

④ 《毛泽东选集》第2卷，北京，人民出版社1991年版，第683—684页。

决地领导民主革命，是争取社会主义胜利的条件。”[①]这一结论既有科学社会主义、马克思东方社会理论、列宁社会主义理论的理论依据，同时也符合中国实际，对之后中国的新民主主义革命和社会主义革命的胜利具有重要的理论指导意义。其次，中国的社会主义建设初步探索取得了积极的理论成果和实践成就，但是，也走了很多弯路和犯了严重错误。党的十一届三中全会总结了经验教训，开启了中国特色社会主义建设新征程。中国共产党在重新确立和发展实事求是思想路线的指导下，对经济文化落后的国情有了深刻而又科学的认识，作出了我国处于并将长期处于社会主义初级阶段的重大判断。上文分析的马克思研究东方社会的维度、方法论、科学精神全部贯穿于中国特色社会主义建设过程之中，对中国特色社会主义理论体系的形成发挥了重要的指导作用。最后，中国特色社会主义理论体系实现了对马克思东方社会理论的重大发展。中国是在并不完全具备以上分析的马克思关于经济文化落后的俄国如何不通过资本主义制度“卡夫丁峡谷”直接走上社会主义道路必须有内外两个条件的情况下，进行社会主义建设的。一是不具备或不完全具备像俄国那样大量存在农村公社的内部条件；二是不具备一些先进资本主义国家已经走上了社会主义道路的外部条件，且还受到了当时主要一些帝国主义国家的经济政治封锁和围堵。上文指出的这两个条件，当时俄国只满足第一个条件而不具备第二个条件，因此，俄国社会主义革命和建设有很大的创新性，而中国是在两个条件都不完全具备的情况下进行中国特色社会主义建设的，中国特色社会主义建设取得了巨大的实践成就，证明了中国特色社会主义理论体系的正确性和对马克思东方社会理论的进一步发展和创新。

总之，马克思东方社会理论具有重要的理论价值。其中既有分析维

① 《毛泽东选集》第1卷，北京，人民出版社1991年版，第276页。

度、方法论、科学精神等方面的直接指导意义，也有列宁社会主义发展理论中相关成果蕴含的马克思东方社会理论的间接指导意义。

第二节　西方资本主义社会发展的文化矛盾

马克思指出了资本主义存在不可调和的基本矛盾，它是资本主义社会必然走向灭亡的根本原因。资本主义的基本矛盾体现在其文化层面上，则是其所倡导的“自由、平等、博爱”等资本主义价值观与资本主义经济基础之间无法化解的矛盾。资本主义文化是满足资产阶级为了持续获取剩余价值的需要，它主张“持续需要”，把“虚拟的需要”看作人类的“必要需求”，促使“虚拟的需要”和“人的物化”的“颠倒”，使人不但成为“物的拟人化”，还成为资本主义文化的“奴隶”，它的目的是满足“物”的生产，出现了马克思强调的“根本的颠倒”，最后人类丧失了“类”的本性，产生了迷惘、无助和沮丧的“现代病”。而且，资本主义主张的“自由、平等、博爱”的政治文化，只不过是资产阶级在思想上制造的一种幻觉，这种幻觉是属于一小撮资产阶级的，并不属于绝大多数无产阶级。

一、资本主义基本矛盾的文化表现

马克思对资产阶级革命在历史上的地位给予高度赞赏，认为资本主义使当时社会的生产力得到了极大的发展，但是这种提高的范畴，在本质上主要局限于一种物质上的，在意识形态方面，反而使人民在一定程度上处于一种滞后的状态。资产阶级越发形成的腐朽懒惰风气，越来越妨碍社会的发展，阻止了生产力的进一步解放和发展，妨碍了科学和技术的发展，或造成了科学和技术的滥用，资产阶级在其中扮演着重要的角色。恩格斯于1892年12月31日给左尔格的一封书信中谈及英国在美国的殖民地，把新英格兰的清教文化给美国带来了。这一资本主义进步主义的理念成为美国的一项精神财富。不过，这个“美好的将来”还有一段距离，就像期票那样要贴现，要等待一定日期支付，还要为这个远大未来做好准备。然而，随着资本主义新经济形式的发展，虽然可以获得更多的物质成果，却也会使人们在文化意识上产生错误的影响。“而这种准备正如在每一个年轻的国家里那样，首先是物质方面的，它会造成人们思想上某种程度的落后，使人们留恋同新民族的形成相联系的传统。”[①]

资本主义主导的市场经济运行机制导致了人们精神生活整体的异化，使社会出现了“物的人格化”和“人的物化”的“颠倒”，不但把人“商品化”和“物化”，还把资本主义文化变为实现资本增殖的“奴隶”。在资本主义经济中，在与之相应的资本主义社会生活里，人的全部本性，都是以一种虚无的形式存在的。这一普遍客体化的过程，是以完全的异化为特征的，抛弃了一切既定的、单一的目标，就是把它自身的目标，作为一种单纯的外部目标的牺牲。在资本主义市场经济中，人们主要生活在公司或者其他经济组织里面，但是这样的组织结构使得人们越来越多地把自己的行动准则和思维模式限制在公司内部，造成这一现象的根本原因在于资本逻辑带来的劳动异化。马克思在《1844年经济学哲学手稿》中用“异化劳动”的观点对资本主义社会的文化冲突根源——私有制进行了深刻的揭露。马克思指出，私有财产的实质并不在于人作为客体，也不在于事物的形式，而是在于人自身的异化，正是由于人的劳动的异化，才出现了一种高度发达的私有财产形式，也就是资本主义所有权。私有制的根源来自人的异化劳动的积累，社会主义需要尽可能地减少这样的异化因素，实现对

---

① 《马克思恩格斯文集》第10卷，北京，人民出版社2009年版，第640—641页。

异化劳动的真正扬弃。马克思在《资本论》中对“商品拜物教”“资本拜物教”等资本主义文化现象进行了深入的剖析。1856 年 4 月 14 日，马克思在《在〈人民报〉创刊纪念会上的演说》中着重指出了资本主义文化的两种矛盾：一种是使社会前进，另一种则是一种无法遏制的灾祸。“在我们这个时代，每一种事物好像都包含有自己的反面。我们看到，机器具有减少人类劳动和使劳动更有成效的神奇力量，然而却引起了饥饿和过度的疲劳。财富的新源泉，由于某种奇怪的、不可思议的魔力而变成贫困的源泉。技术的胜利，似乎是以道德的败坏为代价换来的。随着人类愈益控制自然，个人却似乎愈益成为别人的奴隶或自身的卑劣行为的奴隶。甚至科学的纯洁光辉仿佛也只能在愚昧无知的黑暗背景上闪耀。我们的一切发明和进步，似乎结果是使物质力量成为有智慧的生命，而人的生命则化为愚钝的物质力量。现代工业和科学为一方与现代贫困和衰颓为另一方的这种对抗，我们时代的生产力与社会关系之间的这种对抗，是显而易见的、不可避免的和毋庸争辩的事实。”①马克思指出，在资本主义条件下，现代工业和科技的发展对劳动者的影响是人与社会的“二律背反”，也就是说，科学技术促进了社会的物质发展，而人则成为“物”的阶下囚，其思想上的“异化”，也就是事物的人格化、人的“物化”。马克思认为近代工业和科学技术所产生的社会生产力，是近代以来生产力得以巨大发展的最大动力，但它却不能为大多数人民创造财富，而是把他们推向了贫穷，成为资本的奴隶。现代工业、科学技术与现代贫穷、衰败之间的对立，由于雇佣劳动和资本而导致的物的人格化、人的物化、物对人的支配，这一切社会文化现象都是资本主义社会必然发生的，它是生产力与生产关系之间的矛盾运动的必然产物，是资本主义基本矛盾的文化表现，是基于资本主义发

① 《马克思恩格斯文集》第 2 卷，北京，人民出版社 2009 年版，第 580 页。

展特定的历史起点和资本主义社会意识发展的必然。要解决这个问题，必须经过无产阶级革命，使工人阶级掌握社会生产力，创造发展社会主义的社会存在。

二、资本主义日益成为文化发展的阻碍

在工业革命的推动下，资本主义发展开始进行不断深化的分工。这就产生了这样一个问题：资产阶级掌握了文化，享受了自己的文化权利，大部分无产阶级沦为文化和制造文化的“奴隶”，只能做着文化的供给，做着不属于自己的产品创作，而资本主义文化反向又越来越严重地阻碍着精神生产的发展。马克思、恩格斯认为，这样的统治阶级形成的所谓正当性，是建立在社会化大生产所引起的高度劳动生产率的破坏上，把其所做的一切作为驱动社会进步的基本力量的借口。在前资本主义社会发展中，统治阶级经常把社会分成脑力劳动和体力劳动两部分，这样做的原因就是，一个社会需要有不为生产日常生活资料所劳动的阶级，有足够的时间去专注于文化工作，这样的阶级是促进社会进步的最大动力。这些歪理邪说在过去似乎被当作完全正确的，最近一个世纪的产业革命却把它彻底消灭，这样的思想在工业革命之后可以说永远根除了。“统治阶级的存在，日益成为工业生产力发展的障碍，同样也日益成为科学和艺术发展，特别是文明社交方式发展的障碍。从来也没有比我们现代的资产者更无知的人了。”[①]恩格斯以资产阶级文明最为先进的“英国有教养的阶级”为例，论证了资产阶级文化的腐朽和没落。恩格斯写道：“可见，英国有教养的阶级对任何进步都不闻不问，只是在工人阶级的压力下，才动弹一下。不要指望这些阶级的老朽文化的日常精神食粮不同于这些阶级本身。上流社会

---

① 《马克思恩格斯文集》第3卷，北京，人民出版社2009年版，第258—259页。

的全部书刊老是无休止地旧话重提，正像自命不凡和衰朽枯竭的上流社会一样，是异常枯燥和毫无成效的。”[①]英国表现出了一个引人注目的事实：一个阶级的社会地位越低越“没有教养”（就一般的意义来说），它就越是与进步相联系，越是有前途。而处于“优越”地位的资产阶级却迂腐不堪，文学艺术落寞。“在英国，有教养、尤其是有学问的人，近三百年来对时代的征兆是不闻不问的。”[②]

从马克思、恩格斯创立的科学社会主义思想中也可以看出，在深入剖析资本主义经济基础的同时，马克思、恩格斯揭露了资本主义的文化冲突，并指出资产阶级的进步在一定程度上表现在物质方面，但是这种物质方面的进步并不能掩盖精神生活的匮乏，资本主义对社会文化的发展起着越来越大的妨碍作用，更重要的是，由于他们是“现代的资产者更无知的人”，所以妨碍了先进文化的发展。立足资本主义的实际情况，马克思从哲学、宗教、政治等方面对其进行了深刻的剖析，揭露了资产阶级的思想实质及其文化的冲突，对其内部的矛盾进行了全面的、科学的揭露，随着资产阶级文化日渐衰落而出现的新的与之相对应的阶级的文化解放——无产阶级是新的文化解放的利益代表和执行者。由此，无产阶级的“文化解放”就成了对资产阶级文化进行“解放”的现实方式。马克思的“文化解放”是一种无产阶级的文化观，其在历史上就是一种表现无产阶级追求真正的民主、自由、解放的阶级意识的意识形态，这个意识形态不仅是无产阶级的意志、利益和要求的综合表现，而且也是无产阶级必须用科学的思想来引导自己的实际行动。无产阶级的文化解放，是基于对资本主义文化和各类“伪”文化的彻底的否定和扬弃，它立足现实，经过无产阶级的不

① 《马克思恩格斯全集》第3卷，北京，人民出版社2002年版，第498页。

② 《马克思恩格斯全集》第3卷，北京，人民出版社2002年版，第424页。

断革命和实践，才得以实现。无产阶级所进行的思想文化革命具有鲜明的阶级性、批判性和实践性。基于以上剖析，马克思指出，由于资本主义内在的无法解决的矛盾导致了其必然灭亡，因此提出了资产阶级的必然灭亡与无产阶级革命的必然胜利，并指出对于将来的共产主义社会，其构想就是人民精神文化层次极大提高的“自由人的联合体”，对于共产主义的文化核心价值与文化思想，也有相应的科学预测和论述。

三、资本主义文化对东方社会文化进步意义的有限性

自近代以来，西方资本主义首先完成了从农耕到工业的转型，这是一个从中世纪到现代的过程。世界上其他地方的近代变革，主要是在西方资本主义入侵与“文明示范”的背景下进行的，而由于资本主义创造了高度发达的生产力，在全球范围内形成了支配性的物质势力，使它也成为一种主要的精神力量，依靠着发达的生产工具，依靠着坚固的船只和火炮，打开了古代东方社会的门户。而这样的一种资本主义文化，实际上就是资本逻辑拓展到社会生活各领域的表现，并不是提倡解放和发展生产力，更不用说发展符合人类整体进步方向的生产方式。所谓的资本文明，与其说是资本主义政治民主的现代体系，不如说是对东方社会各个国家和民族野蛮的和悲惨的殖民统治。西方资本主义只是想把东方国家变成自己的殖民地，并把东方国家的经济和文化作为自己的养料，发展西方资本主义，而不是致力于东方国家自身的发展；它是对东方社会国家的资本主义占有，而不是致力于其现代化发展和进步。马克思认为，近代英国人对印度所造成的苦难，要远远超过印度以往所承受的苦难。“印度人失掉了他们的旧世界而没有获得一个新世界”[①]，除了西方帝国主义的殖民侵略所带来的灾

① 《马克思恩格斯文集》第2卷，北京，人民出版社2009年版，第679页。

难之外，“压迫着我们的还有许多遗留下来的灾难，这些灾难的产生，是由于古老的、陈旧的生产方式以及伴随着它们的过时的社会关系和政治关系还在苟延残喘。不仅活人使我们受苦，而且死人也使我们受苦。死人抓住活人”[①]！英国在印度的独裁统治，是由西方资产阶级创造出来的，它们联合在一起，远胜于萨尔赛达庙中那些邪恶的神灵。马克思明确指出：“在大不列颠本国现在的统治阶级还没有被工业无产阶级取代以前，或者在印度人自己还没有强大到能够完全摆脱英国的枷锁以前，印度人是不会收获到不列颠资产阶级在他们中间播下的新的社会因素所结的果实的。”[②]

所以，西方资本主义对东方社会的文化发展所起到的进步作用十分有限。包括 19 世纪末 20 世纪初西方帝国主义在东方社会殖民地上的所作所为，并没有给殖民地的人们带来任何真正的自由，也没有带来主观意义上的文明进步，西方资本主义在东方社会的殖民统治中，除了凭借庞大的武力和掌控政权外，还借助宗教、教育等手段，对殖民地人民进行了西方资本主义文化的奴化教育，从而让被统治的民族及国家对西方资本主义文化有很强的认同感，以西方为“现代化”“现代文明”的参照系，视自己的东方文明和文化为蛮荒、落后的，并通过培养一群具有浓厚殖民色彩的买办阶级，将其制度化，造成了殖民统治者与殖民地人民在文化上的差异，从而让殖民地人民产生了一种极强的民族文化自卑感，以及一种以西方为中心，以融入西方资本主义文化为荣的意识形态。马克思论述了西方资本主义在东方社会近代化过程中产生的进步性作用，但更多在于其局限性与否定性，主要也集中在文明和文化上，这也是马克思在后期的研究中进一步从文明的破坏性上批判了西方资本主义的殖民行为。马克思以在罗马拥

① 《马克思恩格斯文集》第 5 卷，北京，人民出版社 2009 年版，第 9 页。

② 《马克思恩格斯文集》第 2 卷，北京，人民出版社 2009 年版，第 690 页。

有公民权利和投票权的情况作为例子，古代罗马人民在生产方式上的落后是劳动力并未转变为资本家的雇工，而是纯粹沦为城市中的“游民”，这只是一种单纯的生活现象，没有转变为资本主义的生产力与生产关系，同时他还严厉抨击了日本对其他亚洲国家的入侵及由此导致的一些农村公社的毁灭和资本主义奢靡风气的泛滥。马克思还在 1881 年 2 月写的《给维·伊·查苏利奇的复信》中，指出俄国建立在以牺牲农民为代价的西方资本主义体系的某些部分，不仅没有提高生产力，反而帮助了那些密谋杀害他们并偷走他们劳动成果的“资本主义寄生虫”。马克思指出，西方资本主义殖民政府的这种行为，非但不能促进殖民地的发展，反而会让殖民地人民陷入巨大的痛苦之中。由于西方资本主义摧毁了东方社会的村社，不久就会引起“全民对全民的战争”，从而必然地把整个东方社会拖入长期的、悲惨的历史进程之中。“我之所以注意这一推论，仅仅因为它是以欧洲的经验为根据的。至于比如说东印度，那么，大概除了亨·梅恩爵士及其同流人物之外，谁都知道，那里的土地公有制是由于英国的野蛮行为才被消灭的，这种行为不是使当地人民前进，而是使他们后退。”①

这表明，西方资本主义的入侵不但不能加快东方社会的文化融入世界的过程，也不能引领其走向现代文明的发展之路，反而会造成建立在公有制之上的东方农村公社的分裂和解体，同时，随着资本主义私有制因素的增加，东方社会的基层文化体系也随之崩溃和解体。西方资本主义的殖民统治，不但没有为东方社会文化发展提供必要的物质条件和技术基础，而且还造成了更多的贫穷和苦难。这不仅不能消除东方社会传统文化的滞后性，而且还导致了高利贷的泛滥，以及消费主义风气的泛滥，反而使文化发展出现了一定程度的倒退。列宁就指出：“我们知道，东方的人民群众

---

① 《马克思恩格斯文集》第 3 卷，北京，人民出版社 2009 年版，第 584 页。

将作为独立的斗争参加者和新生活的创造者起来奋斗，因为东方亿万人民都是一些不独立的、没有充分权利的民族，至今仍是帝国主义国际政治的客体，它们的存在只是为了给资本主义文化和文明当肥料。我们非常了解，所谓分配殖民地的统治权，就是分配掠夺和抢劫权，就是分配地球上一小撮人对大多数人的剥削权。地球上的大多数人过去完全处于历史的进步之外，因为当时他们不能成为独立的革命力量，但是在 20 世纪初，他们已不再扮演这种消极的角色了。"①

第三节　东方社会文化优于西方资本主义的新生因素

对于东西方概念之辨，本质上是一种"文化身份"的问题。"东"和"西"只是一个相对的地理范畴，没有单一的西方，也没有单一的东方。一个区域内的某些群体要形成文化观念，就得先弄明白自己处在什么样的社会。已有的关于国家和民族的历史研究表明，除了自身的国家和民族认同之外，国家和民族对自身的文化的认知和自觉很大程度上也来自外来民族的刺激和激励。只有通过一系列跨文化的交流、摩擦和碰撞，不同的国家和民族对自己文明和文化的理解和认同，才能更加牢固和深入。文化和民族身份的关键在于解答"我（我们）是什么"，这与建立文化和文明界限的内外部差异与界限有着密切联系。我们可以看到，不同文明对于自己民族都有着自己特殊的某些性质的描写，但是大部分的描写都离不开与其他外来文化的对比与交流。

① 《列宁全集》第 37 卷，北京，人民出版社 2017 年版，第 327 页。

一、东方社会文化发展的后发性

从中古至现代，伴随着欧洲、中东与东亚的交往和交流日益深入，欧洲的东方观念也随之发展起来。首先，来自古希腊的西方民主与东方专制主义这一命题得到了后代学者们的进一步阐释和深化，15 世纪以后，欧洲社会的迅速发展以及随之而来的大量的殖民地扩张，使得一些欧洲学者站在“以西方为中心”的视角，将东方社会视为“停滞衰退”的典型。“东方专制主义”和“东方停滞论”是近代西方思想家们为其“政治理想”和“西方中心论”所准备的，也是马克思东方社会理论产生的思想土壤之一。之后，虽然大部分的研究者都有较多较详尽的资料来探究东方社会问题，但其研究的议题却始终绕不过“自由与专制”“西方优越于东方”这一传统的政治文化主张。研究“东方主义”的著名学者萨义德指出：“将东方与西方区别开来的这两个方面将继续成为欧洲想象地域的基本主题。首先，两个大陆被分开。欧洲是强大的，有自我表述能力的；亚洲是战败的，遥远的。”[①]同时，萨义德还提出了“作为一个地理的和文化的——更不用说历史的——实体，‘东方’和‘西方’这样的地方和地理区域都是人为建构起来的”[②]，且认为马克思也接受了“这种意义”上的东西方划分，显然这是因不了解马克思东方社会理论而产生的误读。

18 世纪，欧洲的现代殖民运动开始了，利用坚船利炮和廉价的工业品，西方资本主义国家打开了东方社会各国的国门，开始了他们的殖民统治。这些战争的胜利让欧洲人民意识到，他们心目中的“敌人”已经被抛到了九霄

---

① ［美］爱德华·W. 萨义德：《东方学》，王宇根译，北京，生活·读书·新知三联书店 2019 年版，第 74 页。

② ［美］爱德华·W. 萨义德：《东方学》，王宇根译，北京，生活·读书·新知三联书店 2019 年版，第 7 页。

云外。在斯宾格勒的作品中，以浮士德精神为代表的现代西方文化，在其精神世界中，始终保持着一种积极的、永不满足的精神状态，与东方衰落的文化形成了强烈的对照。因此，18 世纪末至 19 世纪，欧洲学界对于东方社会的研究重心，已从过去的“自由与专制”的旧论题，转向探讨东方社会发展停滞和衰落的原因。马克思认为资本主义社会虽然也有许多不断发生和解决着的内在矛盾，但由于它是资本主义生产方式本身所固有的那种矛盾运动，因而也就决定了它本身不可能成为历史上有生命力、有活力、有前途、有希望、有光明未来的社会形态。如果说在欧洲近代民族国家形成时期，是资本主义社会诞生和发展最迅速、最显著的时期，那么东方社会也有类似普遍性特征。因此，尽管近代以来东方社会遭受外来入侵而经历了从传统向现代转型的过程，但其文明进程却能表现出不同的后发性特征。

自 1871 年巴黎公社失败以来，国际无产阶级运动在西欧的发展陷入低谷。伴随着世界无产阶级运动的兴起，马克思对东方社会文化的理解经历了一个重要的转向：从西方无产阶级革命运动能够促进东方民主革命的思想，到后期马克思关于东西方革命“互相补充”与“两极相联”的反思，马克思对东方社会文明和文化的看法也由批评转向主动发掘新的要素，并就俄国、中国、印度等东方国家的文化抉择与发展方向进行了初步的反思。东方社会和西方社会在文化上有明显差异，这一点从二者产生以来就一直存在。但是这种差异并不是一开始就有的本质上的不同，无论是西方文化还是东方文化都是人类文明存在并表现出的一种特殊条件、特殊形式、特殊性质。这种差异更多是一种历史现象，其基础是东西方不同国家、不同民族、不同社会所处的不同环境。

同时，我们也需要看到马克思分析关于东方社会经济文化发展滞后的根源，即自然经济的软弱和孤立性，以及它与其他地区的共同联系的缺失。马克思提出：“这个障碍是很容易消除的。也许只要用各公社自己选出的农民代表会议代替乡这一政府机关就行了，这种会议将成为维护它们利益的经济机关和行政机关。”[①]马克思提到的这种农民代表制，给农村公社实行民主自治提供了一定的借鉴意义，然而，马克思这种思想缜密的人，不会不知道俄国的农村社会缺乏实现民主的条件。马克思对于部落管理机构的民主性，“在希腊人中，占有执政官、部落巴赛勒斯或巴赛勒斯的职位，在罗马人中，占有王或勒克斯的职位，都具有加强其家庭的贵族精神的倾向。虽然这种贵族精神已扎下了深根，但还没有强大到根本改变这些部落以前的管理机构中的民主性质的程度”[②]。由此可见，即便是以“民主”为核心的古希腊，主要仍是逐步削弱王权，强化贵族的权利，因此，并不能对部落的行政组织的民主化本质产生根本性的影响。马克思、恩格斯对于东方社会文化的理解具有辩证的一致性，他们都以东方社会的经济发展为基础，对东方社会的文化问题进行了客观的剖析，最终目的都是满足社会发展所必需的文化因素，只不过他们不同时期的关注点各不相同，初期的批评主要是针对东方的文化封闭性和保守性。在他们晚年时期，对东方社会“新生”的要素进行了主动的挖掘，也是对促进整个人类社会继续向前发展的新生力量的挖掘，二者是统一的，对古代东方社会落后的部分因素的揭露并不否认东方社会文化中有“初生”的成分，相反，对于这一新兴要素的主动发掘，既没有忽视其原有的滞后性，又更加强调了其可以实现“跨越”的后发性。由此可见，东方文化的发展本身也经历了一个逐渐成熟的历程，同时伴随着马克思的唯物史观与科学社会主义的不断发展，二者互为补充。马克思从历史哲学的视角深刻地揭示了东方社会文化发展的后发性特征，它超越了对西方文明的简单模仿，是一个不断创新发展的过程。从本质上

① 《马克思恩格斯文集》第3卷，北京，人民出版社2009年版，第575页。

② 《马克思恩格斯全集》第45卷，北京，人民出版社1985年版，第397页。

看，东方社会的文化发展具有后发性特征是由其经济、政治、思想等方面的社会基础决定的，它反映了东方社会自身特定历史条件下的阶段性特点。东方社会的文化发展具有后发性特征同样是由其从近代落后到现代超越这一特殊的历史需求所决定的。东方社会不能脱离其所处的特殊历史环境而盲目地进行文化发展。如果一个国家或民族的文化只能一味地盲目地模仿他国，完全失去了主体性和自主性，那么只能导致其在文明进程中裹足不前，最终沦为他国文明发展的附庸。

晚年马克思、恩格斯也非常重视文化在人类社会发展过程中的重要影响，并强调对无产阶级进行社会主义文化的宣传和教育来提高其阶级意识，促使无产阶级从自觉向自主、自为的转变，并由此产生了一种共产主义文化上的自觉，最终获得了无产阶级自己的解放和全人类的解放。马克思、恩格斯后来关于东方社会“比资本主义更优越的新兴要素”的研究，给东方社会后发性的文化发展以重要启示，这主要体现在3个方面：第一，生产力和文化发展程度之间是不均衡的，所以在经济发展的同时我们不能忽略文化的发展，而那些在一定阶段落后的民族，也有发展先进文化的可能。第二，东方社会保持好自身文化发展的主体性，可以引入西方资本主义一些优秀文化，为社会主义先进文化的发展服务。第三，发掘、发展并保持好东方社会文化比资本主义文化优越的新元素，正如恩格斯引用摩尔根《古代社会》中所说的：“社会的瓦解，即将成为以财富为唯一的最终目的的那个历程的终结，因为这一历程包含着自我消灭的因素。管理上的民主，社会中的博爱，权利的平等，教育的普及，将揭开社会的下一个更高的阶段，经验、理智和科学正在不断向这个阶段努力。这将是古代氏族的自由、平等和博爱的复活，但却是在更高级形式上的复活。”[①]

① 《马克思恩格斯文集》第4卷，北京，人民出版社2009年版，第198页。

二、东方社会文化发展的主体性

任何一种文化，都是人类历史和社会实践的产物。一个国家和民族作出的文化选择及其后续发展并非偶然，它是由其长期所在的社会环境与文化历史所决定的。历史自身既为文化主体的行为法则，也是文化主体性形成的规律。马克思坚持“以人为主体”看待文明与文化的发展历史，强调了人民群众在创造社会精神活动中所扮演的决定性作用的角色。人类社会文化的发展演进不仅是一种客观的必然，而且也是一种主体的自觉。这里包含着主体活动的物质形态与思维形态之间的辩证联系，以及历史主体与历史条件创造性变化之间的辩证关系。首先，对特定的文化发展主体来说，它既是一种最根本的方式，又是一种具有决定意义的历史对象。东方社会文化发展的主观能动性的本质就是为了实现其物质生活的目的，这也是各种政治形态与意识形态之间的斗争的依据。同时，文化主体性所具有的意识形态的积极影响也是不可忽视的，在这一历史进程中，以列宁为代表的布尔什维克领导的俄国革命，运用马克思主义为指导来进行无产阶级革命，适时地促使十月革命的发生和胜利，使俄国人民开始了一段人类历史还从未有过的建设社会主义之路，为俄国的经济、文化等欠发达的民族地区，探索出一条新的社会主义发展之路。中国也是在十月革命之后，把马克思主义引入中国并不断进行中国化，历经千辛万苦，终于在新民主主义革命胜利后获得了独立自主，形成了一条“中国道路”，它与西方和俄国的社会主义革命之路都有着明显的区别，也具有一定的东方社会文化发展的主体性显现。

马克思、恩格斯在早年对东方社会的落后文化进行了批评，一方面指出其基本的、重要的问题，并对其进行了剖析，同时指出社会意识决定历史发展的错误，认为经济基础是文化发展之根本，注重建设在较低的物质文明上的文化发展的困难性，因此无论什么时候，生产力的解放和发展都是不能放弃的。另一方面，由于部分错误理解了历史唯物主义思想的人，过于重视经济在社会发展过程中的决定性作用，导致重视经济因素而忽略了文化的主体能动作用，很可能会落入“经济决定论”的误区，以为经济发展了，文化也会跟着变好。新自由主义、复古主义和文化虚无主义在东方社会再次兴起。所以，我们特别需要提防所谓的历史虚无主义、文化虚无主义等侵蚀东方文化的主体性，即要把社会主义文化从资本主义文化中彻底剥离出来，并在原来的文化主体性之上重建一种全新的无产阶级的社会主义先进文化。在西方资本主义文化的传播中，物质技术往往很容易被模仿。比如，大部分的工厂和制造者都乐于用互联网、人工智能代替原有的管理、制造模式，但是标准的企业文化，或者说社交技巧，很难直接从一种社会传递到另一种社会，强行将新的价值观念灌输给对这种价值观并不熟悉的人们，还可能造成情绪上的失衡与精神上的失意。在不同的文化交流中，在初始阶段的文化传播仅仅局限于物质资源和科技知识上，一种社会文化可能会拒绝接纳一些外来社会的信仰、思想、价值观念和行为方式，这就是在文化传播的过程中产生的文化抵抗。这种抵抗是建立在道德情感、宗教情感和价值观念的基础上的。比如，中国近代以来，“西学之士”从“师夷长技以制夷”、从“借鉴”器物到制度再到思想，从“学肌肤”到“学内里”，从学“局部”再到学“系统”。但是，这种主体性的抵抗也是可以改变的。当一个国家的社会发展到一定程度时，它所表现出来的对外来文化的抵制心理就会减弱，而在不知不觉中，人类就会接受来自其他文化的某种价值观。这些“文化阻力”的变化预示着文化主体性的变化。比如，我们国家目前正处于文化建设转轨的阶段，西方资本主义的拜金主义和消费文化始终对我们的文化主体性建设产生着不可忽视的影响。

东方社会文化发展的主体性之所以能够成立，在于东方各国本身就有着悠久的历史和文化传统。作为一个拥有5000多年文明历史的东方古国，中国的古代历史文化决定了中国文化主体性的坚实基础。这个主体部分从中国古代神话时代开始，到夏商周时期就形成了以中华文化为核心的整个文化主体性体系。中国古代的历史文化传承也是文化主体性精神和状态的传承，在这个过程中逐渐形成了主体性意识，渗透在不同朝代的经济和政治实践中，并进一步塑造了中国古代文学、哲学、艺术等文化形态。无论是商周时期形成的血缘宗法观念，还是以家庭为本位的伦理思想，对之后整个中国古代社会的发展都起到了重要作用，比如在封建社会，以血缘为基础、以家庭为本位的伦理思想影响巨大，“家国同构”成为中国古代社会结构和社会关系的最基本特征。这种伦理思想也影响了中国古代政治思想。在中国古代政治中，“家国同构”是最根本、最重要的政治思想。另外，人文教化、以德治国的政治思想也很重要，德是治国之本，是实现天下大治的前提条件和根本保证。重视人文教化是中国古代文化的传统之一，比如儒家认为“仁爱”“孝悌”“忠信”“中庸”“仁义”等都是教化人民最有效的方法和手段。

中国的古代历史文化的发展逐渐形成了中华文化的主体部分，传统文化就是在这个主体部分的基础上，经过长期的沉淀和积累，形成了独特的中华优秀传统文化。中华文化的主体性体系是一个完整的整体，它不仅涵盖了哲学、宗教、道德、文学、艺术等各个方面，还包括一个更为宏观的且不属于某一具体分工和领域的方面。不同于近代西方社会文化发展是以资本为中心，中华文化中的“天人合一”“天下为公”“重义轻利”等思想始终围绕以人的全面进步和社会的全面发展为中心，这使得以中国为代表的东方社会文化发展的主体性具备更为鲜明的特征。

三、东方文化主体性建设基点：革除资本逻辑带来的文化落后性

马克思东方社会理论认为东方社会有可能不通过资本主义的“卡夫丁峡谷”而实现社会主义，而从资本主义角度看待“卡夫丁峡谷”的本质是资本主义内部固有矛盾不可避免的冲突，以及对资本主义自身文化腐朽性的批评。东方社会理论中的跨越思想，为东方文化主体性建设基点提供了思想启示：它不仅蕴含着对资本主义社会基本矛盾的扬弃，也蕴含着对资本逻辑带来的文化落后性的革除。

东方文化主体性建设基点需要革除资本逻辑带来的文化落后性。首先，要认识到“人”的独立性与人的自由发展，而不是“资本”的独立性与片面发展。马克思认为，在资本主义世界体系中，是历史发展决定了当下行动，作为行动者的个体则缺乏这种真正自由的人格。而在社会主义条件下，则意味着要消除资本的“个性”，革除资本逻辑带来的消极性，恢复被资本异化的劳动，使劳动者从“抽象的人”到作为“现实的人”的独立性和个性。在资本主义社会中，人们所说的个人只属于资产阶级，极端个人主义、利己主义、拜金主义等思想，是资产阶级为维护已存在的阶级利益而采取的一种信仰和教条，这是无产阶级所不具备的。当资本逻辑上升为意识形态的统治地位时，资本支配下的体力劳动只不过是对原有劳动的一种增殖方式，它代替了人的主体性，使人丧失了自主人格，沦为“物”和资本的奴仆。在自身的发展过程中，无产阶级必须最坚决地与资本文化作斗争。而“人”的独立与自由的获得，意味着“废除私有制”。其次，无产阶级应成为社会主义先进文化发展的代表。马克思、恩格斯在《共产党宣言》中指出：“资产阶级不仅锻造了置自身于死地的武器；它还产生了将要运用这种武器的人——现代的工人，即无产

者。”[①]无产阶级是新的先进生产力的代表，理所当然地是人类发展进步中的先进文化代表者，这是对资产阶级文化腐朽和堕落的超越，必然要革除资本逻辑带来的文化落后性，充分利用自己的意识形态优势，引导着整个社会的文化潮流朝着科学的方向发展。再次，抛弃“机械式分工”的资本主义教育，推行实现“人的全面发展”的全民教育。马克思、恩格斯在《共产党宣言》中主张全民享有公立、无偿的教育，目的是消除一些人或集团对社会文化和思想的独占，并使人人都能有享受平等教育的权利。马克思、恩格斯强调了教育要融入物质生产之中，就是要防止教育变成单纯服从资本主义生产方式的工具，对工人的培训不能仅限于单一的劳动技能培训，也不能仅限于重复的理论和伦理教育，而是要把理论和技能相结合，将教育和社会发展结合在一起，保证每个人都能完全理解生产的全过程，从而消除资本造成的劳动异化以及生产与消费之间的历史鸿沟。最后，东方文化主体性建设的基本目标不是将人培育成完全为资本增殖服务的人，而在于培育拥有相对独立性和自主性的人，让每个人在学习和劳动的过程中参与、创造、享受和自我实现，让他们的能力得到最大限度的发挥。

马克思东方社会理论，包括之后列宁对东方社会发展的理论贡献，为东方文化主体性建设提供了重要的思路参考，但也随着时代的变化而出现了许多新的现实困境，需要进一步思考如何避免走上西方文化的发展受资本逻辑限制的老路，以及如何面对自身文化发展惯性等问题。中国在辛亥革命之后，虽然结束了2000多年的封建君主专制统治，但在思想文化领域的封建专制思维和文化传统还没有得到根本性的清除，与外来西方资本逻辑带来的资本主义文化落后性相结合，对社会发展的阻碍作用也很明

① 《马克思恩格斯文集》第2卷，北京，人民出版社2009年版，第38页。

显。但无论是传统文化还是外来西方资本主义文化，其继承和流传不仅取决于文化自身，还存在于人的选择之中，文化主体的演变并不是与社会无关的文化自身的演变，而是与具体的历史选择紧密联系。“中国社会主义建设的伟大成就，东亚儒家文化圈国家和地区的经济飞速发展，把以儒家为主体的中国传统文化推到世界文化舞台的前列。但是，我们不赞同以‘东方文化主导论’代替‘西方文化中心论’。”[①]也就是说，单纯想利用东方文化来完全消解资本主义现代化的矛盾是不现实的，东方文化同样需要面临革除资本逻辑带来的文化落后性的紧迫任务，一些学者试图将儒家文化作为消除资本主义现代化弊端的良药，实际上是对马克思所揭露的资本主义基本矛盾认识不清。

总之，东方文化主体性建设的未来发展方向必然是对包括资本主义文化在内的整个资本主义体系的积极扬弃，建立在东方原有传统文化的基础上，需要充分利用资本主义所创造的一切积极的文化文明成果。马克思东方社会理论为中华文化主体性建设提供了宝贵的方法论指导：在推进文化主体性建设的过程中，既要坚持文化的自我创新与发展，又要注重吸收和借鉴其他文化的优秀元素，实现文化的多元交流与融合。这种开放包容、兼收并蓄的态度，是中华文化主体性建设不可或缺的重要方面。

① 陈先达:《文化自信中的传统与当代》，北京，北京师范大学出版社 2017 年版，第 131 页。

第四章

资本逻辑文化向度批判：马克思东方社会理论的内在线索

正如上一章所述，马克思东方社会理论文化维度的视角凸显了马克思东方社会理论中关于“跨越”理论的实质。马克思、恩格斯在《共产党宣言》《资本论》等著作中论述了丰富的文化批判内容，通过对资本主义生产方式的研究，不仅详细分析了资本主义制度的产生、发展及其归宿，而且把未来趋向世界一体化的发展纳入历史唯物主义理论框架，认为世界历史的形成与资本主义的形成，是生产力与生产关系矛盾运动的必然结果，资产阶级对世界历史发展的推动在于经济领域资本逻辑自身“有意识”地推进，而一些文化方面的改变，尤其是对近代被资本主义入侵的东方社会的文化影响，可能只是在资本逻辑支配下的“无意识”结果。资本造就了强大的社会文化力量，创造了所谓的“世界文学”，但却在另一层面使得文化沦为资本的附属品。所以，研究马克思东方社会理论文化维度的核心还是在于资本主义文化对人本身的发展影响之上，以此才能拓展到人与人、人与社会之间的关系。因此，反制西方资本主义文化的核心便是“社会关系的革命”。资本主义无意创造文明、改进文化，甚至破坏文明、侵蚀文化。历史唯物主义视角下的西方殖民主义对东方社会的文化影响，其实质就是以资本逻辑为代表的文化渗透与文明遮蔽。

“资本逻辑”的概念在马克思主义研究中已经较为常见，多用来概括马克思对资本产生、存在、发展及其灭亡规律的体现，近年来学术界对资本逻辑的研究已经日趋多样化，将马克思对资本逻辑的批判置于或横向或纵向或多元化的语境之中，也囊括了很多现实问题。资本何以成为逻辑，成为一种社会历史条件下人们遵循或默认的规则与目标？所谓资本逻辑，从逻辑的客观规律性来说，是资本运动的内在规律和必然趋势，它以一种必然的方式贯穿于资本的发展过程之中，并通过一系列的经济环节及其相互作用而得以具体体现，这里的资本，更多是政治经济学中作为生产要素的资本；从逻辑的思维规律性来说，资本逻辑是一种在社会发展过程中，潜移默化地影响并无意识地支配了整个社会的发展运行，乃至逐渐渗透到社会文化中，包括每个人的价值观念、思维方式与行为准则，正是马克思、恩格斯在《共产党宣言》中强调资本是一种“社会力量”[①]，资本在此更多凸显了其在哲学意义上的社会关系本质。可以明确的是，只要资本存在，资本逻辑就必然发挥作用。所以，以资本逻辑的线索研究不同时期、不同领域的矛盾问题也逐渐成为一种重要的研究范式。在各学科领域，“资本逻辑”概念在某种程度上逐渐“被中心化”[②]。资本逻辑“被中心化”基于两点：第一，资本具有很强的渗透力，很多现实问题都绕不开资本要素，资本在社会运行要素中具有不可忽视的地位；第二，以资本逻辑的视角去研究当代的现实问题已经成为一种显性的哲学方法和研究范式。所以，从文化维度上看待马克思对资本逻辑的批判，依然有很多值得发掘的空间。

第一节　马克思资本逻辑批判在文化上的三重维度

马克思、恩格斯虽然没有系统论述过资本逻辑以及对文化影响为议题的专门文本，但他们在分析资本主义生产方式过程中都蕴含着对资本以及资本逻辑如何影响社会文化的思想，尤其是对“现实的人”生活的关注。马克思在分析和批判资本主义的过程中蕴含着对资本逻辑批判的思想，在

① 《马克思恩格斯文集》第2卷，北京，人民出版社2009年版，第46页。

② 王治东：《资本逻辑视域下的技术正义研究》，北京，人民出版社2021年版，第13页。

批判古典政治经济学、黑格尔的法哲学和空想社会主义的同时，对资本的认识、资本逻辑及其发展的思考实际上已经全面超越了前人的资本理论，形成在资本、资本逻辑问题上的创新性见解与科学性前瞻，对当代资本逻辑的新变化甚至有了一定程度上的成功预言。首先在哲学层面，对资本造成人的目的和手段颠倒、人和物的关系颠倒的批判，在资本逻辑批判的文化向度的表现便是资本逻辑的物质载体，这种物质载体通过社会生产关系展开，赋予资本逻辑以实体性外观，成为文化的客体体现；其次在政治经济学层面，对资本无限追求增殖的批判；最后在人的发展实践层面，马克思认为资本这种运动的特征是处理人与人关系的体现，资本逻辑的这种社会关系，赋予的是文化的主体能动性。

而资本逻辑批判的文化向度依然可以分解为三重维度：从时间上看，资本逻辑对社会关系的不断渗透增强了文化的规定性；从空间上看，资本逻辑拓宽了精神生产的范围，给予了文化更大的空间性；从价值上看，重视价值增殖的资本逻辑侵蚀了文化的独立性。

一、时间上：社会关系的不断渗透

资本的外在表现看似只是“物”，而内在实质是无形社会关系的载体，正是资本逻辑在时间上不断带来的意识形态塑造和巩固。即使是看似虚无缥缈的对待生产生活方式的观念，如同劳动联结资本一样，也是社会关系的体现。马克思在论述社会关系时认为“各个人借以进行生产的社会关系，即社会生产关系，是随着物质生产资料、生产力的变化和发展而变化和改变的。生产关系总合起来就构成所谓社会关系，构成所谓社会，并且是构成一个处于一定历史发展阶段上的社会，具有独特的特征的社会”[①]。

① 《马克思恩格斯文集》第1卷，北京，人民出版社2009年版，第724页。

由于社会关系是人们在社会实践活动过程中结成的相互关系的集合，建立在社会实践活动的基础之上，体现在人们的生产和生活包括物质活动和精神生活的实践过程中，同时，也是社会实践活动的存在形式。以各种不同方式进行生产活动的社会中的个体，都会在活动中发生相应的社会、政治关系，人总是在一定的社会关系中生存和发展的，人的存在和发展受到相应历史与现实社会关系的制约。因此，个人的发展不仅是自然的产物，而且是社会历史的产物。[①]资本逻辑正是在社会历史的发展过程中，不断渗透到不同的社会关系之中，无形地影响并塑造着这个社会的价值观念和意识形态。不仅如此，马克思还强调了资本主义看似理性的生产方式，在现代化进程中越来越表现出“物化”人和人的社会关系的内容，也就是资本运动已经在时间的无限性中追求自身的“无限性”，这一内容很难让人意识到背后存在着资本逻辑的支配，所以是一种颠倒的物的关系。

马克思、恩格斯在分析资本逻辑给人类社会带来的影响时，认为资本主义社会关系中处于弱势地位的工人阶级和劳苦大众是资本主义意识形态的首要影响目标，资本逻辑塑造使得一部分社会底层人民遭受资本逻辑带来的无形渗透和控制。经济危机营造的文化氛围成为人与人之间关系问题的深层体现，而如果没有人的因素，也并无“文化”可言。所以，不同于对商品拜物教和货币拜物教的批判，马克思研究资本逻辑不再局限于简单的商品流通领域，对“资本拜物教”的批判就不再是静态的分析而是历史的动态的批判，马克思揭示了资本主义条件下的劳动异化现象和资本拜物教产生的根源，他指出既然资本主义造成物对人的统治、产品对生产者的统治，那么工人生产的产品对工人就造成了异化。资本主义生产中的这种主客颠倒的现象，同意识形态领域内宗教的情况一样，是产生资本拜物教

① 参见徐光春主编:《马克思主义大辞典》，武汉，崇文书局2017年版，第68页。

问题的根源。马克思、恩格斯在《神圣家族》中谈道："唯物主义在它的第一个创始人培根那里，还以朴素的形式包含着全面发展的萌芽。物质带着诗意的感性光辉对整个人发出微笑。但是，那种格言警句式的学说本身却还充满了神学的不彻底性。"[①]

因此，在资本逻辑占据意识形态塑造主导地位的发展过程中，时间的意义以及创造一种价值体系所需要的新的推动力，只有与这种时间需求联系起来的时候才能被理解。"时间消灭空间"这一思想并不意味着资本的空间维度变得无关紧要，而是它提出一个问题，即空间如何以及怎样能够被利用、组织、创造并被支配，来适应资本流通更为严格的时间要求。如此形成了一个悖论：为了克服空间障碍，用时间消灭空间，空间重新被资本拓展，但资本自身却成为进一步积累的障碍。资本会以符号的文化景观形式表现自身，这种文化景观可能是按自己的形象创造的，是作为提高渐进的资本积累的使用价值创造出来的。正因如此，资本反而遇到了一套特定的自然约束束缚，抑制了积累过程。资本逻辑的历史发展因此同样艰难，它既要保存环境中旧资本投资的交换价值，又要破坏原有资本为积累开辟新的空间。资本重视按照自己的条件创造一个所谓的文化空间，但之后又摧毁它。通常在危机产生时，资本会在随后的时间点将它摧毁。

二、空间上：精神生产的更加广泛

在《德意志意识形态》中，马克思、恩格斯较早提出了精神生产的问题："思想、观念、意识的生产最初是直接与人们的物质活动，与人们的物质交往，与现实生活的语言交织在一起的。人们的想象、思维、精神交往在这里还是人们物质行动的直接产物。表现在某一民族的政治、法律、

① 《马克思恩格斯文集》第1卷，北京，人民出版社2009年版，第331页。

道德、宗教、形而上学等的语言中的精神生产也是这样。"[①]在《共产党宣言》中，他们又把人的精神与客观物质结合，即从人们的物质生活资料的生产和再生产出发解释历史。物质生活的生产方式制约着整个社会生活、政治生活和精神生活。而精神生产涉及人们的思想、观念、知识等生产活动，直接与人们的物质生产生活、物质交往、现实生活交互在一起，并且随着资本逻辑不断渗透而更加广泛。恩格斯在《共产党宣言》的1883年德文版序言中指出："贯穿《宣言》的基本思想：每一历史时代的经济生产以及必然由此产生的社会结构，是该时代政治的和精神的历史的基础。"[②]这深刻说明，当时资本主义文化现象批判的深刻根源在于"经济生产"的内容，是破除资本逻辑控制精神生产的方向。

一方面，只要资本逻辑占主导的资本主义社会持续存在，资本主义的社会文化现象就依然存在，并且其精神生产会随着资本全球化变得更加广泛，无论资本逻辑文化向度在不同的历史阶段中所呈现出的具体形态是什么，马克思所提出的关于资本逻辑文化向度的元命题就将持续地成为资本逻辑文化向度批判的起点。而资本的运行模式自近代资本主义发展以来也逐渐出现了跨民族和跨区域形式，区域性文化资源不断地被资本的跨区域运行方式置换成资本的附加物，即物化产品被接受的最佳途径是利用本土的文化资源，并在观念上形成对物化产品的接受心理。当不同文化区域在全球化的语境下进行同质性消费时，文化身份认同反而更为困难。所以在消费社会这一阶段中，"文化产品和文化产业日益成为通识性的概念"[③]。正如人类发展早期敬畏巨大的自然力量，把各种迷魅、变化和生老病死归结

① 《马克思恩格斯文集》第1卷，北京，人民出版社2009年版，第524页。

② 《马克思恩格斯文集》第2卷，北京，人民出版社2009年版，第9页。

③ 王晓路：《西方马克思主义文化批评研究》，北京，北京大学出版社2012年版，第71页。

于冥冥之中的某种超自然力的作用，并把它幻化为人的形象或某种动物的形象，形成各种各样的原始宗教崇拜。这些原始宗教崇拜是人在社会物质条件相对匮乏时，由于认知能力所限，出现了为了人的存续只能把自然力和自然物神化的局面。这也反映了传统社会中人们对自然界和人类社会关系的认识和感知，以及由此形成的生活信念，给了人们在精神上过高的寄托。但是，一些宗教观念在客观上也较为抑制了人的主体性发挥，束缚了人们的认知范围，从而使蕴藏于人类自身的主体力量即人类的自然力被长期压抑而难以起作用。[①]而资本逻辑的出现，恰恰激发了这种力量，使人们重新看到人所能发挥的主体能动力量。

另一方面，资本逻辑不断为人与人之间的交互作用创造新的空间关系也成为资本追求无限空间逻辑的表现之一。正如马克思曾经尖锐地指出，资本逻辑在自己的领土内的推行同样遇到了障碍。资本永无休止的循环和周转的要求与逐渐僵化的城市环境之间的脱节越来越戏剧化。[②]资本逻辑在全球化的另一空间中造就的历史场景是真实的历史场域的颠倒表现和空间再造，它将马克思所批判的资本拜物教推到了前所未有的高度。西方马克思主义的一些学者继承了马克思的相应观点，尤其是聚焦文化批判和市民社会批判的法兰克福学派，对消费社会、符号政治经济学批判的后马克思主义学者鲍德里亚（Baudrillard）等人，以及从事文化政治批判的詹姆逊（Fredric Jameson）等人，都有在这一历史场景下对资本逻辑进行批判的理论。尽管这些批判有些是直观地针对历史场景本身，而没有针对背后更体现本质的历史场域，因而陷入了资本当代拜物教的窠臼，但他们对

① 参见柳泽民：《资本逻辑与科学发展——破除“中等收入陷阱”符咒》，上海，上海人民出版社 2017 年版，第 7 页。

② 参见［美］大卫·哈维：《资本之谜：人人需要知道的资本主义真相》，陈静译，北京，电子工业出版社 2011 年版，第 187 页。

资本批判的初衷和时代感却是毋庸置疑。[①]资本生产相对过剩条件下，消费取代生产和再生产成为引导，于是造成了消费社会的历史场景。资本逻辑越来越开始注重这种变化的现实性，具体到商品上的变化，它们的外在符号、美学与品牌影响，越来越在现实世界的发展中发挥着重要作用。图像、信息、知识、情感、符码等在资本逻辑追求的价值增殖过程中，都逐渐超越了有形商品或者商品的物质层面，但是这并不意味着类似汽车、钢铁这样的传统物质性商品的生产不重要，或者只是在表面上的量的减少，而是说这些物质性商品及其背后的资本力量越来越依赖和从属于精神性的因素，越来越不表现得那么明显，成为一种“退居幕后”的需要。某种程度上，作为“不变资本”的人类生命本身开始成为这种转变的核心，而马克思所阐述的人类自身社会关系的生产也成为生产这种附加值的基础。从这个意义上说，资本逻辑其实一开始就不愿只停留在物质层面上的渗透，而是在发展过程中逐渐形成了一种运动。消费反而越来越依靠一种虚拟符号的消费和生产，而符号政治经济学本质上又是文化的支配，因此，文化成为弥漫性消费社会的符号体系，能指和所指双重地再结构化为资本全球化的社会。这样，资本力量支配着全球精神生产体系，决定着社会文化的基本形态及其变迁。

三、价值上：资本增殖的无限追求

马克思对资本逻辑的批判能够深入资本运作的内在过程，看到了它是商品的生产过程与结果，也是追逐剩余价值的体现。由于资本的本质是一种关系，它注重的并不只是实体，更多在于抽象的价值，因而它在形式的

---

① 参见任平：《当代中国马克思主义研究》，北京，北京师范大学出版社 2017 年版，第 61—62 页。

表现中就忽而是商品，忽而又是货币。在商品和货币的转换中，它实现自身价值增殖的目标。就商品的形式来说，它也在根据产业状况不断地改变，从物质生产到精神生产，从实体产业到虚拟产业，从汽车到虚拟现实，从房屋到“数字藏品”，这些商品形式没有高低贵贱之分，只要它能够带来更大的利润，就是资本流入和青睐的对象。资本逻辑不是要实现简单再生产，而是要实现扩大再生产，资本迫使人们为生产而生产，不断为追求剩余价值而创造生产所需的物质条件，乃是资本逻辑发展的“主动轮”。

从资本逻辑的实现目的来看，它只是一种纯粹的运动过程。资本的运动没有尽头，也没有长远社会性的目的，作为自我增殖的价值，这样一种“霸道”反而呈现为纯粹的过程。在对待资本逻辑要实现的内容上，实际上是在对待这样一个社会核心范畴：资本逻辑的目的指向一种持续的增殖与扩张运动，它没有决定性的外在目标，这个社会的动力在于为生产而生产，在于为持续而持续的过程。马克思阐明了这样一种似乎没有边界的资本主义社会关系，它们看上去几乎没有社会性，并点明了那些看上去为了自身利益而行动的明显的去历史化的个体。在《资本论》中马克思认为资本逻辑“霸道的运动”进入一个不符合时代发展特征的阶段，它是以个人为代价，将一般人类生产力从个人能力和经验的限度中“解放”出来。尽管资本逻辑实现的目的不只限于价值维度，在这样的历史建构形式之下，它也无法成为人类解放的基础，从完成马克思描绘的“人类同自然的和解”到“人类自身的和解”，仍然是一段很长的历史发展过程。

资本逻辑追求增殖的无限度还体现在人的需求无意识地直接地表现为消费，而消费又是需求的再生产。在市场经济中，资本逻辑将一些非必要的、无关基本生活条件的需要通过广告等营销手段从外部强加在个体身上，这些虚假需求使得原本是人类维持生存的消费观变得异化。大量被资本逻辑裹挟的消费观刺激大规模生产，表面繁荣的背后导致了制造物质产品的资源浪费和精神生活的空虚。资本逻辑追求增殖的无限度使人们的价值观越发单一和扭曲，这种情况甚至对资本本身产生了一定的威胁，但资本逻辑却始终没有变化，而是继续把制造的问题扩展到更广阔的范围内，实质上这种解决问题的方式就是转移矛盾，甚至制造更大的矛盾来掩盖原有的矛盾。虽然资本逻辑的诸多特点都使人与人的社会关系产生了紧张，但究竟是不是资本逻辑与文化的不相容是价值问题产生的实质性根源，依然需要有一个历史唯物主义的考察与辩证研究。

总的来说，资本逻辑造就的时代病症既包括现实的苦楚，更包括思想的迷误，它的同一性导致的是人的存在的全面碎片化。人在社会生活中的对立性思维，使得价值观中生活意义的丧失，在文化领域中呈现出科学精神和人文精神的背离。马克思对资本逻辑文化向度的批判并不是资本逻辑与文化逻辑的二者关系问题，也不是对文化资本逻辑的简单批判，而是资本逻辑对文化的显性与隐性影响乃至控制，以及文化的相对独立性问题。究竟什么样的文化能够较少受资本逻辑运动的影响，甚至能够制约资本逻辑的不利因素，从而能够实现发展较为独立且可以超越资本逻辑的社会主义文化。在《共产党宣言》中，马克思、恩格斯明确地指出了资本逻辑全球拓展问题的实质所在：“不断扩大产品销路的需要，驱使资产阶级奔走于全球各地。它必须到处落户，到处开发，到处建立联系。”[①]“资产阶级即资本”的文化全球化是理性形而上学与资本权力共谋的必然结果。但是，需要思考的是，资本“到处开发，到处建立联系”的逻辑对不同文明、不同文化程度的国家和地区影响程度并不一致，甚至在一个大的国家内，不同地区也有文化发展的不平衡性，他们接受资本逻辑的程度显然是

① 《马克思恩格斯文集》第2卷，北京，人民出版社2009年版，第35页。

不同的。一切地区文明与民族文化让位于资本逻辑，资本逻辑形成的巨大的客观物质力量是一种不以人的意志为转移的客观规律，对文化的控制和影响已经不可避免。这需要进一步探讨马克思对资本文化向度的批判对构建文化主体性建设在价值层面上的启示。

第二节　西方资本逻辑文化向度对东方社会文化的遮蔽

文化作为上层建筑的一部分，经济基础（主导的生产方式）到底是如何产生出截然不同的文化模式？资本是历史的产物，是生产力发展到一定水平后的经济关系，西方资本逻辑文化向度对东方社会文化遮蔽的实质依然是社会关系的物质化的表达。归根到底，西方资本逻辑文化向度显现出的是一种社会力量，是人与人之间的社会关系。所以，必须把它放在一种社会关系中进行动态地理解。资本与文化的结合点便在于此，但重点是如何理解这个结合点在历史发展现实中的表现与特征。反过来讲，既然资本作为一种社会关系，它本身就体现着一种文化——现代性文化。而资本主义的现代性文化，产生于西方资本逻辑文化向度的扩散过程中，对东方社会的影响也必然要面对东西方历史文化不同这个实际。也就是说，东西方现代性文化的发展都不得不考虑资本逻辑这个实际，否则，就失去了文化存在的现实环境。需要结合资本逻辑文化向度的发展演变，对资本与文化的结合点深入分析，才能使西方资本逻辑文化向度对东方社会文化的遮蔽中存在的问题予以合理澄明。马克思资本逻辑批判在文化上的三重维度表明，异质精神发展的可能性被抽象同一性扼杀，从而在根本上消除了对资本逻辑进行批判的潜力。资本逻辑的文化遮蔽造成了历史、现在、未来的发展被资本逻辑主宰而断裂成碎片，资本主义文化实质上就是追求资本逻辑本身，造就人的孤立、混乱、无关联、无逻辑，成为现代人的精神生产目的与生活存在状态。所以，任何现代意义上的文化批判都必然很难脱离资本逻辑，只有明晰资本逻辑对文化如何不断进行侵蚀、交融和控制，才能真正理解资本逻辑文化批判的相对独立性，从而破解资本逻辑对东方社会的文化遮蔽。

一、马克思对西方资本主义文化批判根源于资本逻辑

无论东西方社会，文化范畴都是在人类物质生产实践的基础上形成的，成系统性的文化思想和文化传统反映了社会存在的整体性，是物质生产实践中人的本质力量在精神层面的显示。马克思早期对意识形态的批判，就在于祛除资本在社会文化上所营造的“神秘性”，在政治经济学上表现为剩余价值的掩盖，其中当然也有人们生活中的价值观、思想行动方式等内容，内在的物质利益斗争，以文化的存在表现出来，站在前面的是冠冕堂皇的文化冲突。马克思对资本逻辑的认识，回应了之前的人们把无法解释的自然现象神化的问题。然而，资本带来如此重要的历史意义背后一个不容忽视的悖论在于，资本正是一个活生生的矛盾，资本逻辑的矛盾问题是马克思资本逻辑批判的核心内容。马克思、恩格斯在对资本主义生产方式的论述中，阐述了资本逻辑得以产生的基础，近代工业社会发展的资本逻辑是一种自我运动的社会中介，它的内在矛盾成为社会历史前进的根本动力。而在卢卡奇等人看来，20 世纪 20 年代欧洲革命之所以没有取得成功，便是因为无产阶级受到了“物化意识”的影响，无产阶级对自身阶级的认同感被资本主义文化逐渐消弭，失去了对革命的热情，后来葛兰西也据此提出要掌握好“文化领导权”的重要作用，因为资本逻辑视文化为其拓展空间的重要手段，自然而然形成的“文化领导权”作为其不断渗透到社会生活中方方面面的主要途径。

资本主义的统治并不是仅仅通过粗暴的权力强制来实施的，而是还会

借助对语言、道德、常识等文化活动的控制来实现。当代西方发达工业社会依靠资本逻辑能够塑造超稳定运行的意识形态的原因，就是科学技术和大众文化的双重护卫效应。科学技术给人以客观中立的印象，而且似乎还能够解决社会发展带来的所有问题，但科学技术被资本逻辑掌控，而大众文化又以市场需求和资本利益集团为导向，表面上是提供消遣娱乐、满足大众需要的文化，却能够联手打造出一种新型的“极权主义”，从根本上抑制和扼杀了无产阶级的革命意识。在资本主义社会中，所有的一切都被颠倒过来，人们在追求物质利益的同时，也失去了人的本质。人们只知道怎样获得最大的物质利益，却没有注意到人与人之间的关系。而作为资本主义社会重要特征的文化也就失去了它本来的意义，变成了纯粹的资本运作工具。因此，任何一种文化都是一定社会制度下的人们在一定社会经济条件下创造的劳动产品。任何一种文化都是一定生产关系和交换关系相互作用、相互制约和发展的产物。

在马克思深刻剖析西方资本主义文化的视角下，资本逻辑犹如一条主线，贯穿始终。这一逻辑不仅塑造了资本主义文化的框架，更深刻地揭示了其内在的本质属性——抽象性、异化与物化。马克思指出，西方资本主义文化中所标榜的人性光辉与价值追求，在实质上往往沦为资本逻辑扩张的装饰与工具，成为掩盖其真实面目的外在表现形式。为了根治这一文化异化现象，关键在于揭露并阐明资本逻辑与西方资本主义文化之间错综复杂而又本质性的联系。这一过程旨在揭开掩盖在表面繁荣之下的抽象人性与虚假价值的面纱，这些正是西方资本主义文化深层次的、不易被察觉的本质所在。此理解与西方资本主义文化本身所蕴含的抽象人性观和虚假价值体系不谋而合，资本逻辑作为资本主义社会的主导逻辑，在资本主义文化中得以全面体现，它既表现为一种生产力，也表现为一种生产关系；既体现在政治经济制度中，又是一种文化模式。资本逻辑所造成的资本主义文化表现出的人的异化现象，就是西方资本主义文化始终存在的症结，无论是劳动异化还是消费异化，都是反映在实际生活中的主要表现，只有弄清资本逻辑所造成的人的价值缺失和文化失位等种种问题，人们才能认识到西方资本主义文化的资本拜物教本质。

二、资本逻辑运动对东方社会文化的侵蚀与后者的反制

马克思、恩格斯论述的精神生产与“世界文学”等思想中蕴含的丰富文化批判内容，资本逻辑在其中扮演了核心和关键的角色，文化向度的视角也凸显了马克思对资本逻辑“文明”与“野蛮”批判的实质。马克思强调资本逻辑的运动是整个世界历史发展的必然，而近代西方资本的全球化扩张造成了对东方社会文化的侵蚀，东方社会文化出现了新的发展趋向。

资本逻辑造就了强大的社会力量，创造了所谓的“世界文学”，但在另一层面使得消费成为资本的图谋，个人只要有了闲暇时间，就被迫用来消费大众文化，异质精神发展的可能性被抽象同一性扼杀，从而在根源处消除了对资本逻辑进行批判的潜力。在资本创造的人与物颠倒的资本主义社会，作为一种“匿名”的权威，资本将自身的同一性逻辑贯穿社会的方方面面，致使差异性变成同质性，丰富性变成了单一性，人变成商品。而在马克思所批判的市民社会中，他人也成为实现个人利益的手段，彻底颠覆了人与人之间情感上的“关联”，与人的社会存在的本性相背离，简化了人类的精神世界，用金钱拜物教取代了“天然尊长关系”[①]。正如马克思、恩格斯在《共产党宣言》中警示的那样：“它迫使一切民族——如果它们不想灭亡的话——采用资产阶级的生产方式；它迫使它们在自己那里

① 宁德业：《〈共产党宣言〉的文化思想及其当代价值》，《当代世界与社会主义》2018年第1期。

推行所谓的文明，即变成资产者。一句话，它按照自己的面貌为自己创造出一个世界。”[①]由于资本主义的本质是资本增殖逻辑，以资本为基础的资本主义文化是资本逻辑在社会文化领域“按照自己的面貌”表现出的形态。随着当代经济全球化的发展，西方资本逻辑凭借其强大的物质载体，悄无声息地渗透进东方社会生活的每一个角落。这种渗透不仅限于经济领域，更深入文化、教育、价值观等多个层面，对东方社会文化产生了复杂而深远的影响。西方资本主义文化通过新自由主义思潮和“普世价值”思想对东方社会文化进行了渗透，这种文化具有排他性，它将人类社会的各个民族、各种文明、各个国家划分为不同的类型，以利于资本主义分工文化的推行，并美其名曰“国际分工”的不同，实际上按照自己的逻辑强行灌输给被划分为不同类型的国家和人，让人们在不知不觉中受到资本主义文化的影响，正所谓“文化帝国主义”。“文化帝国主义在全球层面上的特征表现为，违背受众的自觉意愿而将文化包裹强加给他们。达成这个目的借助的是武力以及更不显眼且更加微妙的方式。”[③]这种文化具有极强的渗透性，它以经济利益为导向，利用各种手段来推动文化的传播、扩散和发展。马克思认为在资本主义生产方式下，资本主义文化是资本主义制度和生产关系的产物，是以资本逻辑为基础的资产阶级文化。尽管社会主义制度能够对资本主义生产方式进行一定程度的扬弃，但是并不意味着根本改变了社会主义社会的经济基础和阶级关系，而是意味着物质生产发展到一定阶段上必然要引起精神生产的相应发展，精神产品不再是专属于资本主义生产方式的产品。

---

① 《马克思恩格斯文集》第2卷，北京，人民出版社2009年版，第35—36页。

② ［德］伯尔尼德·哈姆、［加］拉塞尔·斯曼戴奇编：《论文化帝国主义：文化统治的政治经济学》，曹新宇、张樊英译，北京，商务印书馆2015年版，第68页。

所以，研究马克思对资本逻辑批判文化向度的核心还是在于对人本身的发展影响，以此才能拓展到人与人、人与社会之间的关系。资本逻辑批判文化向度的核心便是研究“社会关系的革命”。资本逻辑的运动不可能主动创造出文明，甚至可能在一定程度上毁灭文明。历史唯物主义视角下的西方殖民主义对东方社会的文化影响，其实质就是以资本逻辑为代表的文化遮蔽，使得文化发展始终需要反制与减少资本逻辑带来的不利影响。

三、马克思对资本逻辑文化批判的相对独立性

马克思关于文化的独立性有相应的论述，马克思以希腊为例，说明在古老的社会组织形式下也能产生出伟大的艺术作品，而艺术的产生和表现方式依旧扎根于自身的社会生产方式，它也要求与自身相适应的意识形式。一旦物质生产方式发生变化，这个基础就不再会自然而然生长出与之相适应的意识形式。马克思在此处是要说明“就像货币、劳动一样，艺术绝不会随着它的物质基础历经一个从早期到晚期、从简单到发达的单一、有序的进程”①。比如，作为人类早期的艺术形式——神话，“任何神话都是用想象和借助想象以征服自然力，支配自然力，把自然力加以形象化；因而，随着这些自然力实际上被支配，神话也就消失了”②。所以，不能机械地对待马克思关于“经济基础决定上层建筑”的论述，将其视作接受马克思主义时必须恪守的第一条“军规”，包括文化在内的“上层建筑”被降格为对其经济基础的反映，只有经济基础具有自主和绝对存在的地位。在马克思的笔下，资本逻辑就是从资本内在运作机理出发，把生产和交换看

① ［英］斯图亚特·霍尔、孔智键：《马克思论方法：读1857年〈导言〉》，《山东社会科学》2016年第7期。

② 《马克思恩格斯全集》第30卷，北京，人民出版社1995年版，第52页。

作资本的自我运动，并将这一过程置于世界历史演进的广阔背景中加以审视。在这个过程中，“资本逻辑”不仅把自己同“自然”和“社会”相分离，而且把自身同人的本质相分离，将人置于异化状态之中。马克思的文化批判正是对“资本逻辑”这一文化本质进行深刻批判。但需要指出的是，马克思在文化批判中不仅继承了黑格尔关于精神发展与社会结构互动的思想，而且吸取了费尔巴哈关于人性、人与自然关系以及人与人关系的思想。正是这些丰富的理论滋养，为马克思研究如何超越资本主义文化及其内在矛盾提供了坚实的基础。马克思的文化批判以对资本的本质及其内在矛盾的深刻揭示为前提，并非简单地沿袭费尔巴哈或黑格尔的既有框架，而是从费尔巴哈、黑格尔的哲学中吸取了许多思想营养。比如，马克思、恩格斯在探讨费尔巴哈关于人的本质观念时，指出费尔巴哈视人为自然界至高无上的体现，自然界通过人的感知、理解与认知来自我映现。然而，马克思的文化批判并不局限于单纯地对资本主义文化本质的剖析，而是将其深刻嵌入资本主义生产方式兴起与演变的宏大历史脉络之中。马克思的文化批判，实质上是对资本主义生产过程中孕育并强化的“资本逻辑”的一次透彻揭露，同时是对人类社会发展内在规律的深刻洞察与自觉把握。这种批判不仅仅是对文化现象的孤立分析，而是站在历史唯物主义的高度，将文化现象视为社会经济基础变革的必然反映。

另外，不能忽视的一点是，对文化领域的关注在很多后来的西方马克思主义学者那里也得到更多的体现，哈贝马斯就提出过资产阶级文化公共领域这一概念。如果从意识形态的立场来看文化，它也属于上层建筑的组成部分，因而也可归于公共领域，因此马克思认为文化属于上层建筑而没有专门进行考察。西方马克思主义则从文化领域对资本主义展开批判。需要指出的是，马克思当年把文化从属于上层建筑并非没有道理，因为在那个年代，文化实际上是被统治阶级垄断的，而在更早的中世纪，贵族和僧侣们垄断了文化，在中国古代社会也存在这种情况。由此可见，文化成为一个相对独立的领域，应该是现代社会的“事件”。西方马克思主义在文化领域展开对资本主义的批判，也只有在20世纪以来的现代社会中才有可能。从当代资本主义新变化对市民社会的侵蚀来看，西方马克思主义对晚期资本主义的文化批判具有重要的启示意义。比如，葛兰西的文化领导权理论使我们对市民社会中的无产阶级政党与资产阶级政党在文化上的领导权问题之重要性有了新的认识，而阿尔都塞的意识形态批判，发现了资本主义国家的意识形态控制在维护其统治方面的重要意义。哈贝马斯则揭示了资本主义市民社会的文化生产方式——“舆论结构”。从这个意义上讲，西方马克思主义对晚期资本主义条件下的文化批判具有重要的借鉴意义[①]。

而西方马克思主义尤其是“文化唯物主义”思潮，作为一种文化批判理论，最为积极的理论作为就是关注现实和关注生活。回归“日常生活”构成了“文化主义的马克思主义”的理论主旋律。他们将文化唯物主义看作对历史唯物主义的一种具体阐述。针对“经济决定论”的消极影响，他们提出了“文化主义”的理论主张，力图对文化现象进行唯物主义的研究，也就是将文化看作“一种物质存在，看作一种生产方式，看作一种整体生活方式”[②]。他们没有抽象地讨论文化概念，而是通过第二次世界大战后英国的文化实践（如小说、电视、电影、广播、广告等）来讨论文化与社会的关系，讨论了英国工人阶级文化的形成。但是，“文化唯物主义”过分注重“经济决定论”的影响，以至于忽视了马克思、恩格斯的历史唯物主义基本原理，把文化超脱于社会发展的基本矛盾之外。那么，被资本

① 参见王浩斌：《市民社会的乌托邦：马克思主义的社会历史哲学阐释》，南京，江苏人民出版社2020年版，第270—271页。

② 欧阳谦等：《文化的转向：西方马克思主义的总体性思想研究》，北京，中国人民大学出版社2015年版，第15页。

逻辑遮蔽和控制的文化如何发挥作用？“文化唯物主义”没有对此给出系统的分析和答案，我们需要进一步挖掘马克思资本逻辑批判的文化向度研究。

第三节　马克思对资本逻辑与东方社会文化关系的认识

近代以来，西方资本主义在全球范围内持续扩张，中国被迫卷入资本主义世界体系之中，虽然在晚清乃至民国阶段，中国主要处于资本主义世界体系中的边缘地带，但依然发挥着不可忽视的作用，这也是马克思、恩格斯关注东方社会，尤其是中国问题的重要原因。马克思、恩格斯对东方社会尤其是中国问题的相关论述与精确判断，有助于我们在坚持马克思主义立场、观点、方法的前提下，认识中国在世界历史发展中所处的地位和作用，明确中华文化的核心要素。

近代以来西方资本逻辑的全球化渗透，形成的客观力量已经对东方社会产生了深刻影响。马克思对东方社会文化的认识，并不是为了分析和研究在东方社会能否接受、建立起资本主义文化，而是要让东方社会认识到需要建立起自己的文化主体，从而真正实现由传统到现代的转变。传统不意味着就代表东方社会的“传统”，现代也不意味着就代表西方社会的“现代”，关键仍是在于历史唯物主义所揭示的人类社会发展方向。在这一方向下，东方社会只有建立起自己的文化主体，才能摆脱近代资本主义发展过程中的生产力和生产关系的矛盾运动对东方社会的消极影响。在马克思看来，作为一种客观力量，资本逻辑通过生产力和生产关系的矛盾对东方社会产生了深刻影响，近代东方社会同样也无法摆脱资本逻辑的束缚，需要认识到如何跳出资本逻辑的作用并实现向现代文明转型，而不是再次经历西方社会资本逻辑带来的“阵痛”阶段。也就是说，东方社会需要继承注重人发展的文化传统，而不是资本的发展，更需要避免产生“物和人的颠倒”，使资本逻辑对东方社会文化的影响要小于西方社会并能够实现对其的扬弃。

一、资本逻辑的世界历史性

通过马克思对资本逻辑批判文化向度的内容与关系的界定，我们还需要明确资本逻辑批判的问题是否存在于一切文明文化形态之中。马克思、恩格斯对资本逻辑批判，主要是对资本主义社会资本占统治地位的逻辑运行的批判，这种批判是具有自反性向度的辩证逻辑。马克思、恩格斯在《共产党宣言》中论述了资本通过世界市场，让世界至少在物质上逐渐趋向一体化，不同地区和民族的发展都逐渐融入整个所谓的“世界历史”，按照资本的要求，为自己创造一个“新世界”，形成世界性统一的资本逻辑现象。《共产党宣言》中的相关预言“几乎可以原封不动地适用于现代资本主义的全球化经营的实际”[①]。所以，在《共产党宣言》中马克思、恩格斯对资本的本质给出了明确的界定：“资本是集体的产物，它只有通过社会许多成员的共同活动，而且归根到底只有通过社会全体成员的共同活动，才能运动起来。”[②]美国学者弗雷德里克·詹姆森据此把马克思主义与后现代主义综合起来，通过揭示一种“晚期资本主义的文化逻辑”对资本逻辑展开批判，认为其基本特征是一种根本的浅薄，完全失去深度，成为现代人的精神生产目的与生活存在状态。[③]需要思考的是，资本这种“到

① 熊敏：《资本全球化的逻辑与历史——罗莎·卢森堡资本积累理论研究》，北京，人民出版社 2011 年版，第 3 页。

② 《马克思恩格斯文集》第 2 卷，北京，人民出版社 2009 年版，第 46 页。

③ 参见姚大志：《现代之后——20 世纪晚期西方哲学》，北京，东方出版社 2000 年版，第 332 页。

处开发，到处建立联系”使世界成为一个相似整体的逻辑对不同国家和地区影响程度一样吗？甚至在一个大的国家内，不同地区也有经济与环境发展的不平衡性，他们接受资本逻辑的程度显然是不同的。世界绝大多数地区都把经济发展主导地位让位于资本逻辑，资本逻辑形成的巨大客观物质力量是一种不以人的意志为转移的客观规律，对文化的控制和影响早已不可避免。恩格斯在《家庭、私有制和国家的起源》中，认为要消除资本逻辑统治带来的负面影响，还需要重新找回人类最初时代的那种“优越性”，“生产是在极狭隘的范围内进行的，但生产品完全由生产者支配。这是野蛮时代的生产的巨大优越性，这一优越性随着文明时代的到来便丧失了。夺回这一优越性，但是以今日人类所获得的对自然的有力支配以及今日已有可能的自由联合为基础，这将是下几代人的任务。”[①]由于资本逻辑已经潜入并影响到当代精神文化生活的各个领域，以及对精神生产的控制范围变得最广且影响程度最深，其自身的矛盾不能摆脱所有对其实施的控制手段，这需要有一个恩格斯在当时所论述的“下几代人”希望找到并实现的那种社会。

马克思以资本逻辑的批判为核心，深入剖析资本主义生产过程，从而精辟揭示了资本主义社会的基本矛盾所在。这一揭示不仅限于经济层面，更在此基础上，阐明了资本主义发展的长远趋势及其内在运作规律。马克思不仅在经济维度上论证了资本逻辑如何跨越国界，展现出其世界历史性的特征，还进一步从政治架构、文化形态及意识形态等多个维度，全面阐述了资本逻辑的全球影响力。资本逻辑的世界历史性，不仅是资本主义社会自身发展演进的客观必然结果，更是预示了资本主义社会历史向更高形态的共产主义社会历史过渡的先决条件。在《1857—1858 年经济学手稿》

① 《马克思恩格斯文集》第 4 卷，北京，人民出版社 2009 年版，第 129 页。

中，马克思对资本主义生产方式的基本结构及其引发的资本主义基本矛盾，进而导致的资本主义灭亡等问题进行了系统深入分析，并在此基础上对资本主义社会矛盾进行了批判。与此同时，马克思还对资本主义生产方式下的价值、剩余价值、货币、资本积累以及资本逻辑进行了深刻剖析，从而揭示了资本逻辑的世界历史性特征，为研究资本主义社会的基本矛盾奠定了坚实基础。一方面，资本主义社会的政治上层建筑，其核心意识形态鲜明体现了资产阶级的立场与观念，这一意识形态的根源深植于资本主义生产过程之中，而非由无产阶级或其他劳动阶级所塑造或界定。它直接反映了资本逻辑的内在要求与运作机制，是资本力量在政治领域的直接体现；另一方面，在资本主义社会架构中，政治上层建筑扮演着资产阶级巩固统治、对无产阶级及其他劳动阶级实施控制与压迫的关键角色。这一工具性特征，使得政治上层建筑成为维护资产阶级利益、确保资本主义生产方式持续运行的重要机制。

资本逻辑的世界历史性，在当代的表现便是资本逻辑的形式转变及其意识渗透已经不再是一种地区性的问题，而是一种共同体的问题，其塑造价值的隐秘性同样不再只是一个区域性问题。在需求方面，资本能够通过重组、结构转换和技术变革来调整它的需求——这当然会有压力和困难。此外，资本在世界舞台上的机动性让资本能够适应不同的人口状况以及各种“历史的和道德的”处境，这种处境至少最初有可能在不同的区域和不同的国家以不同的方式影响着人们的价值观念。这种整体性所形成的一种共同体既是资本生产的基础，也是生产的结果，同样使资本逻辑扩张到各个精神文化生活领域获得了充足展现的可能。所以，寻求摆脱资本逻辑惯性的束缚，必须是从新的共同体中摆脱。这是马克思对资本实质的认识即资本是一种社会关系的进一步发展，而资本逻辑随着时代变化同样表现出了这样的特点。资本逻辑的形式变化没有脱离社会关系的本质。当代资本本身的形态发生改变，出现了“大众资本”和社会化资本市场、公共资本与社会福利、法人资本以及跨国资本等新形态，这些都是资本扩张以及对自身扩张逻辑调整的结果。新的资本形态首先标志着资本本身结构的变化，当然这种变化完全服务于资本克服自身扩张逻辑悖论、进一步拓展扩张空间的需要，但客观上也成为重塑社会结构的最基本力量，使原来的以阶级对立的板块式社会结构逐渐消解，形成了纺锤形的国内社会结构以及错综复杂的国际冲突网结构，这种结构变化正是资本逻辑发展的必然结果和现实表现之一。而对资本逻辑在文化向度上的批判正是与资本发展的历史形态相联系的，资本逻辑的世界历史性在内容上始终如一，而形式上的嬗变使得马克思资本逻辑批判思想的时代价值再次凸显。

二、东方社会的文化独特性

马克思、恩格斯对资本逻辑的剖析极为深刻而准确，而要真正揭示资本逻辑的本质矛盾与发展趋势，仍然要站在世界历史的高度去研究，这就不能忽视东方社会尤其是中国的独特性所在。马克思、恩格斯能够站在世界历史的高度，以历史唯物主义的科学观点，分析西方殖民主义与中国传统社会的碰撞与交融，凸显了世界历史发展的复杂性。而这一复杂性，显然并不在于经济发展或制度条件的复杂，正如马克思在《资本论》中强调：“工业较发达的国家向工业较不发达的国家所显示的，只是后者未来的景象。”[①]生产力具有不可逾越性，但并不意味着发展道路选择不具有多样性，重要的是在于文明顺延性与文化的特殊性。晚年马克思，更注意从积极的意义去探索东方文化优于资本主义制度的新生因素，对近代资本主义文化有了更深刻的认识，突出了资本主义文化存在着巨大的矛盾。

① 《马克思恩格斯文集》第5卷，北京，人民出版社2009年版，第8页。

马克思、恩格斯通过对史前社会的考察，特别是在研读“人类学笔记”之后，发现了与资本主义把“物”作为生产的目的不同，古代社会把“人”作为生产的目的的文化理念是对资本主义文化的修正，提出未来社会文化“将是古代氏族的自由、平等和博爱的复活，但却是在更高级形式上的复活”。他们在俄国农村公社中发现了“二重性”，有可能成为优于资本主义文化的“新生的因素”。马克思对东方社会的关注，主要是对俄国、中国、印度 3 个国家进行考察开始的，根据东方各国的殖民化程度不同，在文化选择上分为 3 种特征：一是完全殖民地国家，以印度为代表，是在英国殖民统治下，被迫接受西方资本主义文化，属于“植入”型。二是半殖民地半封建国家，以中国为典型，属于被迫开放与自主选择相结合。三是落后的资本主义国家，比如，俄国主动进行资本主义改革，学习和引进资本主义文化，有实现跨越资本主义“卡夫丁峡谷”的可能。由于资本的扩张本性，西方资产阶级必然对东方国家实行殖民侵略，因此，东方社会的文化特征也成为马克思文化解放思想的逻辑展现。

随着国际无产阶级运动的发展，马克思、恩格斯对东方文化的认识也发生了重大转变，从早期的西方无产阶级革命运动来推动东方民主革命运动的发展，到马克思、恩格斯晚年的东西方革命“互相补充”和“两极相联”的思考，马克思、恩格斯对东方文化的态度也从批判转向积极探索新因素，他们对于西方资本主义对东方社会的文化影响，以及对东方社会俄国、中国、印度等国的文化选择和文化发展也作了一些思考。马克思认为东方各国历史发展的一般规律，在很大程度上是由它们所处的特殊环境所决定的。东方各国社会发展中的每一种特殊形式，都和东方各国历史发展中的一般规律有某种关系。虽然东方各国历史发展有其特殊规律，但东方各国社会发展进程中的特殊规律主要表现为生产方式、交换方式和消费方式，以及它们在民族之间和国家之间的分配形式，都是从东方社会特有的经济关系中产生出来。同时，东方国家生产力和生产关系发展水平不同，决定了东方国家不可能用现代西方资本主义制度来解决自己的问题，而是要以西方资本主义发展产生的经验和教训为重点，并借鉴西方社会文化的长处来发展自己。如果将这种借鉴理解为全盘否定东方社会文化，或只是把它看作西方文明的补充，那就犯了形而上学的错误。只有深刻认识东方社会文化具有特殊性，并对这种特殊性予以充分肯定，才能找到与西方文化有效融合、发展自己文化的途径。

中华文化对于解决当今世界人类面临的各种危机有许多自己的智慧，中华文化强调在文明发展的价值归宿上是人的全面发展，而西方以新自由主义为代表的发展道路，无法从根本上解决资本逻辑带来的一些问题，更无法防止资本无序扩张进而解决不了资本主义基本矛盾。西方文明捉襟见肘之时，正是被西方看作相对立的东方文明解蔽之机。而资本逻辑是现代社会经济、政治、文化活动的支配性力量，“资本逻辑导致的劳动异化、拜物教和人的原子化存在状态，是虚无主义产生的社会经济根源”[①]。中华文化的很多特点本能地抵制资本逻辑，比如，对人自我认定、自我管理、自我提升，追求“人人皆可为圣”的大同境界。而只有在结合马克思主义科学理论的基础上，中华优秀传统文化才能在当今为超越资本逻辑发挥重要价值。

需要注意的是，文化不依附或不完全依附统治阶级并形成一定的相对独立性是资本主义现代社会的一项重要特征，自阶级社会与国家诞生起，便形成了国家与社会的二元架构，然而，两者界限往往模糊不清，一个重要的原因就在于统治阶级的文化独占，侵占了原本属于社会的空间，限制

① 李颖：《诠释学视角下马克思主义中国化的文化价值》，杭州，浙江大学出版社2020年版，第280页。

了文化的自治领域与活动范畴。在西方，资产阶级革命的浪潮打破了封建枷锁与宗教禁锢，促成了政治国家的独立化，使之成为具有普遍公共性质的实体，同时催生了市民社会，在政治与经济领域凸显了权力与金钱的主导，而文化领域则成为不同阶级思想交锋与话语权争夺的舞台。随着资本主义的进一步发展，市民社会创造的文化虽然在形式上具有一定的独立性，实则未能充分脱离资本主义国家的控制，资本主义政治体系也并未全然代表市民社会成员的普遍利益与根本诉求，马克思正是在此深刻揭示了人在这种社会结构中作为个体与公民双重身份下的异化现象。这就为我们保持东方社会的文化独特性提供了启示：文化的主体性依赖于人民群众创造精神产品的队伍的壮大，这既是历史发展的必然，也是当今保持文化主体性的现实挑战，共同塑造了文化主体性建设道路上的艰巨性与特殊性。

第五章

驾驭资本逻辑：文化主体性建设的核心旨向

正如前文所述，基于马克思资本逻辑批判的世界历史性以及对东方社会发展独特性的考量，说明当下文化主体性建设的核心旨向。“中华文化主体性”是相对于西方文化现代化道路的反思与批判基础上所提出的，包含了民族主体性、历史主体性等在内的多维主体范畴。从传统与现代、东方与西方的历史逻辑来看，中华文化在现代化进程中发挥着重要作用。当代全球化发展问题频发，根源在于人类社会以难以驾驭的资本逻辑占统治地位的发展方式，而马克思资本逻辑批判的中华文化向度，在中国传统政治哲学的“王霸之辨”中能够得到生动体现，从而使问题置于资本逻辑从“霸道”到“王道”的中华文化语境，这是中华文化主体性建设的核心旨向。中国古代“王道”哲学是一种具有深厚历史基础的政治哲学，其思想内容博大精深，体现了中华民族优秀的政治智慧，是中华文明的重要组成部分。近代以来，资本主义历史发展之所以遵循“霸道”的资本逻辑有其历史必然性，资本逻辑“霸道”的经济现实与驾驭资本逻辑的“王道”追求之间的矛盾斗争、交融与转化，构成了资本主义向社会主义前进的重要动力体现。习近平总书记指出，“坚持把马克思主义基本原理同中国具体实际相结合、同中华优秀传统文化相结合”[①]。而“霸道”与“王道”是中国传统政治哲学中的一对重要概念，以此视角来研究马克思对资本逻辑批判的本质与特征，有助于马克思资本逻辑批判理论形象化、本土化发展，是对马克思主义关于资本逻辑批判问题中国化研究的探索，也是马克思主义中国化运用于中华文化主体性建设的方向之一。

① 习近平:《在庆祝中国共产党成立100周年大会上的讲话》，北京，人民出版社2021年版，第13页。

从历史的纵向继承上看，马克思主义必须与中国具体文化特点相互贯通，马克思主义之所以有力量，就在于它与人类文明各种优秀文化的相通性。在回答“马克思主义是怎样以及为什么会变成存在于中国语境中的这种形式”的问题上，对文化特殊性进行准确的研究，在这里是必不可少的，因为它对中国接受马克思主义思想具有重大意义。而中华文化主体性建设，需要体现在马克思主义基本原理尤其是对主宰近代社会发展的“资本逻辑”之上，它为中国理解马克思主义的资本逻辑批判提供了一个任何事物都具有的连续性历史观框架。

第一节 “霸道”与“王道”：驾驭资本逻辑的中华文化语境

在中国传统政治理想中，“王道”与“霸道”构成了两种截然相反的政治理想典范。“霸道”理念侧重于权力与实力的彰显，它强调通过对外界的控制、掠夺与支配来实现政治目标，这种理念往往被视为一种“强权政治”的体现，追求的是力量与征服的逻辑。相比之下，“王道”则秉持着仁义、道德与正义的核心价值，它倡导的是对天下的和谐共处与包容理解，体现了一种“王道政治”的理想境界。在“王道”的视野中，政治不仅是权力的游戏，更是通过道德引领、正义实践来促进社会和谐与进步的途径。“王道”的政治哲学观念深深植根于儒家的思想土壤，与儒学经典中记载的“禹、汤、文、武之道”和孔子对《周易》所作的解读有关。“王道”在中国古代政治思想中，被赋予了“以德治国”的崇高理想。孔子强调：“道之以政，齐之以刑，民免而无耻；道之以德，齐之以礼，有耻且格。”（《论语·为政》）孔子在这里指出道德教化在国家治理中的核心地位，以及礼法作为实施这一理念的关键手段。孔子所倡导的“道”与“德”、

“忠”与“恕”等思想，在国家层面上的实质就是指向“王道”这一理想的政治形态，即通过高尚的道德情操与完善的礼仪制度来引领国家走向繁荣昌盛。而当“霸道”成为中国古代社会中占统治地位的政治理想时，儒家思想也必然会受到它的影响，从而逐步形成与之相适应的“王道”观念。儒家政治理想所要达到的目标，是一个以“仁政”为基础、以“德治”为手段、以“王道”为目标的社会治理体系，这一体系是建立在“王道”观念基础之上的。因此，尽管儒家政治理想与当时社会现实之间存在着种种矛盾和冲突，但儒家政治理想最终还是成为中国传统社会中占统治地位的政治理想。

马克思对资本逻辑批判的思路是从资本逻辑的二重性问题展开的，可以将其置于“王道”与“霸道”的中华文化语境中。马克思、恩格斯在对资本主义生产方式的论述中，阐述了近代工业社会发展的资本逻辑是一种自我运动的社会中介，它的内在矛盾成为社会历史前进的根本动力，并塑造了与之适应的生产方式和生活方式。资本逻辑既处在一个扩张的范畴，也是一个动态的范畴。资本逻辑内在矛盾包含两个向度，一方面是资本寻求的无限扩张和不断积累的物质力量，体现资本逻辑“运动”的自然性内涵，这一内涵更多体现的是“霸道”；另一方面是资本本身作为投入生产过程中的物化的社会关系力量，其既有使物质生产资料人格化的方面，也有使人的本质力量得以物质化的方面，体现了资本逻辑“关系”的社会性内涵，这一内涵更多体现的是“王道”。资本统治条件下的人与自然、人与人、人与自身的关系，可以看作资本对自然与社会的一种生产占有关系。现代社会发展问题的根源在于资本逻辑，即人如何处理好资本逻辑以实现人与自然、人与人、人与自身在发展中的和谐。

一、资本逻辑在历史发展中的双重内涵呈现

在物质层面上把握马克思资本逻辑批判的范畴，即在为资本所控制的“生产要素”的层面上加以理解。马克思、恩格斯通过深入剖析资本主义社会的生产关系与上层建筑，揭示了资本逻辑的深层本质。而当代资本主义的种种新变局，则进一步凸显了资本逻辑所具有的双重性：一方面，它以一种近乎拜物教的形式，渗透到社会运行的各个层面，诱使人们对其产生过度崇拜；另一方面，资本逻辑也是资本主义社会矛盾与冲突的集中反映与深化，成为在推进高水平社会主义市场经济发展过程中不可回避、亟待解决的社会议题。资本逻辑并非孤立的经济现象，而是伴随着资本主义社会的诞生而兴起，其影响力深深植根于资本主义的生产关系之中。它不仅仅是一种简单的经济运行机制，更是一种深刻影响生产方式、塑造社会关系、推动历史进程的特殊逻辑。通过资本的动态运动，资本逻辑作用于经济活动的方方面面，进而对人类社会历史的发展轨迹产生了深远影响。马克思在《资本论》中通过对资本主义社会基本矛盾的分析，揭示了资本主义生产关系下社会生产的内在矛盾，这也是资本逻辑呈现出的经济与社会双重内涵，实质仍是基本矛盾范畴内殊途同归的体现。在当代资本主义新变化中，资本逻辑也带来了一系列新问题，对这些问题的解决就是当代世界经济发展过程中必须直面和解决的社会矛盾。

同样，我们认识现代社会发展的资本逻辑，如果只是从考虑资本家和工人阶级关系的角度，无法充分把握好这一范畴。现代社会发展的资本逻辑范畴指向了一种在生产关系基础上的更为广泛的社会关系，并呈现出动态性、整体性和矛盾性。这一形式仍然由劳动及其二重性所建构，它中介了人与人之间关系的活动，又中介人与自然之间关系的活动。一方面，资本逻辑主导的生产方式并非单纯的技术过程，它不可避免地联系着社会的

基本关系，并为后者所塑造。对马克思资本逻辑批判的这一分析，为之后批判资本逻辑主导的生产形式与财富形式提供了基础，而不是停留在简单的物质占有层面上。另一方面，资本逻辑勾勒的社会发展特质，体现的是一种抽象的发展形式，它与社会特有的劳动之本质相关。在这样的统治形式中，失控的“发展”、社会的日益碎片化乃至个人生存问题，都找到了其根本的社会基础。所以，资本逻辑造成了社会一种抽象的、非个人的统治体系。与前资本主义时代相比，人们在表面上显得更独立了，似乎受到封建专制政治的“霸道”影响越来越小。但事实上，他们从更为广泛的社会关系层面服从于一种资本逻辑统治体系，这一体系看起来并非社会本身的，而是“物”的。在这种体系下，社会劳动不仅成为资本社会剥削的对象，也是资本主义统治的本质基础。

然而，近代以来的人类社会发展过程中资本逻辑二重性的实质被忽视。资本主义的统治地位便成就这样一种资本逻辑的“霸道”，即一切发展都是资本的发展。马克思指出，在这样的发展中“自由的并不是个人，而是资本”①。这种对资本逻辑的思考在推动马克思主义中国化的背景下可以有一种中国式的语境，需要与中国文化结合并自我诠释。中华优秀传统文化是中华民族的精神家园，“马克思主义要在思想和情感上为中国先进知识分子和以农民为主的中国人民所接受，必须植根于中国的历史和文化”②。在现代化发展过程中，西方社会产生了自身难以驾驭的资本逻辑，阻碍了促使社会不断向前发展的可能性，逐渐演变成人类发展的各种危机，无论是经济危机还是生态危机，其根本都源于资本积累的过程。现阶段人类社会不能真正摆脱资本的影响，资本逻辑仍在一定时间段内存在，

---

① 《马克思恩格斯文集》第 8 卷，北京，人民出版社 2009 年版，第 179 页。

② 陈先达：《马克思主义十五讲》，北京，人民出版社 2017 年版，第 165 页。

直到完成马克思所强调的资本的历史使命。从历史唯物主义的视角来看，资本逻辑不会自动获得自身的永恒运动和持久存在，必须从传统农业社会，经过商业和手工业社会向现代工业社会的历史转变。这意味着资本逻辑批判的出发点不仅是资本影响的个人的生产活动，也包含后续社会的整个群体组织形式。这样，中国的“王道”哲学在资本逻辑视域中的出场便有了其特定的历史基础。

二、“王道”哲学在资本逻辑运动中的作用彰显

中华优秀传统文化中关于如何实现“天下大同”问题的“王道”哲学，在几千年来的历史发展过程中不断完善，有助于为驾驭与超越现代社会发展的资本逻辑提供思路。中国古代政治哲学中包含了“霸道”与“王道”哲学。而中国古代的“王道”哲学，是一种对政治秩序的设计，有其合理性和积极意义，“王道”哲学在批判和反思中不断发展，主要是指政治上的道德准则和价值标准，其核心是“仁”。儒家所理解的“王道”哲学，在继承了传统政治哲学精华的基础上，主要以儒家“仁”为核心价值和行为准则，在许多方面都有明显变化和进步。

中国哲学社会科学之所以具有历史性的特点，根本在于中国漫长的历史发展进程与文化开放传统。马克思主义之所以能成为中国人民在近现代的历史选择，就在于其真正融入中国哲学社会科学的发展历史进程，是其历史性的鲜明表现与重要内容之一。无论是资本逻辑的“运动”内涵还是“关系”内涵，其本质都与中国传统哲学讲究的人与自然关系、社会与历史发展的进程若合符节。中国的“霸道”哲学讲究依靠法、势、计等以力争胜慑服本国臣民和其他国家的政治对手，乃至于实现天下的一统，而“王道”哲学是讲德、仁、义、情的以人心震天下、治天下的国家治理和社会发展理念。“王道”扬弃了“霸道”“以力制胜”的核心法则，推崇“得

民心者得天下”的治国思想，不再单纯依靠发展器物的先进性来震慑天下，开始追求治理天下所需要的道德体系、社会关系、社会秩序的系统建设。从总体看，这一思想反映在资本的逻辑上，资本逻辑的“霸道”是人创造出的资本不惜一切代价积累自身、掠夺自然，人不能驾驭资本甚至被资本驾驭，是一种人以资本的形式对自然与社会实现的占有，是对自然和社会其他成员的武力与战争，无视资本逻辑社会性的一面，其后果是造成了各种发展性危机，是资本发展“野蛮”一面的深刻体现。而对资本逻辑施以“王道”，是指通过人类社会自身的制度、规则、道德完善后，资本逻辑的扩张性得到了相应程度的管制和约束，资本逻辑的自然性与社会性得以统一，在中国共产党领导下依靠中国特色社会主义制度来驾驭和超越资本逻辑，使其更好发挥造福社会的文明性作用，始终坚持以人民为中心的发展思想，推动社会整体的发展进步。

中国的“王道”哲学发展到今天，究其现代化的历史现实而言，存在很多孔、孟、荀的“王道”政治思想中“希望解决而又最终无力解决的问题”[①]，不能仅仅局限于传统封建君主政治和文化的框架探讨之中。只有以马克思主义的科学发展原理为依据，接受世界社会主义发展历程的熏陶，才能给“王道”哲学注入科学社会主义的新鲜血液，开始传统思想现代化改造的进程。“马克思主义同儒学不仅相遇，而且一起建构并塑造了中国的现当代史。”[②]而对马克思资本逻辑批判的文化向度研究，能够为马克思主义中国化加入新的发展视角。近代西方资本主义社会产生的各种发展问题，主要原因在于西方传统哲学文化惯常以“征服自然”“二分法”的对立眼光看待人与自然、人与人、人与自身的关系，在西方工业文明出现发

① 张智：《论“为政以德”与“王霸之辨”》，《道德与文明》2020 年第 1 期。

② 何中华：《马克思主义与儒学的会通何以可能？》，《文史哲》2018 年第 2 期。

展瓶颈的百年后，中国的“王道”哲学便具有新的意义和发展动力。

第二节　资本逻辑“霸道”的历史必然

近代资本主义的发展主要遵循资本逻辑的“霸道”并非偶然，无论“霸道”还是“王道”，“道”的本质即规律，其同样符合历史唯物主义的基本范畴。在资本主义社会之前，资本已有相应的形式存在，只是没有占据社会生产关系的统治地位。人类社会的发展追求资本逻辑的“霸道”成为处理人与自然、人与人、人与自身关系的一种手段，是社会历史向前发展的定向之路。先秦时期，“霸道”与“王道”两种政治形态都曾活跃在当时的政治舞台上，但二者却各有其基本特点和价值取向。荀子提出“粹而王，驳而霸，无一焉而亡”（《荀子·王霸》），在一定的历史发展阶段中二者虽然对立，但也不可或缺。

一、从“霸道”现实到“王道”理想

“霸道”政治哲学在一定程度上体现了先秦时期政治思想中的强权政治色彩，它主张以武力为基石，以征服他国、扩张势力范围为终极目标，试图构建一个以自身为中心的政治秩序。尽管这一理念在古代中国政治思想史上占据了一席之地，但其核心在于满足古代统治者追求短期功利与扩张的欲望，而非致力于实现国家的长远稳定与和谐共生。因此，“霸道”政治哲学未能为古代中国真正实现长治久安。“霸道”政治哲学的兴起与演变，既是历史发展进程的必然产物，也是当时复杂社会矛盾与激烈政治斗争的直接反映。其核心理念在于强化君主的绝对权威，将权力视为至高无上的存在，并在与“王道”政治哲学思想的碰撞与融合中逐步发展完善。战国末期，随着秦国强大势力的形成和兼并战争的持续进行，“霸道”政治哲学

中原本占主导地位的王权论开始动摇。秦汉以后，“霸道”政治哲学依然存在于中国传统社会，并一直影响着中国古代政治思想和制度。唐宋以后，随着儒家思想逐渐成为统治思想和统治秩序稳定的基础，以及儒家伦理道德逐渐成为人们自觉行为规范后，“霸道”政治哲学便走向了终结。

资本逻辑的发展就是一定意义上遵循了从“霸道”现实到“王道”理想，从资本逻辑“霸道”的现实到驾驭资本逻辑“王道”的理想是历史发展的自然过程。在中国政治哲学发展演变的历史中，“霸道”与“王道”的两个主张既对立又统一；二者共同构成了历史发展的规律。即使在中国古代的一些盛世也未必全行“王道”哲学，而在天下大乱、治理失序、“霸道”盛行之时，“王道”哲学的追求也从未消失。历史上的“王道”理想总是不能排除以“霸道”取天下的方式，行“霸道”也常会以“王道”来缘饰。从总体上看，传统政治中“王道”哲学的存在表面上似乎是一种理想存在，“霸道”似乎是一种现实呈现。实际上，在现代社会发展中，“霸道”与“王道”是相糅相杂的，并非水火不容，无论表现出什么样的外在形式都未脱离历史规律。资本逻辑的“霸道”与“王道”同样如此，纵观近代资本主义发展确立了其在本国的统治地位后，继而进入全球性的扩张，这种扩张同样是以“霸道”的方式，或许仅仅在表面上以一种“王道”的名义，也只是掩饰其扩张的本质而已。马克思从未否认资本带来的人类历史上前所未有的物质丰裕，并强调恰恰是资本推动了世界市场的繁荣，使世界至少在物质层面上真正连为一体。但是，在压制了绝大多数人的生存条件以及世界范围内发展环境恶化的前提下，整个社会逐渐达到了资本急剧扩张带来的消极后果，远远超过了其积极物质收益的临界点。而资本逻辑“霸道”带来的市场破坏性，是可能被强有力的政府和社会力量制定的相应法律与规则限制，这在社会主义发展的历史上已经被多次证明。

二、“霸道”的纯粹运动过程

“霸道”和“王道”政治哲学在传统古代社会中，作为统治阶级服务的思想都具有“为我”“为己”的特征，但是，二者在对待权力和责任的关系上却有着明显的差异。在“霸道”政治哲学体系中，统治集团的核心观念体现为一种“工具性权力观”，这种观念促使统治者倾向于持有“我执”（自我中心）、“我为”（行动以自我利益为先）的心态，以及“我胜你负”“唯我独尊”的一元性，它强调的是一种强势、单向的权力关系，体现的是一种“纯粹”的运动过程。“王道”政治哲学则倡导一种更为和谐与包容的权力架构，在此框架下，虽然权力的基础同样建立在统治者的同意之上，但被统治者的角色并非全然被动。重要的是，“王道”强调权力与责任的共生，以及统治者与被统治者之间的相互尊重与平衡。

从资本逻辑“霸道”的实现目的来看，其是一种纯粹的运动过程。资本的运动没有尽头，也没有长远社会性的目的，作为自我增殖的价值，这样一种“霸道”反而呈现为纯粹的过程。因此，处理资本逻辑的“霸道”问题，实际上是在对待这样一个社会核心范畴：资本逻辑的目的指向一种持续的增殖与扩张运动，它没有决定性的外在目标，这个社会的动力在于为生产而生产，在于为持续而持续的过程。马克思阐明了这样一种“霸道”的资本主义社会关系，它们几乎没有社会性，并点明了那些看上去为了自身利益而行动的明显的去历史化的个体。在《资本论》中马克思对资本给出完整定义时指出：“资本作为自行增殖的价值，不仅包含着阶级关系，包含着建立在劳动作为雇佣劳动而存在的基础上的一定的社会性质。它是一种运动，是一个经过各个不同阶段的循环过程，这个过程本身又包含循环过程的三种不同的形式。因此，它只能理解为运动，而不能理解为静止物。"[1]"资本的运动"就这样进入一个不符合时代发展特征的阶段，其是以个人为代价，将一般人类生产力从个人能力和经验的限度中看似"解放"出来，事实上是一种"霸道"的强制。尽管资本逻辑"霸道"的目的不只限于价值维度，在这样的历史建构形式之下，它也无法成为人类解放的基础，从实现马克思描绘的"人类同自然的和解"到"人类自身的和解"，仍然是一段很长的历史发展过程。

三、对自然力价值的"霸道"占有与扭曲

资本逻辑"霸道"的必然体现在对自然力的无偿占有和统治。当马克思将大工业的发展描述为自然力对单纯人力的取代时，他所指的不只是对蒸汽或水力等自然力的使用，也是社会一般生产能力的发展，这正是批判资本逻辑"霸道"的核心，"霸道"占据的是自然力的社会性一面。在社会生活中，人们对自然力价值的占有是不平等的，即"霸道"占有自然力。这种"霸道"占有使人与自然之间产生了一种对立关系，具体表现在：人类为了获得更多的资源而从自然界榨取更多的自然力，为了获取更多的自然力而对自然资源进行破坏性开发，进而对生态环境产生了极大的负面影响。这些"霸道"占有并扭曲自然力价值的行径，也会对人类文明自身的可持续性发展产生威胁。自然力是客观且普遍存在的，它不属于任何个体或团体所独有，而是全人类的共同财富。在自然界中，每一种自然力都有其独特的价值。随着人类社会的形成与发展，人类开始探索并利用这些自然力以推动文明的进步。然而，在这一过程中，人类获取自然力的方式却显现出明显的不平等性，即"霸道"占有和扭曲自然力的行为，既违背了自然规律，又损害了人类自身的利益。对自然力价值的占有，实质

① 《马克思恩格斯文集》第6卷，北京，人民出版社2009年版，第121—122页。

上是对自然生产力价值的占有，它导致人类对自然资源和生态环境的掠夺性开发和破坏。

资本逻辑体现在对自然力价值的“霸道”占有与扭曲的过程中，一方面，工人协作和劳动分工的生产力属于社会劳动的自然力，并且在资本逻辑看来，这些也是无偿的。由劳动中介的生产关系是人类社会发展的前提条件，这一点也凸显马克思的资本逻辑批判中一个常为人所忽略的维度。物质财富是由具体劳动和自然所建构的，而价值仅仅取决于抽象劳动。作为自我增殖的价值，资本消耗自然力以生产物质财富——不是作为目的，而是作为增加剩余价值的手段。如此，资本逻辑规定下的全球工业式发展，可能更多是一种指数级的刀耕火种式农业发展，依旧是依靠消耗更大规模自然力来前进。资本逻辑的这一“霸道”相比封建式权力的霸道来说，更具有其内在的隐蔽性、形式的合法性和空间的广泛性，资本在全球化扩张中导致生态问题的国际化揭示了隐藏在幕后的资本主义“社会权力结构”[①]。另一方面，科学同样和自然力类似，一旦一种科学原理被发现之后，就可以无偿使用它了。在马克思那里，资本主义劳动建构了统治着人们的抽象社会结构，这一过程引发了科学在历史上的迅猛发展。之所以能做到这一点，是因为它割裂了社会劳动，也就是说，它将特定的个人变得狭隘化、空洞化。马克思认为，以生产价值为基础的科学为财富创造了无数可能，这仅仅是因为“个人的全部时间都成为劳动时间，从而使个人降到仅仅是工人的地位，使他从属于劳动”[②]。科学是人类智慧的结晶，能够满足人的需要进而产生持续推动科学进步的驱动力，资本逻辑尽管出现了

---

① 王浩斌:《市民社会的乌托邦：马克思主义的社会历史哲学阐释》，南京，江苏人民出版社2020年版，第66页。

② 《马克思恩格斯文集》第8卷，北京，人民出版社2009年版，第200页。

让科学改造的社会劳动方式造福于所有人的历史可能性，但马克思更看到了“科学对于劳动来说，表现为异己的、敌对的和统治的权力”[①]。资本主义的科学只成为资本逻辑继续扩张其“霸道”的一种主要手段，科学的发展受到局限。因此，资本逻辑造就的科学技术知识高速增长，并非标志着朝向人类解放的线性进步，而是一种曲折发展。这种线性进步的知识本身是被社会建构的，它导致了在资本逻辑的“霸道”之下，人们运用自然力的能力与知识虽然极大增加，但采取了一种压迫人的异化形式，这对自然的保护和社会的进步产生了无法忽视的消极影响。

四、资本逻辑“霸道”与“王道”的矛盾统一体

资本逻辑“霸道”的现实与驾驭资本逻辑的“王道”理想是矛盾的统一体，二者相互依存，统一于资本的历史使命之中。在资本行将完成历史使命，而人的发展同时遇到桎梏之时，马克思、恩格斯在《共产党宣言》中便有预见性地指出，“在资产阶级社会里，活的劳动只是增殖已经积累起来的劳动的一种手段。在共产主义社会里，已经积累起来的劳动只是扩大、丰富和提高工人的生活的一种手段”[②]。劳动与资本对立因劳动成为实现人的美好生活需要而结束，这也是马克思、恩格斯所认为的每一种生产方式，包括资本主义生产方式在内，首先必须强有力地扩张生产力，但最终对生产力又会起阻碍作用，从而为下一种生产方式的出现奠定基础。而当资本取得成功，却限制人自身的发展之时，人们对美好生活的追求就变成了如何应对与重新看待资本的问题。社会生产力日益超越资本雇佣所设立的边界，就其潜能来说，人越来越有能力做得更多，不是再对比人们的

① 《马克思恩格斯全集》第37卷，北京，人民出版社2019年版，第204页。
② 《马克思恩格斯文集》第2卷，北京，人民出版社2009年版，第46页。

物质生活水平，而是人们的能力和潜能能否得到更为全面的发展，从而寻求在更广阔的社会层面上超越被资本占有的经济价值。所以，人实现美好生活是自己的事情，而不是资本控制人来实现的事情。资本对社会实质的吸纳，再次验证资本本质是社会关系的一种外在的表现，资本成为通过支配各种生产要素而支配人的力量，而不能仅仅将资本逻辑的运行规律简单理解为物质生产资料的运动，资本逻辑背后的实质仍然是人本身，无论是资本家还是工人都包含其中。它不单单是一种“物”的运动规律，而是兼具“人的本质”和“物的规律”。可以说，资本的发展促使了一系列的对立与斗争，尤其是资产阶级与无产阶级的对立与斗争。而这种对立与斗争的机制不仅是对抗性的，也是建构性的，或者更进一步说，是构成性的——我们需要重新解读《共产党宣言》中预示的资本发展造成的对立与斗争的新形势，同时提出新的解决方案。[①]

“王道”和“霸道”之间可以相互转化，是一个可能的新的解决方案。由于不存在西方式的二元论，这些设置的某些决定性原则与这些原则决定下的一切事物之间的本体性分离也就不存在。在近代历史发展中资本有成功解决人类在自然崇拜阶段所遭受苦难的悠久历史，无论这种困难是不是源自“自然的”资源之使用，还是需要承受人与自然关系不协调的能力。孟子评价“霸道”对百姓生活的重要意义便是如此，比如“霸者之民，驩虞如也”（《孟子·尽心上》）。“霸道”资本逻辑的一个核心标志，是人们事实上无法真正理性控制他们的生产活动和生活方式，反而最终会被这些活动和方式的结果支配，个人生产与生活方式的碎片化与空洞化，导致了人日益被其客观化的活动结果控制。这种资本逻辑的“霸道”就被表达为

① 参见王芳、于少青：《〈共产党宣言〉中资本历史使命思想及其当代启示》，《社会主义研究》2018 年第 3 期。

个人与社会之间的对立。事实上，资本逻辑的“霸道”让几乎所有事物的使用价值被商业化、货币化、资本化，以商品的形式被拿来交易，需要找到并重新还原这些价值的方式，资本才能真正完成其历史使命。但正是因为资本在完成了全球扩张之后，产生了这些矛盾且未能靠资本处理，需要通过进一步的“霸道”才能掩盖这些矛盾，资本逻辑的“霸道”便成为历史发展的必然，这种必然也是资本“消亡”的必然，“当资本的历史推动作用发展到历史极限巅峰之日也正是资本成为自身枷锁走向消亡之时”[①]。资本自其诞生之时就有极其矛盾的力量，推动以资本为核心的社会发展体系的同一个逻辑不可避免地遭受经济上的无力，这必然要求“经济以外的力量”对该逻辑进行变革和超越，所以“王道”驾驭资本逻辑不是停留在乌托邦理想中，而是有着制约资本逻辑“霸道”的必然需求。

第三节　资本逻辑“霸道”与“王道”的矛盾转化

在资本主义发展的原始积累阶段，资本的扩张仅仅意味着物质财富的收集和累积，这是资本逻辑“霸道”的重要表现。在早期资本推动人类社会的发展过程中，资本逻辑只是外在表现于经济层面上量的扩大，难有资本逻辑内在“转型”的问题，而从“霸道”到“王道”的矛盾转化恰恰需要一种“质”的飞跃。马克思的社会历史观不是从人类历史中抽象出“资本”这种物，而是从资本主义生产方式自身内部所具有的内在矛盾运动规律中揭示出“资本”这种物的内在矛盾，即资本“霸道”与“王道”所体现的矛盾运动规律，这一规律能够揭示资本主义生产方式的木质，也为无

① 李爱军：《马克思恩格斯对资本逻辑的批判及其当代价值——基于〈资本论〉的文本分析》，《求索》2021年第1期。

产阶级革命提供了理论武器。由于资本主义生产方式的内在矛盾是导致资本主义社会运动发展的根本原因，资本逻辑与它所产生的生产关系和上层建筑之间的矛盾，表现为无产阶级与资产阶级之间的阶级斗争，即以资本逻辑为核心的资产阶级和无产阶级之间的对抗。

一、精神生产：无产阶级的意志

资本逻辑的“霸道”在经济角度上的垄断似乎无懈可击，“它把整个经济、技术和军事力量都动员了起来——相一致的理论和实践。这意味着，就资本而言，它想把阶级斗争控制在经济范围内”[①]。但是，如果在经济上特定的生产方式持续衰弱，自然会导致形成这种方式的文化形式进一步解体，那么就能够将社会中大部分群体需要转化为真实有效的而非资本逻辑所营造的精神生产，这需要占社会主导地位的进步集团的坚强意志，在马克思的话语体系中便是无产阶级的意志，其是实现“霸道”到“王道”矛盾转化的基础。

精神生产，作为马克思、恩格斯在深入探讨资本主义生产方式时所提出的一个核心概念，贯穿于他们诸多著作之中。这一概念尤为显著地体现在他们对资本主义制度的深刻批判之中，成为剖析资本主义社会诸多弊病与问题的线索。马克思在批判资本主义社会时，虽然聚焦物质生产劳动这一核心领域，但他并未忽视人类社会的丰富多元性，除了直接创造物质财富的劳动之外，人类社会还存在着其他形式的生产活动，这些活动同样具有生产性，并构成了人类生命活动不可或缺的一部分。正是在这样的理论视野下，精神生产被赋予了特殊的意义——它不仅是生产劳动的一种独特

① ［美］赫伯特·马尔库塞：《马尔库塞文集》第6卷，高海青、连杰、陶锋译，北京，人民出版社2019年版，第509页。

形式，更是人类精神文化创造与发展的重要体现。马克思认为，精神生产不仅涵盖了知识的创造、艺术的创新、科学的探索等精神层面的活动，还深刻影响着人们的思想观念、价值取向以及社会行为模式，精神生产并非孤立于物质生产之外，而是深深植根于人类文明发展的每一个阶段。精神产品的独特性在于其能在一定程度上超越物质形态，以知识、艺术、文化成果等形式展现，并且依托的物质载体也越来越虚拟化。精神产品在历史发展长河中的独特作用，在于作为社会发展的精神动力与智力支持，对推动社会进步具有不可替代的影响。马克思认为，人类的精神需要是随着物质生产的发展而发展的，它不仅是社会发展的内在动力，也是物质生产发展的产物。在一定社会条件下，人类精神需要主要由两部分构成：一是对精神产品消费过程中所产生的个人主观感受、体验；二是对社会生活条件下各种物质生产活动所产生的客观效果。二者体现了物质生产和精神生产之间具有相互影响、相互制约的关系。

从马克思将资本的动力分析为一种非线性的进程来看，通过资本主义生产方式不断进行自我的再生产，“资本主义的起源、现实的运转机制以及未来发展趋势都被资本逻辑的观念形态深深地隐藏起来”[①]，资本逻辑持续地掌控着社会精神生产。马克思对资本主义生产方式的论述可以被看作破解资本逻辑统治的“铁笼”，“其中的对抗性维度竟也被去势为碎片式的喧嚣”[②]，消解资本逻辑的“霸道”必然要打破这一无形的垄断。从马克思分析的生产方式变革过程中的价值创造来看，资本逻辑的“霸道”在不同历史时期具有不同的表现形式，它在本质上联系着一种历史特定的精神生

① 魏传光：《从生产逻辑到资本逻辑：马克思正义思想的双重透视》，《哲学动态》2021 年第 3 期。

② 周嘉昕：《马克思的生产方式概念》，南京，江苏人民出版社 2020 年版，第 8 页。

产方式，这种精神生产方式并不受人的主观意志掌控，而是社会发展的客观规律使然，“这种财富形式的历史特殊性意味着，社会财富在不同社会中并不一致”[①]。马克思在《雇佣劳动与资本》中指出：“资本的实质并不在于积累起来的劳动是替活劳动充当进行新生产的手段。它的实质在于活劳动是替积累起来的劳动充当保存并增加其交换价值的手段。”[②]活劳动导致对各种具体物理差别的产品价值的抽象化，因此各种不同劳动价值得以抽象化。这一形成过程是资本逻辑“霸道”导致的异化过程：这种劳动被从个体中分离出来，将自身独立为一种力量，并支配着人们。要破除这一力量就是“霸道”到“王道”的必然，这一转化也造就了废除资本主义、建构社会主义之基础。

二、社会关系：从符号化到公共性

从社会关系上看，资本逻辑“霸道”的症结在于其所塑造的社会关系本身出现的问题，能否解决这一问题是实现“霸道”到“王道”矛盾转化的关键。在马克思看来，资本的本质是一种社会关系，这种社会关系包括两个方面：一是作为社会关系的资本本身；二是作为社会关系的资本所决定的经济行为。这两个方面同时也构成了马克思分析资本主义社会经济运行机制的基础，而资本自身又是由许多复杂的要素组成。这些复杂的要素构成了一个由多种具体形式、多种具体过程和多种具体形态组成的社会系统，即资本主义经济系统。其中，资本自身又具有一种内在张力。马克思对资本逻辑本质的分析是从对资本主义生产关系和资本主义经济运行机制

① ［加］莫伊舍·普殊同：《时间、劳动与社会统治：马克思的批判理论再阐释》，康凌译，北京，北京大学出版社 2019 年版，第 28 页。

② 《马克思恩格斯文集》第 1 卷，北京，人民出版社 2009 年版，第 726 页。

的研究中发展起来的，它是对资本问题的全方位、多层次的研究。马克思对资本问题的分析，既有一般意义上的社会历史分析，又有具体经济过程和经济行为的分析；既对资本主义生产方式及其运行机制进行剖析，又对资本主义生产关系及其运行机制进行批判。

商品生产和商品交换所形成的社会关系具有双重本质：一方面是物与物之间的关系，另一方面是人与人之间的关系。在二者相互关系中，物是一种符号，具有“客观”属性；人是一种主体，具有“主观”属性。在“自然”关系中，物与物之间只有工具性价值关系；在“社会”关系中，则存在着人与人之间的相互依存和相互转化的“社会”关系。商品交换是人与人之间相互关系的一种表现形式，这种社会关系实际上就是商品生产和商品流通在社会范围内形成的一种社会关系。马克思认为，商品交换并不是简单地、孤立地发生，而是一种“社会关系”在市场上进行的一种具体体现，它既存在于市场之中，又存在于市场之外。因此，商品交换形成的社会关系就是商品交换所带来的社会形式。商品交换所形成的社会关系是商品交换过程中物与物之间的关系，但这种关系不是自然关系，而是由现实的社会关系决定。商品交换作为自然关系的本质就在于它所形成的社会关系，这一社会关系既表现为物与物之间的工具性价值关系，又表现为人与人之间的交往关系。在马克思看来，商品交换过程中人与人之间的交往关系是社会生产关系产生和发展的前提条件，而社会生产关系则是由商品交换所形成的社会关系这一特殊形式所决定的。这种特殊形式就是一种以一定生产力为基础的生产方式。马克思对商品的分析，就是基于商品生产和商品交换形成的社会关系。这一分析的目的，是揭示商品所代表的社会关系在历史上如何转化为私有制，从而在理论上回答如何把私有财产与社会生活从私人领域中解放出来这一问题。从某种意义上说，这是马克思对现代资本主义社会生产关系的诊断和批判。由于私有制使人类社会从

“公有制”中分离出来，并建立了“私人占有制”，因此，商品生产和商品交换所形成的社会关系被称作“私人关系”。但商品并不是抽象的个人财产，而是一个具体的、现实的人与人之间的社会生产关系的体现。在这个意义上，商品是一种“社会财富”。因此，马克思从符号化分析过渡到公共性分析，就是要揭示商品背后所隐藏的人与人之间相互分离和相互对抗的关系，从而为实现人与自然、人与社会之间的和谐提供理论指导。

马克思指出，资本逻辑造就的社会关系的独特之处在于社会性方面的缺失，这一缺失最为致命，也自然不具备真正的公共性。由商品性劳动所建构的关系结构破坏了更早的公开社会关系系统，但并未以一种类似的系统取而代之，现代资本异化扩张造成拥有“世界历史”的人们却因此变得更加“孤独”，其个体需求和社会需要被资本逻辑完全规制，对资本逻辑的“王霸之辨”探讨便是为促进现代政治哲学在公共性维度深入展开。资本主义在发展早期出现的“霸道”现象被马克思描述为一个在客观的依赖环境中的看似独立的个人社会：一方面是抽象的、准客观的必要性结构；另一方面是在直观层面上比传统社会更广泛的社会互动。这两者都是资本逻辑特有的中介形式的要素。这样的社会关系被分解为“物质的”和“符号的”领域，异化社会关系价值维度的特征，被赋予了资本逻辑的系统维度，造成资本主义社会失去以“王道”驾驭资本逻辑的社会基础。社会主义则必须改变这样一种异化的、具有无序动力结构的“人造”关系，重新寻找一种来自人本身需要的“准自然”“公共的”社会关系，实现一种新的社会关系形式符合客观与主观的统一，并且这一形式不再由资本逻辑“自动地”建构。

三、自然力价值：回归人的独立性

在马克思、恩格斯对有关自然力的论述中可以发现，自然力从广义的角度主要包含了3个方面的主要内容：纯粹的自然力、人类自身的自然力和社会劳动的自然力。纯粹的自然力即表现为自然力的自然特性，是自然界的固有力量；人类自身的自然力和社会劳动的自然力表现为自然力的社会特性，是人类历史发展的基础要素。这3个方面的内容又呈现了人类社会运用的自然力是自然性与社会性的对立统一。恩格斯的自然力思想正是在这一基础上，将之放置于整个人类发展进步的历史中考察，从早期传统社会对自然力的单纯崇拜，再到近代资本主义社会以资本逻辑来运用自然力，把自然力与资本逻辑相结合成为恩格斯自然力思想的重要特点。正是在后者的发展过程中，资本逻辑造成了人类运用自然力的自然性与社会性发生断裂。为了重新找回二者的结合，需要把研究自然力问题的核心放在对资本逻辑批判的基点上进行探讨。从自然力角度对资本逻辑的批判，主要是在价值层面上论述其如何促进与阻碍社会发展的双重向度。在恩格斯批判蒲鲁东主义和资产阶级改良主义、阐发科学社会主义理论的重要著作——《论住宅问题》中，恩格斯批判了蒲鲁东主义者把工业革命和科技进步说成是一种“祸害”的谬论，指出人依赖资本逻辑运用自然力的合理之处，人正是依靠“已可利用的自然力”进行劳动从而使生产力达到相当高的水平，这为之后共产主义社会消灭分工和阶级、满足社会全体成员的需要创造了必要条件。恩格斯说：“这种工业发展早已在大工业的一切部门中消灭了单独劳动，并且在较小的和最小的部门中日益消灭着这种劳动，而代之以依靠机器和已可利用的自然力来进行的社会劳动，它所生产的可以立即用来交换或消费的产品是许多人共同劳动的成果。”[①]恩格斯将资本逻辑作为近代资本主义社会历史发展的根本线索，此时“人类在自然

① 《马克思恩格斯文集》第3卷，北京，人民出版社2009年版，第258页。

力面前开始变为主人”[①]。资本作为资本主义社会存在发展的主导力量，其自我扩张的逻辑必然导致全世界范围内运用自然力在量上的提高，社会发展的技术进步和财富积累便是其依赖方式和外在表现。但是，此时自然力面前的“主人”却不是“真正的人”，而是处在资本逻辑的背后掌控中。一方面，资本不断寻求向外扩张的空间逻辑，把资本逻辑逐渐渗透到世界的每一个角落和生产部门。自然力为资本追求价值提供了一个完美的舞台，资本逻辑掌控下的社会，自然界的一切事物拥有的使用价值被货币化、商业化进而资本化，以商品的形式被拿来交易。即使某些自然力很难圈占，但资本逻辑驱使下的人们可以以各种替代方法将所有的自然力进行货币式的量化，使它们可以拿来买卖。自然力中的公有资源被“资本化”时，无论是否已有任何社会劳动花在它们身上，所有事物和过程都被标上价格。另一方面，资本不断寻求长期增殖的时间逻辑让资本的权威持续渗透到不同时代的发展中，资本逻辑便是这样创造出属于自己的独特生态系统。资本运用商品化的自然力自由地榨取社会财富，将更多资源资本化为货币财富，占有已经运用的自然力，甚至借此独占社会所有财富。虽然资本与其他生产要素仍旧处在一定程度上的分离状态，但资本对自然力的占有不再拘泥于直接形式，而是以国际组织、跨国公司以及扶植政权建立等隐蔽形式对全球自然力进行掠夺与掌控，在运用自然力的社会性层面完全变成了一种弱肉强食的失序状态。近代资本主义社会“虽然摆脱了自然强制和神权强制，但又被一种更隐蔽、更深层的经济强制和抽象的强力统治”[②]。当人们在为资本逻辑对自然力的控制高歌猛进而欢呼雀跃之时，从

① 孙要良：《历史唯物主义视野中的资本逻辑与自然力——基于马克思〈1861—1863 年经济学手稿〉》，《北京大学学报（哲学社会科学版）》2019 年第 5 期。

② 付文军：《论资本主义“自我否定”的逻辑——基于〈资本论〉及其手稿的批判性考察》，《社会主义研究》2019 年第 5 期。

自然力神化和崇拜中挣脱出来，却跌落到对资本逻辑的膜拜和束缚中。所以，恩格斯在批判无政府主义的《论权威》一文中警示道，“如果说人靠科学和创造性天才征服了自然力，那么自然力也对人进行报复，按人利用自然力的程度使人服从一种真正的专制，而不管社会组织怎样”[①]。可见，在资本逻辑占主导地位的生产方式中，人们运用自然力的程度越高，服从“资本专制”的程度也就变得越高。

从自然力上看，由于资本逻辑不仅仅是物的运动规律，更是一个兼具物的规律性和人的目的性在内的双重逻辑。资本逻辑在探索物的规律性上走向了极致，却在人运用自然力的目的性上迷失了方向，使得“自然被当作工具对待，‘自然、我们自己和其他人的身体’因此遭受‘暴力’对待”[②]，能否处理好这一问题是实现“霸道”到“王道”矛盾转化的重点。资本逻辑的“霸道”把原先的自然力神化和崇拜转变为了资本拜物教。马克思的历史唯物主义所要批判的便是这种拜物教的意识形态，从而揭示出隐藏在物质现象之后的真正的物质存在。打破资本逻辑“霸道”状态，需要坚持从历史唯物主义的立场出发，揭示出资本逻辑的实践和权力维度，在人类生活各个领域占支配地位的资本权力就体现在它对现代社会自然力的整体支配上。资本逻辑的内在矛盾不是依靠资本主义外在的解决方法，而需要一种“内在转化”，资本逻辑控制下的自然力让人类历史迈入一个纵欲的时代，社会主义需要一种能够解决和替代“为积累而积累”的做法，“这一替代系统的构建实际上便是如何合理运用自然力、保护自然力

① 《马克思恩格斯文集》第3卷，北京，人民出版社2009年版，第336页。

② ［美］大卫·哈维：《资本社会的17个矛盾》，许瑞宋译，北京，中信出版社2016年版，第301页。

和发展自然力”[1]，以此追求一种超出了“必然王国”才会开始的自由，成为以“王道”驾驭资本逻辑思想的时代彰显：社会主义需要在批判资本逻辑的基础上驾驭资本逻辑，进而超越资本逻辑。资本逻辑实现对自身的否定，即从人依赖物的独立性和个性重新回归到人自身的独立性和个性。

第四节 以“王道”驾驭资本逻辑的可能

传统资本主义工业化社会发展的特性证明，人类社会发展若使自然环境与人生活本身越来越隔离，实际是人与自身的疏远。中华优秀传统文化中强调万物含理，人与自然、社会为一，人与物、人与人、人与自身之间的条理不能紊乱，否则万物平衡必遭破坏，最终是推崇天人合一、物我并成的崇高理想，“圣可积而致”“涂之人可以为禹”（《荀子·性恶》），这种“通变”风格的思路，与马克思主义基本原理息息相关。马克思主义之所以始终有活力，就在于它与中华优秀传统文化的相通性。从辩证唯物主义的角度来看，发展环境的改变应与人的发展相互一致，便是发展的本质体现。实现“完成了的自然主义”与“完成了的人本主义”的统一，成为中国特色社会主义发展所需要的归宿。中国的马克思主义需要坚持社会主义和民族传统两大基本内涵，才能够历史地、具体地理解当代中国的发展环境。“王霸之辨”的思维取向恰恰是重新回归对人的社会属性的高度重视，从现实物质生活的社会关系进步中寻找历史发展的动因，强调社会发展在于“国之大者”。

在资本逻辑批判问题上，马克思主义便是从历史主体性建构的方面对

---

① 于少青：《资本逻辑的批判及其超越：恩格斯自然力思想的贡献》，《社会主义研究》2021 年第 2 期。

资本逻辑发展唯一论进行替代的发展方案，方案的现实落脚点就是被资本逻辑“霸道”压制的发展轨迹，这一轨迹依存于发展的历史主体，也是创造社会主义美好生活的主体，即具有能动性和创造性的人民群众。中国提出的坚持以人民为中心的发展思想是马克思主义和中华优秀传统文化基因的有机融合。从发展的视角来看，实现从“霸道”的资本逻辑到以“王道”驾驭资本逻辑的转变，从而在此基础上超越资本逻辑，是中华文化基因的优势体现。以“王道”驾驭资本逻辑的哲学理念，不仅着眼于传统意义上的可持续发展等问题，而且把重点重新转移到如何实现更好的发展上。在一定程度上，中国特色社会主义正是需要在不断实践中克服一个又一个发展难题，来实现一个接一个的发展成就，最终完成马克思所论述的对资本逻辑“否定之否定”。以人民为中心的发展，以对社会主义美好生活的追求，便是驾驭好资本逻辑更高层次的“王道”。

一、发展的时间维度

从发展的时间维度上看，以人民为中心的发展需要实现资本逻辑追求短期增殖到长期发展的转变。历史唯物主义不同于旧唯物主义的一点在于其融入了“历史”的维度，这“在其本质上来看也是时间的维度”[①]。解决近代资本主义发展产生各种问题的一个方案，在于对整个社会的革命性重建和对依赖资本逻辑的一个历史时间阶段的跨越。资本通过早期原始积累的过程实现了价值增殖，完成了对自然力的独占，劳动者成为资本实现价值增殖的工具，资本逻辑的“霸道”使得各种传统发展模式始终让资本拥有追求短期增殖的特点。而中国以人民为中心的发展是在通过各种发展问题的解决过程中

① 王让新、李弦：《马克思资本研究的逻辑演进与哲学透视》，北京，人民出版社2020年版，第247页。

来倒逼资本的转向，强调找到属于创造美好生活的新发展逻辑，构建社会长远发展的新发展模式，重视资源节约利用和社会治理进步，为驾驭与超越资本逻辑创造可能：把资本逻辑寻求增殖的可能在时间跨度上延伸，寻求一种更长远的方向，逐渐使“经济权力完全服从于社会权力”①。

我们推动经济社会发展，归根到底是为了不断满足人民对美好生活的向往。西方经济社会发展中的资本逻辑带来的“以资本为中心”的发展方式不利于实现人民对美好生活的向往。因此，必须通过改革开放，正确处理好社会主义市场经济中资本与劳动的关系，正确把握资本的文明作用，推动实现以人民为中心的发展思想在社会主义市场经济中的应用。发展为了人民，发展成果由人民共享。随着时代的进步和社会的发展，资本逻辑在社会各个领域都有着深刻的影响，并逐步渗透到社会生活的各个方面。在中国特色社会主义的制度框架内，不断让各种资本形式呈现出各种新的发展状态，最终造福于人民现实生活，这便是从西方资本主义社会发展遵循“黑色增长”的资本逻辑向中国新发展理念的“以人民为中心”的转变，是能够真正实现驾驭资本逻辑，保证充分发挥资本促进社会生产力发展的正向作用，坚决抵制和反对资本逻辑对人们的束缚，让人民群众在共享发展成果上有更多获得感、幸福感和安全感。只有这样才能最终实现以人民为中心的发展，进而寻求防止资本无序扩张的主体思路，不断坚定与增强新时代中国特色社会主义文化自信。

二、发展的空间维度

从发展的空间维度上看，以人民为中心的发展需要促使资本逻辑所创

---

① 付文忠、马莲：《埃里克·赖特对当代资本主义的批判及其社会主义新规划》，《马克思主义文化研究》2018 年第 1 期。

造的简单物质共同体向精神共同体转变。在人类社会发展历程中，物质共同体与精神共同体始终紧密相连，互为依存。随着社会生产力不断提高，物质共同体向精神共同体的演进便成为一种历史的必然趋势。这一过程中，个体与社会在物质追求与精神向往之间不断权衡与转换，共同编织着人类文明进步的斑斓图景。“美好生活”作为人类共同的追求与向往，是推动人类命运共同体构建的主要动力。文化的多样性与时代的变迁赋予了“美好生活”多元的内涵与表现形式。不同国家、不同民族在各自的历史长河中，基于独特的文化土壤与社会环境，对美好生活的理解与追求各不相同。这种差异性促使人们在面对多样选择时，必须进行深入的价值判断与抉择，以寻求符合自身发展需求的精神归宿。当前，世界百年未有之大变局下的文化多样化、社会数字化深入发展，资本逻辑已经出现了很多新的隐蔽的和隐形的表现形式，人类社会发展面临着前所未有的机遇和挑战。但同时要看到，由于世界多极化和经济全球化进程的加快，各国相互联系和依存程度不断加深，新情况新问题虽然层出不穷，但解决问题的方式增多和发展的意愿增强。面对国际环境的深刻复杂变化，我们必须坚持和平发展道路，推动建设新型国际关系，倡导和践行真正的多边主义，这也是新时代中国构建人类命运共同体的现实路径。

“霸道”的资本逻辑是近代人类社会和资本主义发展必经阶段，但是中国历史发展的规律在于，“霸道”与“王道”是可以做到对立统一和相互转化，在不同历史阶段、不同层次的发展中具有不同的内涵和要求。马克思对资本逻辑的批判坚持不能放任资本的盲目扩张，中国特色社会主义的制度优势为资本逻辑提供了否定之否定的历史机遇，这需要在社会主义生产方式足够优越的基础上，实现人与社会生态系统内其他主体之间的和谐联系。社会主义条件下的个体发展都不是孤立存在的，表现在对待资本逻辑的态度上，即是将其看成一个历史阶段的发展过程，只有实现资本从创造的简单物质共同体到精神命运共同体的转向，才能够改变资本逻辑“霸道”的历史发展惯性，走向防止资本无序扩张的“王道”。社会主义的发展需要打破发展主体不平衡的态势，充分调动更多社会力量参与对资本的运营监督，并全面贯彻以人民为中心的发展思想，把发展关注点不断从个人主义转向集体主义，相信人民群众是社会历史发展的创造者和变革者，“工人运动的历史可以被理解为瓦解或终止资本专制的历史”①，其基本精神是致力于实现马克思主义所预言的未来共产主义社会的美好蓝图，这与中国传统的“王道”哲学、“大同”理想相映成辉。

三、发展的价值取向

从发展的价值取向上看，以人民为中心的发展需要实现资本逻辑追求的个人与部分利益到实现共同福祉的转变。人本性的价值取向回归是根本。世界上无论哪种哲学社会科学，其中一个最为重要的特点都是来源于生活、来源于人民，它很难像自然科学那样总是形成一套专业实验室和团队，如果说自然科学研究方向更多的是“自上而下”，那么哲学社会科学更多的是“自下而上”。历史上中国哲学社会科学的大繁荣、大发展无一不是来源于人民大众的普通生活之中，而中国特色社会主义文化发展所拥有的一个先进性就是党的群众路线，并且能够将其结合实际。近代历史中的马克思主义能够在思想和情感上为中国先进知识分子和以农民为主的中国人民所接受，正是因为其选择了植根在中国的历史文化和普通人民群众的生活之中，当时中国人民的革命生活需要马克思主义，中华文化和历史传统才选择接纳马克思主义。中国特色哲学社会科学必须从最基本的关注

① ［德］沃尔夫冈·弗里茨·豪格主编：《马克思主义历史考证大辞典》第2卷，俞可平等编译，北京，商务印书馆2021年版，第532页。

每个人的需要出发，从尊重每个人的劳动出发，聚焦的重点也应该从过分关注一些过于超越实际生活的经济发展数字和社会发展指标，转移到对实实在在的每个国人的人文关怀上去。新时代条件下人本性的回归使中国哲学社会科学在当今科技迅猛发展的背景下重新找回自己的研究方向，而不是被日新月异的科技发展迷惑了双眼，失去了哲学社会科学研究的主心骨。

只有超越资本的不是人驾驭分工而是分工驾驭人的逻辑，才能真正体现人民对美好生活的向往与追求。不是让资本支配人的劳动，而是让劳动从资本的束缚中解放出来，劳动者自身才是支配自己劳动真正的主人，劳动创造价值、价值创造财富，人的本质只有在劳动中才能实现。所以说以人民为中心的发展，体现了对人的尊重和人自身价值的实现。历史上很多国家都曾用各种方式，试图在资本的控制下实现“人驾驭分工”，但最终都以失败告终。比如，奴隶社会、封建社会、资本主义社会都曾试图用暴力或其他方式让劳动者屈服于资本或强权，但最终都以失败告终。因为人类创造价值的过程是人与人之间分工与合作的过程，是人与社会之间分工与合作的过程。

生产和生活的社会性空前发展、全球化程度不断提高，使发展问题的社会性愈加突出。社会主义生产生活方式不再以资本主义生产生活方式遵循的资本逻辑为最高准则，是以“现实的人”、现实的生活为根本出发点和最终的归宿。中国以人民为中心的发展，在于国家制度与发展道路选择准确把握了新时代中国特色社会主义发展的社会主要矛盾，因而有着特殊的国情特点与道路保证，尤其是在一些受到资本逻辑渗透较为深入的领域重新树立社会主义的国家权威，创造有效的社会条件和制度保障，保证价值分配的公平与持续，使得资本逻辑的“霸道”不再随心所欲，不是为个人或某些利益集团的财富增长，而是能够为绝大多数人的福祉服务。对发展的资本逻辑导向，必须限制在社会主义的范围之内，同时不能为追求人的价值而使科技发展完全避开资本的作用，因为这是“既不能跳过也不能用法令取消自然的发展阶段”①。以人民为中心的发展，需要改变过去依赖经济增长速度和科技规模单一的发展模式，超越以分工驾驭人的资本逻辑，回归社会生产活动的“生活逻辑”，回应人心所向和人民群众的热切期盼，创造人民实现美好生活的根本条件。

① 《马克思恩格斯全集》第44卷，北京，人民出版社2001年版，第10页。

第六章

数字时代新局：文化主体性建设的困境与挑战

在数字时代新情境下，文化主体性建设的困境与挑战仍主要来自数字时代资本逻辑的文化向度，而马克思资本逻辑文化向度的批判实质是资本逻辑在社会文化生活领域不断进行无序扩张。这体现在数字技术成为资本逻辑实现其文化效力的出场方式，其是在神秘性继承、生活方式及其价值塑造的演进过程中不断强化的。数字化转型是近年来世界范围内的重要议题，数字技术的发展也引起世界各国的广泛关注。伴随着数字技术的快速发展，一个新的发展时代正在全球范围内形成，这就是数字时代。在数字时代，资本逻辑依然发挥着主要作用，也成为数字资本主义发展的新范式。资本逻辑作为一种文化现象，已经渗透到当代社会生活各个领域。一方面，资本逻辑主导着文化生产和文化消费；另一方面，资本逻辑也对文化的生产、消费产生了深刻影响。然而，在数字时代，资本逻辑的文化表征是什么？其作用机制是什么？背后隐藏着怎样的社会问题？有待于进一步探究和回答。

立足马克思的资本逻辑批判思想，研究数字时代资本逻辑的文化批判，在于资本逻辑协同数字技术对文化的全面控制与人的发展价值缺失之间的矛盾。当代中国数字技术与文化创新融合发展，既为文化主体性建设提供了新的时代机遇，也在实践中遭遇了多重困境。这就需要我们坚持守正创新，以数字技术赋能文化创新发展，在多元主体协同中实现中华文化主体性建设新发展。

中国能够发挥自身的社会主义优势，打破数字时代资本逻辑对人的发展的文化规制，从文化维度上对资本逻辑进行扬弃与超越，真正实现人的全面发展的根本价值旨归，这是中国在推动数字技术文明进步中贡献的马克思主义方案和中国力量。文化主体性是指作为文化主体的人在文化实践中所表现出的一种主体性特质。它是人类文明得以存在的重要前提，也是人类社会发展和进步的精神动力。它的实质是文化主体与文化客体之间在社会实践中所形成的一种内在统一关系，也就是人类自我意识和文化创造能力。对于中华文明来说，“人”作为主体，与“文”作为客体，具有双向互动关系。在人类历史发展过程中，“人”始终是文化生产和创新的主要推动力。从这个意义上说，中华文明之所以能不断发展并不断取得辉煌成就，根本原因在于它始终坚持了以人为本、尊重人、依靠人的主体性建设原则。

第一节 数字时代资本逻辑的文化表征

在马克思看来，资本逻辑是研究现代社会发展问题不可忽视的力量，它对资本主义以后的时代影响趋势越发明显。20 世纪 90 年代以来，在全球化浪潮中，西方资本主义国家相继经历了文化现代性的“后现代”阶段。在这种后现代语境中，西方现代性的价值诉求逐渐从启蒙理性的“工具理性”转向“价值理性”。现代性的核心价值体现在人的主体性上，而人的主体性正是以人为中心的文化创造。然而，随着后现代文化理论与实践的蓬勃发展，传统文化面临着日益严重的现代性危机。西方数字资本主义出现与发展过程中的问题，都没有脱离马克思对资本逻辑的批判，这关乎从数字时代文化的价值取向视角理解资本主义技术文明发展的实质。当代人类社会正处于向新文明形态的转变之中，这种转变可以与早期农业文明向工业文明的转变相媲美，而马克思的资本逻辑批判思想揭示了资本主义条件下各种问题产生的历史根源，正是这一历史根源决定了在数字时代，数字技术成为资本为实现其在发展中的文化效力而选择的主要出场方式。一些西方马克思主义理论的文化批判思想只注重经济发展与技术改变带来的表面现象，而忽略了技术带来的文化现象背后的经济动因。数字时代资本逻辑遮蔽和控制的社会文化如何发挥作用？马克思似乎没有给出系统的分析和答案，这就是我们需要进一步挖掘数字时代资本逻辑批判文化向度的意义。

在数字时代背景下，资本逻辑的文化展现呈现出一系列显著特征，这些特征深刻反映了文化领域的异化现象、资本对文化的渗透与重塑，以及数字文化生产中资本逻辑的支配地位。首先，从社会空间维度看，数字技术构建了一个跨越时间限制与地域界限的广阔网络空间，这一空间具有高度的公共性和开放性，成为数字时代文化传播与交流的新舞台。然而，在这一“无时间性”“无界性”的公共领域内，资本逻辑通过数字技术的广泛应用，进一步加深了其对文化领域的渗透与控制。其次，在价值取向方面，数字工具在资本逻辑的驱动下，更多地被赋予了功利性目的。工具理性在数字时代被推向极致，数字文化生产活动往往以追求经济效益为核心，导致文化产品日益趋向商业化、同质化，甚至可能牺牲文化的多样性和创新性。这种“逐利”的价值取向，不仅扭曲了文化的本质属性，也对社会文化的健康发展构成了潜在威胁。最后，从社会关系视角来看，数字时代的社会关系网络呈现出以资本为中心、资本权力为主导、资本制度为支撑的显著特征。在这一网络结构中，资本成为连接各个社会主体的核心纽带，资本逻辑贯穿社会生活的方方面面，对个体的思想观念、行为方式乃至整个社会的运行机制都产生了深远影响。

一、资本逻辑“神秘性”的转移

数字时代资本逻辑的文化表征首先是通过“神秘性”的转移，在马克思的语境中，即近代资本主义的技术发展实现了从自然崇拜到资本拜物教的“神秘性”转移。这都产生于生产力发展不充分的历史时期，这一不充分来源于一些生产生活中能够实现自身需要的人，掌握了当时包括技术在内的有限生产力，除此之外的人只能在无形中受到其掌控，这一掌控采取的是权力、宗教、资本的外在形式。“技术具有自然和社会的双重属性”[①]，正是因为数字技术具有的社会属性，能够成为被资本征用的对象，而作为一种社会生产关系的资本，同样源于人类社会的历史发展过程，是人与自然、人与人之间关系的体现，能够成为征用数字技术的主体。与宗教营造的神秘性类似，资本逻辑营造的“神秘性”也能够成为控制社会生产、生活方式乃至人的思维方式的体系。在《资本论》中，马克思从资本逻辑运作的现实形态中科学准确地揭示了资本带来的拜物教问题，补充了对资本主义生产方式如何获得“神秘性”的研究，“资本主义生产方式的神秘化，社会关系的物化，物质的生产关系和它们的历史社会规定性的直接融合已经完成：这是一个着了魔的、颠倒的、倒立着的世界”[②]。

资本逻辑的“神秘性”在资本创造与消灭的广阔空间中尤为凸显。空间，作为人类存在不可或缺的形式，深刻影响着社会生活的方方面面，承载着特定时代的文化精髓与价值追求。步入数字时代，空间更成为一种技术驱动的全新现象，它不仅是社会物质结构的映射，更是人类文化精神与价值取向的集中展现。数字技术作为一种具有三维性的空间技术，具有很强的继承性和创新性。数字技术发展的历史可以划分为 3 个阶段：一是电子计算机出现和广泛应用阶段；二是网络形成和普及阶段；三是各类人工智能技术、元宇宙等快速发展阶段。数字技术作为一种技术形态，通过数字化转型不断创新并广泛应用于各个领域，在推动社会发展和变革的同时带来了新的空间，这种空间是数字技术建构的社会空间。在数字时代，工具理性成为支配文化生产的价值取向。资本逻辑对文化的侵蚀和异化，最

① 徐光春主编：《马克思主义大辞典》，武汉，崇文书局 2017 年版，第 80 页。

② 《马克思恩格斯文集》第 7 卷，北京，人民出版社 2009 年版，第 940 页。

明显的是对人的价值观念、思维方式、行为习惯、心理状态的影响，导致了人与社会、人与自然以及人与自我关系的疏离和异化。在资本逻辑的支配下，人们追求效率，无视效率所带来的后果，过分追求工具理性。这种工具理性主要表现为把人类对社会、自然和自身关系的认识，异化成对技术工具的掌握和使用。从资本主义社会发展历程来看，随着技术尤其是数字技术的发展，资本主义社会开始转向以实现资本逻辑为主导，产生了“为资本增殖服务”“以资本增殖为目的”“逐利”等一系列内在观念。在这种资本逻辑支配的观念下，人们通过工具理性来达到自身目的，而不是通过主体自身来实现。对这种以“求利”为目的的工具理性支配下的文化生产，需要从社会制度层面和个人价值层面进行应对，以抑制数字时代文化生产的资本逻辑，以追求利润最大化为目的的价值取向在文化生产中并不能占主要矛盾。文化产品的价值也是其所包含的意识形态的反映，意识形态内涵则体现了文化产品的一部分价值和意义。文化产品的价值是文化产品对人来说所具有的意义，是社会生活在人们头脑中反映出来的并能够高于社会生活，能够对于人和社会具有指导意义或约束意义的思想观念、道德规范、宗教信仰、文学艺术、科学知识等文化现象的总和。

马克思指出资本是通过人在生产活动与生活交往中使人的社会关系具有了物的属性，而这种物的形式是脱离于人自身的。在资本主义社会，这样的无生命客体以不断更新的技术开始了与人的相互关联，而资本的神秘化过程正是以最新技术为依托和遮蔽的。技术集中于资本的结果是人类文明发展实现了从自然崇拜到资本拜物教的转变，在生活呈现表面繁荣的时候，会迫使任何的现实因素去服从这一物质富足的表象。资本在资本主义生产方式中的核心地位趋于隐性，得益于资本积累以数字技术在社会普及的广度为重要依托，正因不处于专业领域的人们对数字技术这样的新兴技术来说在开始时候的认识总是感性的，资本逻辑才获得了依托数字技术维护自身“神秘性”的所谓合理方式。

二、资本逻辑对生产、生活方式的宰制

数字时代资本逻辑的文化表征体现在对生产、生活方式的控制过程中，集中表现就是人们在实际生活中的“技术焦虑”。数字技术不断前进，而人面对这些技术，则有道德上的“焦虑”。资本正是利用这一时机，使得数字技术进步的“身价”猛涨，不论是真的数字技术进步还是资本营造数字技术进步的假象，回避数字技术进步与实际需要的矛盾，这可能导致真正的技术进步被忽略，比如，很多数字商品在营销中使用消费者根本看不懂的技术名词。资本控制下的主体不仅受制于商品拜物教，而且是通过商品体现自身。马克思指出：“资本主义生产方式占统治地位的社会的财富，表现为‘庞大的商品堆积’。”[①]之后居伊·德波（Guy Debord）认为当前整个社会生活显示为一种巨大的景观的积聚，“景观并非一个图像集合，而是人与人之间的一种社会关系，通过图像的中介而建立的关系”[②]。从这里的关系、中介等可以看出，景观就是德波之后所说的积累到某种程度的资本，德波的景观论没有脱离马克思对资本与人的实质的论述，我们需要思考“图像的中介”是不是技术造成的，比如资本热炒的一些虚拟现实技术，是否真的重新定义了人与人的关系。但有一点是确定的，即人们的日常文化生活正越来越由最新技术形式规定和塑造，正如恩格斯谈到了技术发展对军事装备的影响，“技术每天都在无情地把一切东西，甚至是刚刚开始使用的东西当做已经无用的东西加以抛弃”[③]。如今在数字资本主义条

① 《马克思恩格斯文集》第5卷，北京，人民出版社2009年版，第47页。

② ［法］居伊·德波：《景观社会》，张新木译，南京，南京大学出版社2017年版，第4页。

③ 《马克思恩格斯全集》第29卷，北京，人民出版社2020年版，第472页。

件下，被资本裹挟的数字技术不再仅仅局限于某一领域，并且还在不断加深着这种“无情”。人们的数字技术焦虑已不再是真正对技术本身的恐惧，看似是数字技术进步带来的普遍文化焦虑，背后的资本逻辑才造成了最大的数字技术焦虑，仅靠技术本身已经不能完成这种塑造。数字技术的焦虑正在成为人在资本逻辑场域中的焦虑，这种焦虑不过是担心自己被拜物教开除“教籍”而已。因此人们对新兴的数字技术要么穷追猛赶，为资本效力；要么放弃进步，成为为资本带来消费的奴仆。资本不断贩卖商品的“技术含量”，营造“技术焦虑”，而在这种资本营造的“技术社会化”的表象中，个体对数字技术的崇拜和焦虑的情绪交织，二者间的矛盾正是数字时代资本逻辑在社会文化生活领域不断扩张的体现。

数字时代是资本逻辑宰制和支配资本主义社会发展的新阶段，主要表现在生产领域和生活领域两个方面。在数字时代，人们在生产方式上越来越依赖数字技术，生活方式上越来越依赖数字消费。只有深刻认识这一点，才能真正把握资本逻辑对资本主义社会发展的控制。一方面，数字技术与数字产品是资本逻辑宰制和支配人类社会发展的重要载体。随着数字技术和数字产品在社会各领域中的应用日益广泛，资本逻辑对其进行宰制和支配作用日益显现。在人工智能、大数据、云计算以及 5G 等技术的加持下，资本逻辑宰制人类社会发展的方式更加隐蔽化、智能化和数字化，这种资本逻辑的宰制能力如果不加约束，可能随着数字技术的发展变得越发强大。另一方面，资本逻辑条件下的数字商品悄然转变为对生活空间的渗透与控制，通过大数据等技术塑造消费习惯、引导生活方式等手段，同样服务于剩余价值的持续创造与积累。这种支配关系不仅限定了人们的经济行为，更在某种程度上塑造了人们的思维方式、价值观念乃至社会交往模式，使得个体在生产活动、日常生活以及社会互动中，往往不自觉地处于被引导、被塑造乃至被奴役的状态。资本逻辑在生活空间上的宰制表现在数字技术控制了人们的身体，使人们失去了自由活动、自由交往和自由时间。当人们从事数字技术生产时，就不能完全自由地掌握自己的劳动，不能按自己的意愿进行工作、休息和娱乐。数字技术让人失去了生活空间上的自由，人们不得不被囚禁在一个数字空间之中，并且必须在这个虚拟空间中进行工作、学习、生活和休闲等活动。由于资本逻辑主导着人们的生活方式，所以人们就无法摆脱资本逻辑对自己的宰制，无法按自己想要的方式生活。当人不再是自由自主地选择生活方式时，人就不仅仅是劳动的异化，而是出现了生活的异化。人失去了自由选择生活方式的能力时，不仅在生产领域，而且在生活领域也被资本逻辑统治。数字时代的未来发展仍然是一个充满着不确定性和不可预见性的时代，数字技术以其自身的特性让我们看到了未来世界发展趋势：数字技术可能会越来越多地控制人类，使人类社会朝着资本逻辑所期望的方向发展，而人们也会越来越依赖数字技术进行生产和生活。资本逻辑以其普遍性和强大力量，深刻影响着发展的方方面面。它不仅在物质领域占据主导地位，更在精神、个人、社会、政治及经济等多个维度施加影响，且这些维度在资本逻辑的渗透下日益融合，界限趋于模糊。资本逻辑并非静止不动，而是随着时代变迁展现出鲜明的阶段性特征。数字时代的资本逻辑对人类社会的影响更加复杂而深远。在生产与生活两大领域，其界限变得越发模糊，尤以数字产品为例，它们已从单纯的娱乐工具转变为人们生活中不可或缺的一部分，既促进了生产领域的效率提升与技术革新，又满足了人们日益增长的精神文化需求，成为文化传播与创新的重要载体。然而，数字技术的广泛应用也伴随着一系列挑战。在生产领域，尽管数字技术推动了社会分工的精细化，但也可能导致人的全面发展受到局限，个体可能过度专注于某一特定技能，而忽视了其他能力的培养。而在生活领域，数字消费的普及虽然带来了便利，但也可能成为束缚个人自由发展的枷锁，导致人们在享受技术红利的同时，也面临着信息过载、隐私泄露等问题。

三、资本逻辑试图塑造的价值追求

在数字时代，资本寻求与数字技术的联合过程试图塑造文明发展的价值走向，而文化生产要实现价值目标，就必须以“求利”为目的，以追求利润最大化为目的。这一点在数字时代“资本逻辑”支配下的文化生产中表现得淋漓尽致。

数字技术的发展拓展了资本的运动空间，促成了资本逻辑的扩张和强化，资本逻辑成为资本运动的核心力量。资本逻辑不断演变为“经济—政治—文化—社会”一体化运动，在社会各个层面试图塑造数字时代的价值追求，以实现其“超时间、超历史、超地域”的发展目标。资本逻辑对数字技术和数字经济的塑造与拓展，导致数字技术和数字经济成为资本运动的重要领域，其内在矛盾为资本逻辑运行所掩盖。随着生产要素和生产关系的不断数字化、网络化、智能化，资本的运动空间从传统实体空间不断扩展到虚拟空间。资本逻辑的价值增殖能力不是只局限于现实世界，还能延伸至数字空间等虚拟世界的广阔领域，得益于数字技术这一对绝大多数传统产业都能够进行深刻变革的技术力量，如同一座桥梁，将生产资料、劳动者与消费者紧密融合，构建起一个以数字化为核心的生产、分配、交换与消费的全新生态体系。数字技术和数据本身，兼具了信息载体的知识性与资源载体的价值性，它们既是推动生产进步的利器，也是构成生产要素不可或缺的一部分。这种双重属性为经济活动开辟了前所未有的发展空间，潜力无限。同时，资本逻辑也选择了数字资本这一新的形式，虽然在内容上没有根本变化，但这种资本形式显著区别于传统资本形式，它深度融合了数字化、网络化与智能化的特征，不仅在经济领域展现出蓬勃的发展势头，更在文化构建与价值塑造方面发挥着举足轻重的作用。

数字资本主义塑造的“赛博朋克式”的幻想世界体现出的最大危机，在于无论是处于控制论顶层的资本团体和大财阀，还是掌握权柄与资本联合的政治家，都成为资本逻辑结合数字技术塑造的为其“神秘性”服务的“牧师”角色。这是因为资本逻辑扩张的空间在资本主义发展早期阶段是物质性空间，必然是有限的，并随着世界市场的形成出现饱和，资本逻辑早已经不满足于空间扩张，马克思、恩格斯在《共产党宣言》中所说的“驱使资产阶级奔走于全球各地”[①]，如今，这已不单单是资产阶级，而是资本意志直接控制数字技术并企图使全球文化归于一统。然而，技术乐观主义者们却认为最新乃至未来的技术能够与当下的生产、消费天然和谐相处，技术进步可以解决一切文明进步遇到的难题。事实上资本也用一种表面上的物质文明繁荣营造了这样一种文化氛围，不过是掩盖了资本逻辑在文明价值创造上的反目的性，鲍德里亚批判了列斐伏尔（Henri Lefebvre）的所有技术都只会为日常生活服务的观点，鲍德里亚认为技术的理性中立只存在一个初等层次，“如果想要有一个由技术而来的日常生活革命，那么便先要对整个体系进行革命，使得技术不再是它今天所是之物”[②]。而当技术发展到一定程度，连科学也开始需要依赖技术，恩格斯在1894年写给德国大学生的信中就提醒到：“如果像您所说的，技术在很大程度上依赖于科学状况，那么，科学则在更大得多的程度上依赖于技术的状况和需要。”[③]如今资本主义的数字技术统治已经不单单是局限于意识形态领域，它的触角已经深入人的各个生活领域甚至思维领域进行控制，“技术统治的意识是不太可能受到反思攻击的，因为它不再仅仅是意识形态，因为它

---

① 《马克思恩格斯文集》第2卷，北京，人民出版社2009年版，第35页。

② ［法］让·鲍德里亚：《物体系》，林志明译，上海，上海人民出版社2019年版，第230页。

③ 《马克思恩格斯文集》第10卷，北京，人民出版社2009年版，第668页。

所表达的不再是‘美好生活’的设想”[①]。

第二节　数字时代资本逻辑文化表征为文化主体性建设带来的挑战

无论数字时代技术发展到何种程度，资本逻辑都是将人的自身力量或者因客观历史发展条件尚未拥有的力量赋予了一个技术符号或形象，在这个意义上，文化就成为资本逻辑实现其社会效力的重要表现，鉴于文化在广泛领域内展现出的普遍性特征，它自然而然地为资本逻辑这一普遍化形式的传播与渗透构筑了适宜的土壤。在数字时代的文化繁荣之中，资本逻辑巧妙地与之融合，利用文化的普遍影响力，将其追求特定利益的目标包装得既合理又正当，从而在更广泛的社会层面上获得认同与接受。在这一状态中，人的关系的颠倒表现为物的关系，物的关系取得独立后反而开始支配人，这一重视物的关系而不是人的关系的社会文化现象的形成，正是资本逻辑为实现其文化效力的必然选择。以美国为例，自 20 世纪 80 年代以来，美国的文化产业得到了前所未有的发展。美国的电影、音乐、电视、游戏等行业获得了大量利润，美国成为世界上最大的文化产品出口国。美国国内文化产业的蓬勃发展引起了世界各国对其文化产品的强烈兴趣，在全球范围内掀起了一股美国文化热。在全球资本主义社会中，资本主义经济与文化之间存在着天然的联系与相互依存关系。然而，当资本主义进入后工业时代，资本逻辑可能不再是推动整个社会各个领域发展的动力机制时，资本逻辑所产生的问题便开始显现出来。西方国家在全球化浪

① ［德］哈贝马斯：《作为“意识形态”的技术与科学》，李黎、郭官义译，上海，学林出版社 1999 年版，第 69 页。

潮中深陷“中等收入陷阱”困境之中，发达国家由于其拥有先进技术和强大资本实力等优势而具备较强的文化话语权，但也正是这些发达国家所代表的“现代文明”给整个人类社会带来了诸多负面影响。

显然，数字时代资本逻辑的文化表征更多体现在数字资本之上，数字资本通过将人和物从物理空间分离的方式来实现人与人之间的连接，进而实现了对传统经济运行方式的颠覆。然而，这种数字发展模式却引发了一系列矛盾和问题，这些矛盾和问题往往随着数字技术的快速发展而被掩盖了。在工业经济时代，资本逻辑的核心紧紧围绕着增殖最大化，随着利润总是趋近于平均利润，大部分领域的资本能达到一定的动态平衡。步入数字时代，资本流向发生了显著变化，大量资本涌入数字经济领域，它们不再仅仅依赖于扩大生产规模的传统路径，而是以数字资本的新形式展现出前所未有的活力与策略，通过深度挖掘与分析用户数据、行为模式等大数据信息颠覆了传统的工业领域格局。正是看到了数字资本发展所带来的这种趋势，越来越多的人开始将目光聚焦到了数字资本身上。通过将人们从实体经济当中分离出来，进而实现对人们日常生活方式和习惯的改变。然而，这种以改变人们生活方式为主要目的的资本运作其实与传统时代资本运作并没有本质区别，只不过是换了一种形式而已。因此，数字资本主义模式遭遇到的困境依然没有脱离传统资本主义的本质，需要找到新的发展模式来破解难题。

一、资本逻辑依据数字技术的文化规制

数字时代的数字技术已经真正渗透到经济以外的生活领域，使精神活动和物质活动的界限越来越不明显。无论是数字产业自身创造的社会价值，还是其他传统行业通过运用数字技术所创造的社会价值，“很难判断

其是精神活动还是物质活动所创造的，而且越来越具有融合性”[①]，尤其是从事物质劳动的人们一样可以通过数字技术转型到更高程度的精神劳动。在这个问题上，马克思发现了资本主义的技术文明打破了对“单纯自然力”的崇拜，人类社会发展早期为自然营造的神秘一面逐渐瓦解，“机械工厂一旦建立，不断地改进机器就成为目的”[②]。此时不是人的自身需要与意识通过依靠技术来支配自然力，而是资本支配自然力，“技术化自然力被广泛应用于社会化大生产”[③]。“数字技术与其他技术创新本质上并无二致。在资本时代，数字技术的本质是资本增殖技术，它的使命是满足资本增殖和资本统治的需要。”[④]

在资本逻辑的主导下，数字资本主义条件下的文化产业异化成为资本逻辑的附庸，导致了文化生产、传播和消费的异化。文化产品很多不再是由劳动人民创造的，而是由资本家、明星、艺人等文化资本力量生产出来的，本身也成为资本主义社会中资本逻辑的外在表现形式。资本逻辑作为一种无形力量，它不仅表现在文化产品上，而且还表现在文化产品的传播上。资本逻辑巧妙地利用文化产品作为载体，将资本主义的意识形态与价值观念通过各种新奇的文化产品传播至全球每一个角落。这一过程通过制造“流行文化”和“大众文化”的趋势，不仅巩固了资本主义的统治地位，还为其带来了丰厚的经济回报。即便在资本逻辑面临挑战或转型的情境下，文化产品作为传播媒介的作用非但不会减弱，反而可能更加凸显。

① 王芳、于少青：《“互联网 +”的逻辑转变与共产主义道路旨向——对〈德意志意识形态〉中分工与人的发展理论的思考》，《毛泽东邓小平理论研究》2018 年第 2 期。

② 《马克思恩格斯文集》第 8 卷，北京，人民出版社 2009 年版，第 351 页。

③ 王圆圆：《马克思“资本—劳动”关系思想及其时代价值——基于〈资本论〉的文本研究》，《马克思主义与现实》2021 年第 1 期。

④ 姜英华：《数字时代资本逻辑的政治经济学批判》，《天府新论》2021 年第 5 期。

尽管数字技术为文化产业带来了新的发展机遇和可能性，但同时也加剧了文化产业对资本逻辑的依赖和受制程度。为了克服和摆脱资本逻辑对文化产业的侵蚀，我们必须全面认识数字技术对文化产业的影响。既要看到数字技术对文化产业发展所起到的积极作用，又要看到数字技术与数字资本之间存在着复杂联系，以及在运用数字技术过程中产生的异化现象。

当代数字资本主义社会中，数字文化产业成为西方资本的主要阵地，在文化产品的生产、流通和消费环节上，资本逻辑渗透其中实现了对人的全面控制，这就造成了文化产业的异化。马克思在《资本论》中强调了资本的逻辑是从商品出发，通过商品来实现其增殖目的的一种逻辑。随着数字技术的发展，商品形式已经有了新的表现形式，数字商品成为资本逻辑实施其增殖的目的和手段。从具体表现来看，数字技术通过对资本逻辑进行解构和再创造，在文化产业领域得到了广泛应用。数字时代的文化产业不是传统意义上的物质生产活动，而是以人的精神需要为中心、以虚拟产品为载体、以各种新兴数字技术为手段的文化生产活动。在这样的生产活动中，资本逻辑同样能限制人的主体性，直至人的主体性被消解。这种虚拟文化商品同样不是生产者自己想要创造出来的东西，而是由机器大工业所制造出来的东西。资本逻辑在文化产业中进行充分渗透后，在其主导下形成了文化产业的异化。随着文化大工业生产的发展，文化生产社会化程度也越来越深，资本之间的分工协作关系日益加强，资本在文化生产之间的联系日益密切，资本的共同利益使他们暂时把资本之间的竞争矛盾放在一边，而联合起来形成一支新的文化力量。所以资本逻辑对数字技术的掌控，已经成为数字资本主义的一种普遍现象。数字技术促进了文化生产、传播和消费方式的变革，但这种变革不能完全依赖于数字技术。在数字技术的作用下，文化生产、传播和消费等方面的变化并不是因为技术进步，而是因为资本逻辑的作用。

如此看来，资本寻求依据数字技术带来的经济发展，却可能在文化上成为一个反向的对人具有威胁性的可能。现代资本逻辑的异化扩张造成拥有“世界历史”的人们，却因此在精神生活上显得更加“孤独”，其个体需求和社会需要被资本逻辑完全规制，资本主义生产方式下的技术文明，逐渐变为服务于脱离人们生活现实的一种“虚无的生产方式”。而马克思对资本批判的时代是资本的发迹时代，资本前进的势头与技术进步同样猛烈。进入全球化时代，“资本与技术紧密结合在一起渗透到各个地区，成为资本新一轮增殖的重要手段。所以我们也要对技术保持警惕”[①]。虽然资本逻辑的这种“霸道”在文化角度上的垄断似乎无懈可击，但是如果经济上特定生产方式的持续衰弱，自然会导致形成这种方式的文化形式进一步解体，才能将社会中大部分群体需要转化为真实有效的，而非资本逻辑所营造的，这需要占社会主导地位的进步集团的坚强意志。

二、“数字拜物教”带来的发展桎梏

正是由于资本逻辑继承了传统宗教到拜物教的“神秘性”特质，这也使得资本逻辑对社会文化的掌控取得了隐蔽性和“合法性”。拜物教主要集中体现外在于人的力量对人自身生存发展的控制，在数字时代，正是资本选择了“数字拜物教”形式，在实际发展过程中形成了资本逻辑的文化宰制，表现在从物与物、人与人关系方面实现的生产、生活方式中对人的双重异化与控制。“数字拜物教”是一种新兴的社会现象，其核心在于对数字技术手段的过度崇拜与依赖，以至于这些技术手段在某种程度上取代了传统的劳动工具与方式，形成了一种新型的拜物教形态。这一现象以其独特的迷惑性、欺骗性和隐蔽性，正悄然影响着资本主义社会的秩序与生

① 刘同舫：《技术的当代哲学视野》，北京，人民出版社 2017 年版，第 73 页。

产体系。在商品交换领域，“数字拜物教”利用先进的技术手段，将商品的实际使用价值转化为看似无形却极具吸引力的“虚拟交换价值”。通过数字技术的可复制性和信息网络的广泛传播，各类商品、服务乃至数据被整合成一个庞大的交换体系，数字技术在此过程中被赋予了神秘而崇高的地位，成为人们心中难以言喻的“信仰”与价值取向。这种观念引导下的盲目崇拜，使得人们在无形中受到数字技术的操控与影响。在服务消费领域，“数字拜物教”通过构建各种数字平台，将服务与产品紧密捆绑，将消费者置于这一交换体系的中心。平台通过提供多样化的服务与产品，吸引并培养消费者的依赖心理与习惯，使得消费者逐渐将平台视为生活中不可或缺的一部分。这种依赖与认同，不仅加深了人们对数字技术的迷信，也进一步固化了社会关系的虚拟化与阶层化。“数字拜物教”的本质，在于对人的物化与异化。它不仅体现在数字技术本身被赋予了超越其实际功能的神圣地位，更在于这种观念深刻影响了人们的思维方式和价值观念。在数字资本主义的语境下，人的本质——作为社会关系总和的丰富性被掩盖，取而代之的是对数字技术的盲目追求与依赖。这种现象不仅阻碍了生产力的健康发展，更限制了人的自由全面发展。

“数字拜物教”在当代资本主义社会中的出现也是资本主义制度发展到一定阶段的必然产物。“数字拜物教”虽然是人类社会技术发展历程中出现的新现象，但它反映的仍然是人对自身、对人与物的关系及其发展结果进行认识和改造时所产生的异化现象。尽管在马克思、恩格斯看来，各种拜物教并不是人类历史上唯一出现过的现象，但“数字拜物教”毕竟是数字资本主义及其价值观在数字时代产生的一种新表现，并以一种隐蔽、复杂、深远和深刻的方式影响着资本主义社会秩序。数字拜物教是把人的抽象劳动这一主要社会属性转移到数字商品中，数字自身也变成了一种商品。马克思对拜物教的批判，其核心并不局限于对其外在表现形式的揭露，而是深入剖析了隐藏在背后的资本逻辑，旨在揭示资本如何以其独特的运作方式，塑造并扭曲了人与物、劳动与产品的关系，从而巩固了资本主义的统治基础。因此，数字拜物教的社会存在对于日常生活中当事人来说也是客观的，并且他们无法穿越这种社会生活的假象而深陷其中。现实生活中存在的就是物与物的关系，存在就是数字拜物教的文化宰制。

三、人的发展价值缺失

无论是资本逻辑依据数字技术带来的文化规制还是发展桎梏，数字时代资本逻辑文化表征归根到底的矛盾体现在人的发展价值缺失，这是由于资本逻辑可能以自由的名义设置数字信息垄断的陷阱。

资本积累往往以牺牲人的发展价值为代价，这不仅极大地限制了人的自由全面发展，还不可避免地导致了劳动的异化。然而，从另一个维度审视，这一过程也蕴含着人寻求自我解放的契机。资本逻辑的核心诉求在于经济价值的最大化，而数字技术恰好成为其实现这一目标的强大工具。但值得注意的是，人的真正解放应当根植于劳动实践的深刻变革之中。在资本主义生产方式下，劳动异化和资本逻辑的交织作用，不可避免地引发了人际关系、人与社会关系以及人自身内部的异化现象。与此相对，社会主义生产方式致力于克服这些异化，力求将劳动重塑为人实现自我解放和自由全面发展的实践途径。在这一理想的社会形态中，个体之间以及个体与社会之间将构建起一种新型的“自由人联合体”，其中每个成员都是独立、自由且全面发展的个体，能够自由追求自身的发展价值。这种新型社会关系强调相互联系、相互依赖与相互促进，而非孤立、分离或对立。数字技术条件下，通过人工智能等机器代替人力进行生产，并没有否定人的价值，而是对机器大工业时代人的发展价值缺失的再挖掘。数字技术作为当代社会不可或缺的创新工具，其出现并非为了取代劳动者在生产活动中的地位，而是作为一个强大的辅助力量，拓展人类的劳动边界，提升劳动效率与质量。

社会的全面进步能不能真正满足人民对美好生活的需要，仍在于其是否能够克服和摆脱传统发展方式中已有的弊病，能不能处理好在推动全面发展中人与人之间的关系，即解决如何摆脱资本逻辑的束缚，实现人的自由而不是资本的自由。马克思指出："在自由竞争中自由的并不是个人，而是资本。只要以资本为基础的生产还是发展社会生产力所必需的、因而是最适当的形式，个人在资本的纯粹条件范围内的运动，就表现为个人的自由，然而，人们又通过不断回顾被自由竞争所摧毁的那些限制来把这种自由教条地宣扬为自由。"[①]在数字时代，人的发展要旨应该是要时刻关注人与人之间在组织信息基础中获得和分享上的不平等问题，而不能落入资本逻辑依据数字技术进行垄断的陷阱。在市场经济发展的大潮下，一部分资本集团利益既得者依靠垄断优势，以自由的名义通过掌握和控制更多的数据信息和话语权，来持续维护自己的不正当利益，把个体的发展局限于其所在社会分工的必然性，便极力在社会文化上塑造这种价值观的正当性，这便违背了社会主义需要推动实现人全面发展的根本原则。而要弥补人的这种数字文化差距，不仅仅是依靠物质上的数字技术进步，更是需要减少在获取和使用数字技术机会上的差异或者不自由，从而能够在经济与社会发展中进行数字信息基础的整体构建。单纯经济上造成的垄断并不可怕，可怕的是以一种自由的名义迷惑公众，使数字技术形成对发展机会上的垄断，可能会对整个发展造成致命威胁。只有解决好这个问题，才能为人的全面发展提供坚实基础。

具体来看，首先从文化消费上说，文化消费本质上是一种为了满足个

① 《马克思恩格斯文集》第8卷，北京，人民出版社2009年版，第179页。

体精神追求而展开的针对物质文化产品的消费行为，它在文化产品价值实现链条中占据着最后一环。然而，在资本主义逻辑影响下的文化消费模式发生了扭曲，主要体现在两大方面：一方面，旨在滋养心灵、丰富精神世界的文化消费活动逐渐偏离了初衷，演变为一种过度追求形式化、表面化的消费潮流；另一方面，人们开始将文化产品视为彰显身份地位、追求物质奢华的手段，而不重视其承载的文化内涵和精神价值。在这种消费模式下，文化产品被赋予了过多的物质属性，其精神属性则被严重忽视，甚至被边缘化。其次是文化产品生产异化，资本逻辑以“资本”作为主要逻辑起点，在生产领域、分配领域、交换领域和消费领域内渗透，使整个社会的经济运行方式发生了巨大变化，其中最显著的变化就是“生产的异化”。生产异化是指在资本主义生产关系下，生产者不是把自己的产品当作满足社会需要的手段，而是把产品当作自身发展需要的结果，从而导致生产过程与其目的相分离、生产过程与其本质相异化。这种生产异化在文化产品领域也有所表现，即文化产品的价值实现过程被资本逻辑掌控和控制，成为资本逻辑实现自身增殖的重要工具。因此，文化产品生产异化具体表现为文化产品生产目的、过程、结果等方面都呈现出明显的资本化发展特征。最后是文化产业发展异化，文化产业作为一种资本逻辑支配下的文化形式，其发展也不可避免地受到资本逻辑的影响。尤其是在西方数字资本主义条件下，文化产业的发展过程，实质上是资本逻辑对文化产品价值实现过程的异化。在资本逻辑的支配下，文化产业成为文化产品价值实现过程中的“异己物”，呈现出以资本为中心、以市场为导向、以利益为驱动、以娱乐为目的等特征。在文化产业发展过程中，资本通过对物质产品和精神产品生产过程的控制和支配，使文化产品和精神产品丧失了原有的价值属性，逐渐被市场“消化”。从这个角度来看，文化产业发展异化就是在物与人、主体与客体、生产与消费之间制造了“一道墙”。

四、元宇宙语境中资本逻辑的数字文化呈现

随着全球数字时代发展的广泛深入，数字资本主义进入元宇宙的概念时代，元宇宙逐渐成为资本逻辑渗透到文化领域的数字呈现。立足马克思对资本逻辑的文化批判思想，研究数字时代资本逻辑的文化渗透，集中体现为资本拜物教的观念形式采用了数字外壳，而元宇宙致力打造“虚实融合”的可能后果是文化发展脱离物质生产，资本逻辑的数字文化宰制进一步使人的存在不断抽象化，造成发展的文化意义缺失。以元宇宙为新兴形式的数字文明未来发展在于超越资本逻辑，实现精神维度上人的解放。

目前对元宇宙概念和问题的研究已初具规模，有从哲学角度丰富了物质与精神的关系研究，有从技术角度讨论了元宇宙的技术性难题和实现可能，亦有从媒体传播角度研究其存在的舆论泡沫与资本操纵风险。一个具有前瞻性的概念或知识，从初次言说到成为成熟体系再到新基础设施建设和大规模普及需要长达数年的时间，而“元宇宙”作为这样一个概念，同样也带有感性且模糊的数字乌托邦色彩。正如人类历史上的众多技术发明，在诞生初期都寄托着我们对实现公平正义的美好情感。在相关数字技术尚未得到根本性突破的前提下，元宇宙更多成为一种社会文化现象，成为承载着人们曾经憧憬却仍未完全得到实现的情感价值需求，这也凸显了元宇宙的研究价值。从历史唯物主义的视角来看，采用数字技术的生产方式是一种新的形式，并不意味着可以脱离马克思所论述的真实的历史的物质生产方式，而单纯依靠元宇宙营造的虚拟景观来超越已有资本拜物教的观念形式，只是西方数字资本主义试图带来的一种浪漫主义幻想，不可能真正实现人的自由全面发展，其更多的是开启了一种文化批判的新思考，即资本逻辑征用的文化越来越以数字化的新方式呈现。元宇宙在数字领域创造的诸多文化现象，依旧体现在个人与社会、个体与资本、资本与技术

的复杂关系中。我们需要依据马克思的资本逻辑批判思想，在文化维度上探究元宇宙语境中资本逻辑数字呈现的核心问题及其后果，从而在数字文明发展的浪潮中，担负起新时代的文化使命，继续推进社会主义文化强国建设。

（一）元宇宙语境中马克思对资本逻辑文化批判的内容要义

在马克思看来，资本是研究现代社会发展问题的不可忽视的力量，资本为技术的成长提供了重要的支持条件，人类社会进入资本主义时代以来，这一趋势已越发明显。西方数字资本主义发展至元宇宙的概念阶段所出现的各种问题，都没有脱离资本逻辑的范畴，这关乎从数字时代文化的价值取向视角来理解数字文明发展的实质。在西方数字资本主义条件下，“元宇宙”这个词的内涵无论经过多少次嬗变，都与资本逻辑依据数字技术对人的文化消费控制有关。正是这一实质决定了以元宇宙为代表的数字文化符号，成为资本为实现其在发展中的文化效力而选择的主要出场方式。

从资本逻辑在资本主义文化发展中的辩证法来看，资本的伟大文明作用在于它破除了把自然神话的现象，结束了人类被自然力完全奴役的历史，物质世界真正成为人的实践对象。资本逻辑渗透全球生产、生活领域的文化意义在于，一方面，它摧毁了传统社会统治阶级对文化资源的垄断和解释，解放了创造文化的生产力，极大地改变了人们的世界观和价值观。马克思、恩格斯在《共产党宣言》中认为，资本主义形成的世界市场不仅导致全球化的物质生产，而且必然导致了全球化的精神生产，“物质的生产是如此，精神的生产也是如此。各民族的精神产品成了公共的财产。民族的片面性和局限性日益成为不可能，于是由许多种民族的和地方的文学形成了一种世界的文学”[①]。这一“世界文学”就是创造了一个资本

① 《马克思恩格斯文集》第2卷，北京，人民出版社2009年版，第35页。

主义大众文化普及的世界，从传统社会到资本主义社会，文化变为社会个体也能享受到的资源。另一方面，资本逻辑是物化的社会关系之抽象主体按照理性、自利和最大化原则进行自我生产的过程。“它现已渗透到社会生活的一切领域而成为‘普照的光’，乃是这个时代的隐秘本质。”[①]资本逻辑依据技术使得自然的存在被遮蔽，海德格尔就试图构筑一条解蔽之路，他认为这种遮蔽不是因为新技术可能造成的致命影响，而是因为将自然降格为可操纵的资源对人类文明产生了影响，“‘技术’这个名称是在十分本质性的意义上被理解的，以至于从其含义来讲，它就等于‘完成了的形而上学’这样一个称号”[②]。但海德格尔似乎没有说这是为“谁”工作的问题，马克思则发现了资本主义技术文明打破了对“单纯自然力”的崇拜，人类社会发展早期为自然营造的“神秘性”一面逐渐瓦解，此时不是人的自身意识通过依靠技术来适应自然力，而是资本支配自然力，资本接管了自然的“神秘性”。在西方数字资本主义条件下，以元宇宙为代表的数字技术营造的虚拟世界发展到极致的“赛博朋克”，实际上也是人精神世界的一种折射，马克思揭示了精神世界的依据在于现实生活世界，精神世界并非独立王国，认为存在独立精神王国的幻想是统治阶级维护自身利益或集团利益的意识形态编造。如此一来，物质世界的强大和人精神世界的渺小形成了鲜明对比，使西方数字资本主义条件下科学技术的力量造就了“高科技、低生活”的强烈文化反差，人和物的关系在虚拟世界中被进一步颠倒。

从资本逻辑塑造的数字资本主义文化发展价值走向来看，资本逻辑是

---

① 张有奎:《资本逻辑与虚无主义》，北京，中国社会科学出版社 2017 年版，第 101 页。

② ［德］海德格尔:《演讲与论文集》，孙周兴译，北京，商务印书馆 2020 年版，第 84 页。

在不断通过生产方式与生活方式的控制中塑造了数字资本主义文化发展的价值走向。元宇宙式的幻想虚拟世界体现出的最大危机，在于资本逻辑的扩张不再聚焦于物质空间，资本逻辑已经开始寻求在虚拟空间新的增长动力与扩张路径。资本巧妙地利用看似物质文明高度繁荣的表象，营造了一种数字技术高度发展的文化氛围，实则掩盖了资本逻辑在推动文明价值创造过程中的反目的性，即对文明和文化多样性的侵蚀。在数字资本主义时代，元宇宙并不单单指某一特定的数字虚拟世界，它是通过数字化实现的一个所有虚拟化世界的更高集合，其中包括了现实和虚拟的融合。元宇宙背景下资本逻辑进一步融入数字技术中，在数字资本主义条件下加速了与人自身发展之间的矛盾，集中表现出人们对数字技术的发展是为了什么、能够做什么浑然不知。新兴数字技术发展越来越迅速，越来越发达，但人们能否正确认知和广泛运用则完全变成另外一回事，甚至出现“技术驱赶人”的现象。在资本逻辑场域中，这些都只是成为普通人在文化娱乐消费领域的噱头而已，似乎数字技术的进步大多只出现在生产方式领域，个体的生活方式越来越只停留在技术的表面，甚至是资本营造的虚假的“技术景观”和“技术消费”中。在这样的发展方式下，元宇宙就可能成为数字资本主义条件下，资本逻辑塑造其文化发展价值走向的一个高级状态。

从资本拜物教成为资本逻辑实现其文化效力的出场方式来看，马克思对资本逻辑文化批判集中表现为对资本拜物教批判的观念形式，其揭示了资本主义条件下拜物教产生的历史根源，需要明确的是，正是这一历史根源，决定了资本拜物教观念形式在资本主义发展阶段出现的历史必然。马克思指出，既然资本主义在物质领域造成物对人的统治、产品对工人的统治现象，那么资本主义生产中的这种主客颠倒的现象，同意识形态领域内宗教的情况一样，“这种对立的形式是必须经过的，正像人起初必须以宗教的形式把自己的精神力量作为独立的力量来与自己相对立完全一样。这是人本身的劳动的异化过程”[①]。这正是拜物教产生的历史根源与理论基础，马克思在与宗教相比喻的意义上谈论拜物教，从而赋予这个概念以新的含义。一方面，由于人的关系的颠倒表现为物的关系，物的关系取得独立反而开始支配人，这一重视物的关系而不是人的关系的社会文化现象的形成，正是资本逻辑为实现其文化效力的必然选择。另一方面，在现实革命失败的教训中，马克思不断认识到工人会陷入资本主义拜物教文化的泥淖中，被逐渐腐蚀掉革命的动力和热情，这决定了马克思确立其资本拜物教批判话语的现实必然。马克思认为人们的宗教信仰折射出前资本主义时代历史发展的最好可能性——把人类拥有和期待的最美好的品质赋予一个外在于人的实体或观念，其表现出的外在形象会反过来对人类生产、生活方式发号施令。所以，数字时代元宇宙概念的提出，就可能是人们将自身力量或者因客观历史发展条件尚未拥有的力量赋予了一个文化符号和形象，在这个意义上，以元宇宙为代表的数字文化就实现了资本拜物教社会效力的普遍性，正因文化在一定范围内具有普遍性，可以为资本拜物教观念形式之普遍性的传播和教化提供“场所”，资本拜物教就融合于数字资本主义文化中，借文化的普遍性将自身对特殊利益的诉求达成名正言顺的状态。

（二）元宇宙语境中资本逻辑数字呈现的核心问题

马克思对资本逻辑的文化批判思想为我们思考数字资本主义条件下元宇宙的出场时机、存在问题、未来前景提供了广阔视角和科学方法。“‘元宇宙’现象的出现是人类生产生活方式发展的历史必然，代表着人类生产方式生活化和生活方式生产化的发展趋势”[②]。元宇宙表面上是因技术而生，但更多涉及的是人存在形式的改变，也是一种人类文明的虚拟生态延

---

① 《马克思恩格斯文集》第 8 卷，北京，人民出版社 2009 年版，第 469 页。

② 王建红：《“元宇宙”现象的历史唯物主义探析》，《江淮论坛》2022 年第 2 期。

续。人类社会发展历史中的绝大多数技术是适应改造当时环境的产物，它吸纳了相应历史条件下占主导地位的文化价值观，并进一步强化了这些特征，这也是在西方数字资本主义条件下，资本拜物教成为资本逻辑实现其文化效力之后采取的重要方式。尽管当代西方数字资本主义的技术工具和条件发生了形式上的变化，但其底层运作及其影响却是万变不离其宗的，“资本运作在适应数字时代的同时，仍然保持着排挤、榨取和剥削的基本特征”①，只不过这一特征变得更加隐蔽和多样，并且不再局限于经济生活领域，同时伴随着元宇宙催生的数字技术进步和观念渗透，在文化维度可能就会产生更多新的问题。

第一，可能造成脱离物质生产的“数字存在”。元宇宙是在现代数字技术基础上进一步创造形成的一种虚拟空间，它的发展至少在短时间内离不开虚拟现实、增强现实等最新数字虚拟设备，更离不开传统的计算机、网络通信设备。它的根本指向似乎不在于实体性的存在，而在于虚拟性，不是元宇宙本身的虚拟性，而是人的脱离实际物质生产的“数字存在”，产生了个体存在的虚拟性及社会关系的虚拟性。在不同的文化传统中，人性的内容本是多样的。但在数字资本主义条件下的元宇宙中，人被数字化为可计算性、合理化、机械化的原则，虚拟的形式看似多样，实体的内容却逐渐单一，且造成了精神活动和物质活动的界限越来越不明显。这样的元宇宙，一方面使得文化越来越不反映社会存在，逐渐脱离真实的社会意识，还使得原有领域的消费主义泛化到整个社会机制，忽略物质生产本身，表现为在资本逻辑支配下的大众文化把消费者图示化，取消了个体的感性经验，迎合娱乐化和消费主义，大众文化就成为资本逻辑合理性和其

---

① ［美］贾森·萨多夫斯基：《过度智能》，徐琦译，北京，中译出版社 2022 年版，第 64 页。

营造的意识形态的维护者。另一方面，从人与环境的角度看，在数字资本主义条件下的元宇宙世界，环境构成了媒介实体，将主体身份塑造成复杂的信息，“我”在极大程度上以“视觉化”呈现、以“符号”呈现。不同的是，元宇宙将个体逐渐变成技术环境的一部分，技术的变化成就了动态的个体。“真实与虚拟经过无数次内爆后，在最终的拟真模式中，资本会完成对世界的重新塑造，现实会成为由符号和模型所构建的超真实拟像，拟真中再也没有本体与表象之分。”[①]如此一来，原本处在真实物质生产活动中的人最终变为资本营造的虚拟“数字存在”，文化也因此再无实际的物质支撑。

第二，可能形成资本逻辑的数字文化宰制。元宇宙语境中的数字技术发展使得资本逻辑对社会文化的掌控取得了符号化和“正当性”，而马克思对资本拜物教的批判集中体现了外在于人的力量对人自身生存发展的控制，西方资本主义社会发展至数字资本主义阶段，资本选择了一种“数字拜物教”的形式，在实际发展过程中形成了资本逻辑的文化宰制，从物与物、人与人的关系方面实现了在生产、生活方式上对人的双重异化与控制。马克思以拜物教为切入点，主要是为了有力地回应并批判当时盛行的资产阶级政治经济学家的观点。这些经济学家往往将资本主义经济体系视为自然、合理且永恒的存在，忽视了其背后的剥削本质和社会不公。马克思通过揭示资本拜物教的内在机制，旨在揭露资本主义经济的虚幻性和剥削性。在数字时代，以元宇宙为外在呈现的“数字拜物教”的社会存在对于日常生活中的当事人来说是客观的，但他们无法穿越这种虚拟生活的假象而深陷其中。“人对数字的崇拜本质上是对数字背后的社会权力的崇

---

① 尤可可、王儒西：《元宇宙：数字化生存新机遇》，北京，电子工业出版社 2022 年版，第 33 页。

拜”[①]，元宇宙营造的虚拟世界使这种权力崇拜下的人与人的关系，呈现出物与物的关系，人的存在仿佛就是资本拜物教的文化表征，人们每天在现实世界客观发生的生产、生活方式越来越按照这种虚拟表现来进行，形成“虚拟世界对现实世界的剥削”[②]。文化与经济生活的界限正变得逐渐模糊，无论人们的物质生活还是精神生活都容易被资本逻辑殖民化，在数字资本主义条件下的元宇宙世界，整个社会文化呈现出“虚拟的趋同”。

马克思对资本拜物教的揭示不仅放在资本逻辑赋予的物的属性上，也在人与人之间的关系上，主要表现就是媒介技术的更新。在前资本主义社会，文化虽然是对社会生活的反映，受到社会发展程度的制约，也有自身的发展规律，但是没有脱离在不同的层次揭示、反思与批判社会生活。然而，近代资本主义的社会文化受资本逻辑的支配，导致社会个体也被资本逻辑宰制下的文化产业控制，局限于特定的文化消费中，人们很难拥有真正的休闲时间来发展自己社会关系的可能，而是用纯粹娱乐和消遣填充和打发时间。马克思认为资本逻辑借助媒介技术的更新实现对人的抽象统治。所以，元宇宙运用的技术媒介也会有着属于自己的拜物教，决定着属于这一“新宗教”的人际关系的方式，以及只有那些代表该媒介的人或团体才拥有的价值和权力。而“元宇宙的崛起，是相对主义、虚无主义完全占领当代文化的宣言，如同一个正在打开的‘潘多拉魔盒’”[③]，无论是相对主义还是虚无主义的占领与盛行，皆为资本逻辑数字文化宰制下的必然趋势。

第三，“数字劳工”可能会进一步加深人的抽象化。资本逻辑的数字

---

① 徐艳如：《数字拜物教的秘密及其背后的权力机制》，《马克思主义研究》2022年第6期。

② 李石：《元宇宙追问——哲学、政治学、经济学径路的探讨》，《求索》2023年第2期。

③ 刘永谋、李曈：《元宇宙陷阱》，北京，电子工业出版社2022年版，第99页。

文化宰制使“数字拜物教”的形式掩盖了资本拜物教的实质，进而忽略了“数字劳工”的问题。“数字劳工”是将数字技术作为生产资料的脑力劳动者和体力劳动者，包括生产者和使用者。西方数字资本主义条件下的元宇宙“数字劳工”可能做到了人的抽象化的极致，“数字劳工”成为“数字拜物教”不需要任何“宗教仪式”的信徒，资本同时为这种所谓“高级的”劳工营造“合理的”虚拟文化环境，似乎已经不再依赖于实体性的存在。“元宇宙带来的新体验，可能带来个人感知的极大拓展，打开一个超现实、超历史的可能性时空。在虚拟的世界里，符号成为建造房子的材料，想象成为打拼人生的驱力。”[①]也正如鲍德里亚对“符号拜物教”的批判：“拜物教所揭示的并不是对于实体（物或者主体）的迷恋，而是对于符码的迷恋，它控制了物与主体，使它们屈从于它的编排，将它们的存在抽象化。”[②]但鲍德里亚对“符号迷恋”文化现象的批判部分脱离了客观物质生产的现实考量，存在的抽象化不仅仅是符号的抽象化，而是人自身及其社会关系的抽象化。

数字资本主义条件下的个体，如果把自己完全投入技术更新，完成了技术上可能的革命，带来表面上的技术进步，那么人及其劳动会不断地被抽象化，人会像机器一样，失去价值观、同情心与敬畏之心，且不能在人的社会关系上带来任何结构性的改变。“凭借自动化，资本发现了真正将劳动归摄于其下的技术上充分的形式——在计算机程序的逻辑—数学形态中，劳动变得抽象了；活劳动被从生产过程中淘汰掉了，或者说是退化为残余功能；所有的生活条件都服从于自行普遍化的资本统治，与此紧密相

① 彭兰：《元宇宙之路的近虑与远忧——基于用户视角的需求—行为分析》，《探索与争鸣》2022 年第 7 期。

② ［法］让·鲍德里亚：《符号政治经济学批判》，夏莹译，南京，南京大学出版社 2015 年版，第 106 页。

关的是从事劳动的人丧失了能力。”[①]马克思对此的分析仍是在人的本质属性上，认为人与人的社会关系只是在表面上是自由和独立的，实际上却是冷漠和无情的，所以马克思指出：“这种独立一般只不过是错觉，确切些说，可叫做——在彼此关系冷漠的意义上——彼此漠不关心。”[②]社会关系被一个“陌生的”“独立”于个人的文化体系影响和调节，这个体系可能就成为现在或未来的元宇宙。在马克思那里，人是现实的个人，是有肉体的人，而不是抽象的人。人理解世界的方式应是来自人参与其中的关系，技术与人的关系同样如此。在数字资本主义条件下，资本逻辑主导的元宇宙会使得传统社会关系的内容成为数字技术关系的转译，表面上的“独立”成就了相互间的冷漠，大众文化的实质变为在对待技术的追逐与对待社会关系的盲目上，也是“游走于自己所认为的有益的劳动行为却并未给自己带来美好的生活的伦理怪圈中”[③]。

总的来说，西方数字资本主义条件下的元宇宙并没有超出资本逻辑的范畴，它是对资本逻辑的新表现进行了一种看似新的文化符号掩盖。归结起来，元宇宙语境中资本逻辑数字呈现的核心问题就是资本逻辑导致人类社会发展文化意义的缺失。文化对于人的意义而言具有本体的意义，文化本身就是人的精神之乡。文化不是只体现外在的形式，它的内在精神气质才是意义的负载。而元宇宙可能体现了数字时代文化之丰富，却不能忽视文化意义之缺失，不能取代对人的解放问题的追问。在社会主义文化强国的建设中，我们不但要关注文化的丰富性，更要关注文化精神及其对人的

① ［德］沃尔夫冈·弗里茨·豪格主编：《马克思主义历史考证大辞典》第1卷，俞可平等编译，北京，商务印书馆2018年版，第666页。

② 《马克思恩格斯文集》第8卷，北京，人民出版社2009年版，第58页。

③ 聂楠：《马克思劳动权利思想的内涵及其启示——基于〈资本论〉的文本分析》，《社会主义研究》2021年第1期。

真正意义，即人的精神解放。

（三）数字文明维度的应对之路：超越资本逻辑的精神解放

元宇宙究竟是数字文明发展的伟大创新，还是资本联合技术带来的又一个泡沫与谎言，取决于我们能否实现超越资本逻辑的精神解放。马克思、恩格斯在《德意志意识形态》的开篇说："迄今为止人们总是为自己造出关于自己本身、关于自己是何物或应当成为何物的种种虚假观念。他们按照自己关于神、关于标准人等等观念来建立自己的关系。他们头脑的产物不受他们支配。他们这些创造者屈从于自己的创造物。他们在幻象、观念、教条和臆想的存在物的枷锁下日渐委靡消沉，我们要把他们从中解放出来。"[①]在马克思、恩格斯看来，人的解放不仅是经济、政治意义上的解放，同时是精神的解放。元宇宙的未来，应该是立足对资本逻辑数字呈现的文化批判，实现人的精神解放，为人的自由全面发展准备好精神要素。实现人的精神解放应该是压制人们的外在强制力量即资本逻辑的消除，而不是再去营造一个所谓的虚拟世界来谋求一种虚假的精神解放。

首先，作为世界上最大的社会主义国家，我们有责任和能力驱使和驾驭资本为数字文明的进步贡献力量。一方面，如果战胜数字资本主义仅仅是将物质财富从资本增殖所产生的种种强制中解放出来，那么因为技术异化所导致的对物质财富生产的错误价值判断也不能够被忽视，由于技术发展在受到无节制资本的扭曲作用下，只专注于物质生产活动本身，所以无法助力人能够自主理性地追求自身价值的实现。人通过开发自然和自己的力量获得独立和发展，这应是所有技术发展的基本趋势。人与人之间的联结，通过人与物的关系来实现，我们需要承认其当前依赖数字技术体系获得超物性的非中介的人际沟通渠道。元宇宙未来的发展，不是仅仅聚焦在

① 《马克思恩格斯文集》第1卷，北京，人民出版社2009年版，第509页。

资本的外在形式——要求“物”走上理性之路，更是让技术从资本营造的生产手段这样狭隘的价值意义中解放出来，才能使元宇宙的“虚实融合”成为延伸人的力量的可能形式。另一方面，我们要发挥好元宇宙设想中的有益之处，元宇宙应着力于人与人本身的互联，使人们更加紧密地联结为立场坚定、利益决策、底线进退的共同体，而不能使得这种共同体的共进退，亦即团结，仅仅陷落于一些虚假的幻想之中。以元宇宙为代表的数字文明的发展，应是通过虚拟的形式构建一个既继承传统又革故鼎新的文化环境，中华优秀传统文化在社会主义市场经济的条件下本来就有这样的优势，能够“延展中国文化镜像传播的数字通途”[①]。在这样的文化环境下，资本逻辑对物与物关系的文化宰制实际上也就失去了存在的精神基础，元宇宙的积极一面也会充分展现出来。“随着社会经济的进步，人类的物质需求逐步得到满足，向精神需求转型，元宇宙在满足居民精神需求方面具有重要价值”[②]，个体可以通过元宇宙空间表达与实现自身精神方面的多样化需求，获得心理满足，也可以依托元宇宙平台的支持进行文艺创作，充分发挥想象力的同时获得物质报酬，元宇宙带动的文化产业兴盛也将不可估量，“元宇宙与文化产业融合发展具有较大的拓展空间”[③]。所以，元宇宙发展的价值目标是满足现实的人的精神需求，从而把现实的人心聚在一起，持续建立现实的联系和加强理解，而非让人们在虚拟与现实的距离中变得更加疏远和分离。

---

① 李明哲、高福进：《文化帝国主义数字殖民的危机表征及应对路径》，《马克思主义文化研究》2023 年第 1 期。

② 李勇坚：《元宇宙：经济学的解释及真相》，北京，人民出版社 2022 年版，第 193 页。

③ 李勇坚、张海汝：《推动元宇宙与文化产业融合发展》，《学习与探索》2022 年第 9 期。

其次，从个体的角度来看，由于数字时代每个人的学习成本和花费的精力比以往任何一个时代都要少，劳动者因此增加了剩余闲暇时间，但是这一闲暇时间却被资本逻辑控制下的数字技术裹挟，没有真正能用于自身的自由全面发展。我们需要一个基本价值旨归的转变，使社会中每个个体能够成为社会的有机组成部分，数字技术才能融入到每个人的自我实现之中，而不再只是一种文化娱乐的工具和手段。元宇宙的未来发展需要避免出现使人产生“虚无化”的趋势，以及产生普遍同质、质感丧失等诸多的问题，防止资本逻辑过度包装数字技术的同一化，真正能够体现对发展中的个体的个性化与差异化的尊重。在马克思看来，充分发挥每个人的创造力本身就是解放生产力的一部分。人的精神解放不可能脱离一定范围内的组织基础，这就需要把握好数字时代的突出特点——数字技术手段的多样性。相比于一些西方资本主义国家，中国在利用数字技术这一方面表现出一定的优越性，比如中国正快速推进的独特的移动互联网发展优势，为实现人的全面发展奠定雄厚的组织信息基础，按照马克思的话语可以理解为一种构建在这一组织信息基础之上，并且能够使人对发展价值认同的“共同体”。如今，元宇宙的概念提出为这个共同体的创建提供了一个很好的契机，其关键取决于在进行组织决策时实际采用哪些信息。未来元宇宙创造虚拟世界基础上的自由，实质上是一个能够容纳个体不同的合理动机和价值偏好，个体不再是沦为传统互联网资本的“提线木偶”，而是彻底掌控自己的精神活动，都可以在元宇宙空间里充分表达自己的才能，从而在元宇宙中持续创造文化价值，这样有利于不同的人员在不同空间的自我实现，在虚拟数字世界中同样成为自主的个体。

最后，元宇宙的根本价值归宿应是立足人民对美好生活的追求，在数字文明造福生活中超越资本逻辑。从历史发展上看，一切人类发现发明的科学技术本没有消极与积极之分，关键仍在于运用它的人和社会，这需要建立一套以美好生活为衡量尺度的价值规范体系。“为什么这些文化消费品能够带来巨大快感？为什么虚拟世界中的异性角色会比现实中的更有吸引力？消费品的制作精良只是一方面，更根本的原因还在于现实变得愈发没有吸引力。”[①]可以说，如果现实世界没有美好生活的实现，元宇宙营造的虚拟世界再美好也不过是空中楼阁。从现实实践上说，数字时代的“数字鸿沟”“技术焦虑”等问题的解决，需要超越资本逻辑才能找到合拢这个鸿沟、消除这个焦虑的思路，遵循人类社会发展本初的生活需要，找到属于自己生活方式的本真，彻底破除资本逻辑“借助于自然科学及作为其外化形态的技术对自然界的驾驭、支配和征服”[②]，以此摆脱资本逻辑对数字文明的渗透，以元宇宙为代表的数字文明才能成为人实现美好生活的可靠助益。社会主义的美好生活追求不再以资本主义生产生活方式遵循的资本逻辑为最高准则，而是以“现实的人”、现实的生活为根本出发点和价值归宿，无论在什么样的文明发展阶段，都能够在国家制度与时代发展道路选择上，准确把握不同时代发展的主要矛盾。尤其是在一些受到资本逻辑渗透较深的文化领域，坚持马克思主义的主导地位，创造有效的社会条件和制度保障，保证价值分配的公平与持续。体现在资本引导上，就是规范元宇宙投资市场，引领资本向有国际竞争力的元宇宙项目集中，从而进一步拓展元宇宙的场景入口，激活其在文化产业领域和公共服务领域的应用空间，实现从泛娱乐到泛产业、泛民生的梯次变革。最终是为消除资本逻辑对社会文化的发展宰制，让文化发展不是为特殊阶层或某些利益集团服务，而是专注于人民群众的精神文化生活，让元宇宙为人类文明的数字

---

① 张笑宇：《技术与文明：我们的时代和未来》，桂林，广西师范大学出版社 2021 年版，第 314 页。

② 何中华：《马克思对人与自然对象性关系的历史建构——基于〈资本论〉语境的研究》，《哲学动态》2020 年第 1 期。

化形态提供新的发展路径。

历史唯物主义认为，人类社会最终能从必然性上认识客观世界。元宇宙的发展最初可能是资本市场依靠技术噱头创造的“新故事”，但我们认为元宇宙这个概念在文化维度上依然有继续深入讨论的空间，是因为它寄托着目前人类社会发展在数字虚拟领域的美好期望，以及人实现自由全面发展的可能样态，这也是元宇宙能够在现实中受到不同行业、不同学科关注的原因之一。元宇宙既需要有对数字技术发展领域的贡献，也需要充分融入到人文社会领域的发展之中。以元宇宙为代表的数字文化发展情境是数字工业文化产品的典型代表，有着广泛的应用场景和潜在价值。在资本市场上，通过炒作新概念来吸引投资以求得高利润回报已是资本逻辑的寻常业态，未来的资本和市场能否回归理性的关键还在于元宇宙技术发展的价值旨归，而元宇宙的最终走向是一种“数字共产主义”还是“数字乌托邦”，始终在于我们能否超越资本逻辑。

第三节　扬弃数字时代资本逻辑的中华文化主体性优势

马克思找到了资本逻辑不能克服的自身限制因素，同样也让我们看到了资本主义条件下数字技术发展带来的问题特性只是历史发展暂时的必然。一方面，文化产业资本以“消费主义”为价值取向，将人类社会所创造的物质财富和精神财富，都转化为文化产品和服务，不断满足人们日益增长的物质和精神需求；另一方面，随着数字技术的快速发展，数字媒介对人类社会生活、生产活动产生了颠覆性影响，导致文化产品和服务内容的传播渠道变得更加多样化、个性化、自由化，文化产品和服务变得更加娱乐化、大众化、平民化。在资本逻辑的支配下，数字技术使得文化产品和服务从生产到传播的各个环节都获得了前所未有的便利条件。但是，资本逻辑支配下技术理性的过度发展，导致了人文精神的缺失，致使人性中感性的文化和艺术的想象被资本增殖和技术理性架空，人在这样的文化氛围下越来越像机器，而机器被赋予了人的意识后反而越来越像人。资本逻辑自身包含的内在矛盾最终导致资本会被扬弃为更高的阶段，然而，我们若不主动从根源上革除数字时代资本逻辑对文化的宰制，消解资本逻辑利用数字技术不断侵入人们的精神和情感领域，就不可能实现人真正的解放。

“为了实现数字经济的共享发展，我们必须超越资本逻辑，倡导‘共建共享共治’的合作发展逻辑。”[①]尤其是对待资本逻辑掌控下的一些数字产业，需要让其回归自律性的发展规律，发展多样性的数字产业来满足人民对优秀文化产品的需要，我们需要发展一个新的社会文化环境以逐步摆脱资本逻辑的束缚，不断促进人的全面发展。

一、同中华优秀传统文化的结合

正如前文所述，数字时代资本主义发展的新情况新问题，需要坚持社会主义和民族传统两大基本内涵，才能够历史地、具体地理解数字时代的发展环境。对资本逻辑的文化批判思维取向，恰恰是超越资本逻辑，重新回归对人的社会属性的高度重视，从现实物质生活的社会关系进步中寻找技术文明发展的动因，中国的这一文化精神能够形成对资本逻辑的合理态度，从而为扬弃资本逻辑准备好制度条件和精神要素。在此基础上能够实现对资本逻辑的扬弃，正是中国优秀文化基因的长处所在，也是把握好数字时代带来的发展机遇，成为全面建设社会主义现代化国家新征程中的根本彰显。中国不仅着眼于传统意义上的技术文明发展问题，而且在技术文

① 韩文龙：《平台经济全球化的资本逻辑及其批判与超越》，《马克思主义研究》2021 年第 6 期。

明进步过程中坚持以人民为中心，始终不依附于资本和权贵，明晰资本逻辑在技术文明发展过程中呈现“霸道”的根本原因，又能够在社会主义道路与制度框架内走自己的发展道路驾驭资本逻辑，而不是像部分西方资本主义国家以宿命论和历史终结论自居，与世界发展潮流相背而行。数字时代社会主义的话语体系应当置身于全面革除数字资本主义文化的牢笼，在打破资本逻辑挟持改革发展利益藩篱的情境中，传承中国特色社会主义文化的基本价值取向。

近代以来，西方传统技术哲学的研究对象不再是有血有肉、有伦理道德的“现实的人”，而是变成去除人性因素的只有资源分配与选择逻辑的“抽象的人”，虽然这个转变过程有助于对部分经济事实的分析，但付出的代价是人性在深度和丰富性上的极大损失。现代西方哲学社会科学受此影响，不再以实实在在的人为研究对象，便失去扎根现实社会生活的锚，逐渐偏离现实。这为马克思主义基本原理同中华优秀传统文化相结合的突破与发展提供了新的历史机遇，由于中华优秀传统文化的精髓和马克思主义的终极境界都应当是这种人性舒展与人文关怀，所以对马克思主义基本原理同中华优秀传统文化相结合的研究始终不能脱离这种人文性，不能盲目追求所谓的技术高端，或者盲目照搬西方哲学社会科学发展模式，研究的前提一定是源于生活，而生活的主体又是人本身。

资本逻辑作为资本主义经济发展的内在规律，而中华优秀传统文化中有“义利之辨”的伦理思想和“天下为公”理念，都可以对其进行批判与扬弃。中国古代社会受限于相对较低的生产力水平，经济活动多以自然经济框架下的个体劳动为主，这在一定程度上塑造了“义利之辨”在民间实践中的具体形态，即对个人利益追求的广泛讨论。在此框架下，“义”与“利”既相互交织又各有侧重。“义”，作为社会规范下对高尚道德价值的追求，承载着人们对理想社会的憧憬与向往，它强调的是道德层面的自律与奉献；“利”，则直接关联到个体对物质或精神生活条件的渴望与满足，是人性中自然存在的需求体现。两者在本质上，“义”偏向于道德原则与评判标准，“利”则更侧重满足个体生存与发展的实际需求。“天下为公”的理念，就是中国传统文化中对于公共利益至上原则的深刻阐述。它倡导个体应将个人利益置于国家、集体利益之下，强调个人追求应与社会福祉紧密相连，反对任何以牺牲公共利益为代价的个人私利行为。这一理念鼓励人们从更广阔的社会视角出发，将个人发展与公共利益的实现视为不可分割的整体，倡导在追求个人价值的同时，积极贡献于社会的整体进步。这一理念在现代社会中仍然具有重要价值，就是资本逻辑在现代社会的发展中已经越来越偏离了它原本应有的轨道，弘扬中华优秀传统文化就是扬弃资本逻辑，为实现中华民族伟大复兴提供重要精神动力。

在数字时代，数字技术与数字平台成为推动传统文化向数字化、网络化、智能化转型的坚实基石，同时是实现传统文化创造性转化与创新性发展的关键途径与核心平台。一方面，数字技术以其独特的优势，成功打破了传统文化传承中时间与空间的桎梏。通过数字媒体的强大功能，中华优秀传统文化的精髓被精准捕捉并转化为数字化形态，随后以多媒体的丰富形式和跨终端的灵活方式，广泛而生动地展现在公众面前。这一变革不仅为中华优秀传统文化的传播搭建了一个前所未有的广阔舞台，还通过技术的力量，使我们能够深入洞察并精准满足不同地区、不同社会阶层对传统文化的个性化需求。另一方面，数字技术作为一股强大的赋能力量，正不断融入并强化着中华优秀传统文化的生命力。它不仅能够为传统文化的保存与传承提供强有力的技术支撑，还能够通过创新性的应用，为传统文化的现代转化与发展注入新的活力与动力。比如，抖音、快手、B站等视频平台可以为中华优秀传统文化的传承和发展提供“网红”资源，通过打造“网红”产品，有效推动中华优秀传统文化的传播；互联网直播、短视频等新型传播方式也能够为中华优秀传统文化的创新发展提供重要渠道，通过数字化手段和方式不断创新中华优秀传统文化的表达形式和呈现方式，将中华优秀传统文化打造成新时代的热门时尚；在数字化生产方面，以5G、大数据、人工智能等为代表的数字技术可以为中华优秀传统文化的生产和传播提供精准化服务，使其生产效率不断提高、成本不断降低。

二、对美好生活与全面发展的追求

在党的十九届五中全会上确立的2035年基本实现社会主义现代化远景目标中，包含了“人民生活更加美好，人的全面发展、全体人民共同富裕取得更为明显的实质性进展”[①]。这为全面建设社会主义现代化国家、实现人民更加美好的生活规划了一个推动实现人全面发展的宏伟蓝图。

从根本上看，马克思认为“现实的人”始终是发展过程的主体，人的自由是包括全面发展在内的人类社会发展的最高目标。马克思自由观的核心在于，社会主义发展目的是消除人在以物的束缚为表现的资本逻辑占社会支配地位下的异化，实现生产的社会化即相应意义上的“全面”，从而最终实现人自身的自由而不是资本的自由，这是一种历史唯物主义的全面发展。马克思认为，“人的全面发展不仅表现为人的活动、需要和能力的全面发展，更是人的社会关系的全面丰富、社会交往的普遍性和人对社会关系的全面占有与共同控制，也包括人的素质的全面提高和个性的自由发展”。[②]人的自由在资本主义社会产生了异化，个体严重依赖于毫不受节制的资本，而资本作为一种社会生产关系，只有摆脱资本逻辑、依赖于积极

① 《中共中央关于制定国民经济和社会发展第十四个五年规划和二〇三五年远景目标的建议》，北京，人民出版社2020年版，第5页。

② 徐光春主编：《马克思主义大辞典》，武汉，崇文书局2017年版，第230页。

社会关系基础之上的，以共同体的、强调社会公共行动来创造人的发展条件，才能使市场更好地发挥其在社会主义发展过程中的历史作用。从具体途径上看，由于数字时代人的学习成本和花费的精力比人类以前任何一个时代都要少得多，劳动者因此也增加了剩余闲暇时间，但是这一闲暇时间可能被资本逻辑带来的消费主义裹挟，而不能用于自身的自由全面发展。所以，实现利用闲暇时间的基本价值旨向的转变，需要让数字技术真正融入每个人的生活，而不再只是一种工具和手段，社会中每个个体才能成为社会的有机组成部分。

数字技术对文化创新也具有重要影响：首先，它引领了一场从“可描述性”到“可计算性”的深刻转变，这一跨越标志着文化创新方法论的根本性变革。数字技术不仅成为文化创新研究的重要工具，更通过构建量化模型，使创新过程的运行轨迹与成果得以精确剖析，为文化创新提供一种基于数据的、前所未有的评估视角。然而，这种“可计算性”的进展并非全面替代了“不可计算性”的存在，后者凸显了文化创新中那些复杂多变、难以预见的元素，它们超越了简单的量化范畴，保持了创新的独特魅力与不可预测性。其次，数字技术在增强文化创新“可测量性”的同时，也开辟了新的“不可测量性”领域。这主要体现在对人类认知能力与创新水平的评估上，这些非物质层面的因素往往充满了主观性与个体差异，难以用统一的量化标准来衡量。而数字技术所擅长的“可计算性”，则主要体现在对创新活动中信息流的高效处理上，包括信息的精准收集、智能加工、安全储存以及高效传递，这些环节因技术的介入而变得更加精确可控，为文化创新注入了新的活力与效率。最后，数字技术虽然能够为文化创新提供一个数字化的平台和一种数字化的手段，但它却无法通过这种手段来为文化创新提供一个可计算的标准和评价标准。一方面，需要防止数字技术过度发展导致个体特殊性与差异化的消失，避免技术发展的同质化陷阱，确保技术应用能够真正尊重并彰显每个“现实的人”的需求，从而激发生产力中最为活跃的因素——劳动者的积极性和创造性；另一方面，人的全面发展依赖于一定的社会组织基础，数字时代的数字技术为组织基础的构建提供了更多的可能，中国可以运用好自身的社会主义制度优势和移动互联网发展基础，通过数字技术赋能，促进优质信息的广泛流通与价值共识的逐步形成，为促进人全面发展的“数字共同体”提供组织基础。其关键取决于在进行组织决策时实际采用哪些信息。这种数字技术基础上的自由实质上是一个能够容纳个人不同动机和价值偏好，避免任何预先性的价值优先排序，从而成为实现囊括组织成员不同发展能力的基础。所以，数字技术基础上人的全面发展，应遵循“共同考虑，区别对待”的原则，马克思、恩格斯所强调的“自由人的联合体”，“人”与“体”、“自由”与“联合”是有机统一的，只有社会主义才能实现劳动者的自由联合，先进的生产力才能为劳动者提供大量的自由时间，真正促进劳动者在生活方式上的解放。数字文明的实现也是社会主义市场经济追求的目标之一，而目前中国社会主义市场经济的发展与取得的成就不是只依靠市场本身达到的，而是依赖于更为合理的政治选择和社会安排，这也是构建高水平社会主义市场经济体制的必然要求。

三、以人民为中心的发展思想

从价值归宿上看，以人民为中心的发展需要实现资本逻辑追求的个人与部分利益到实现人共同福祉的转变。在庆祝中国共产党成立100周年大会上，习近平总书记强调，新的征程上，必须“推动人的全面发展、全体人民共同富裕取得更为明显的实质性进展”。[①]全体人民的共同富裕与每

① 习近平：《在庆祝中国共产党成立100周年大会上的讲话》，北京，人民出版社2021年版，第12页。

个人的全面发展相辅相成，是发展物质基础与价值目标的相互结合，唯有利用好资本逻辑发掘出的生产性资料的潜能，才能拥有实现人全面发展的物质基础。马克思、恩格斯在《德意志意识形态》中明确提到："只有在共同体中，个人才能获得全面发展其才能的手段，也就是说，只有在共同体中才可能有个人自由。"[①]虽然在马克思、恩格斯对未来共产主义社会的描述中指出了国家力量将会消亡，人类的组织形式将是一种社会的"共同体"，但是在相当长一段时期内，人的发展并不可能完全脱离国家的作用，现阶段"共同体"的建设发展依然要依靠国家力量。在这一点上，经济学家阿马蒂亚·森在对如何实现人的发展论述中同样涉及国家和政府的作用，尤其是在论述"亚洲价值观"的时候，他提到了儒家"国行正道"的国家观念，认为在多样化的亚洲价值观中所思考和依赖的国家力量并不是家庭力量或者说组织力量的一种简单延伸，而是能够形成一种积极保障力量，其可以实现一种"正道"，从而反对简单将其看作一种专权主义，比如"在佛教传统中，极其重视自由"[②]。这与马克思的东方社会理论相得益彰，国家力量与政府行动并不是对自由起到某种绝对作用，而是一种能够杜绝滥用自由的情形，使得发展避免动荡，以一个平稳的方式进行。同时，国家力量与政府行动的活动范围，保证了相对公平的参与机会和处理好发展能力与社会公共行动的关系，具体到个人的发展条件、社会机会及其保证的自由。

数字时代生产和生活的社会性空前发展，数字技术带来社会发展的现实性问题突出，就需要让其真正服务于人的全面发展，而不是奴役人，

---

① 《马克思恩格斯文集》第1卷，北京，人民出版社2009年版，第571页。

② ［印］阿马蒂亚·森：《以自由看待发展》，任赜、于真译，北京，中国人民大学出版社2012年版，第237页。

使人单一化或畸形发展，“亟需超越数字资本主义的架构，打破这种垄断，充分借助互联网技术所包含的潜在的共产主义元素来真正实现人的解放”①。数字技术基础上的美好生活和全面发展，实质在于构建一个能够包容多元文明、避免预设排序和支撑个体发展的组织框架，这一框架将成为组织内成员不断培养全面发展能力的基石。唯有在社会主义制度下，由于社会主义能够不断解放和发展生产力，打破数字资本主义对文化资源的垄断，人的“自由联合”方能得以实现。而数字时代精神生产的完善也是中华文化主体性建设的追求之一，精神生产的极大丰富能够凸显中国特色社会主义的制度安排及其发展社会主义先进文化的优越性，反映在人民的精神文化生活中，就是以社会主义的美好生活逻辑超越资本主义的资本逻辑，致力于形成一个以人的现实生活需要为根本出发点和落脚点的文化发展环境。这样的文化发展环境，不仅能够不断丰富人的精神世界，更促进了文化产业的繁荣与发展，彰显了以人民为中心的发展追求。无论在什么样的技术文明发展阶段，都要坚持我们的国家制度与发展道路，准确把握好不同时代发展的社会主要矛盾，充分考虑特殊的国情与时代特点，尤其是在一些受到资本逻辑渗透较为深入的文化领域，坚持马克思主义的主导地位，创造有效的社会条件并提供制度保障。

数字技术与文化创新的深度融合为文化主体性建设提供了新的时代机遇，但也在实践中遭遇了多重困境：数字技术为文化创新带来了“技术理性”，但也“强化”了人的“主体性”；数字技术为文化创新带来了“创造性”，但也产生了“数字异化”；数字技术为文化创新带来了“数字化”，但也产生了“虚拟化”。因此，在数字时代背景下实现文化主体性建设新

① 王治东：《资本逻辑视域下的技术正义研究》，北京，人民出版社2021年版，第146页。

发展，关键在于坚持守正创新、把握守正与创新的辩证关系，探索数字技术与文化创新深度融合的现实路径，坚持马克思主义在意识形态领域的指导地位，遵循文化主体性建设的历史逻辑与现实逻辑，推动中华文化在多元主体协同中实现新发展。

第七章

中华文化主体性建设的实践路径和未来展望

从现实与未来发展来看，在西方资本主义文化正于世界大行其道之时，以中国为代表的东方国家面临着如何妥善应对，并传承发展自身悠久历史传统与文化血脉的重大课题，即文化主体性建设。在这个过程中，并非简单以西方文明的先进性为标尺来削弱或忽视东方文明的民族独特性，而是通过东方社会文化的包容性，既吸取西方文化的部分先进性元素，同时根除东方文化的落后性元素，从而在全球化浪潮中保持东方的文化主体性。所以，研究马克思批判资本主义文化的实质就是让社会主义文化的发展必须勇于突破资本逻辑的固有框架，不仅要在理论上打破资本与文化研究之间的隔阂，更要在实践中驾驭资本逻辑，使其服务于文化主体性建设的宏大目标。马克思的资本逻辑批判思想蕴含丰富的资本主义文化批判内容，其缘起于马克思对宗教到拜物教的批判转换，这一过程体现在拜物教成为资本实现其文化效力的出场方式。由于资本逻辑在文化上对社会生产方式和生活方式实行双重宰制，而资本逻辑的文化宰制正是拜物教能够盛行的关键一环。研究马克思资本逻辑文化向度的批判思想，其当代价值在于如何从文化维度上实现对资本逻辑的扬弃，即在中国共产党领导下，继承与创新中华优秀传统文化，坚定发扬党在革命过程中形成的革命文化，坚持和发展社会主义先进文化，积极革除资本逻辑的文化宰制，从而不断探求坚定中国特色社会主义文化自信的生成理路。只有真正驾驭与超越文化发展中的资本逻辑，抓住当代世界文化交流发展中的问题所在，探求中华文化主体性的建设、巩固和提高，才能为中华文化主体性建设提供马克思主义方案。

第一节　立足超越西方资本逻辑文化向度的理论前提

马克思站在无产阶级和人类解放的立场上，通过对西方国家资本逻辑主导下的文化向度进行批判与反思，立足超越资本逻辑文化向度、实现人类解放的目标，而马克思对资本逻辑的文化批判，始终围绕以资本拜物教为核心的资本主义生产方式进行批判，因为这正是以资本主义生产方式为代表的资本逻辑渗透到文化领域中最大的宗教式体现。马克思揭示了资本拜物教的实质是人与人之间的关系问题，“揭示商品、货币和资本的拜物教性质及其产生的秘密是马克思主义经济学的一大发现。凡是资产阶级经济学家看到物与物之间的关系（商品交换商品）的地方，马克思都揭示了人与人之间的关系”[①]。从人与神的关系到人与人的关系，同样也是马克思实现的从宗教到资本拜物教批判的思想转换。

一、明确资本逻辑实现文化效力的出场方式

资本逻辑实现文化效力的出场方式便是资本拜物教及其传承的内容与不断更新的形式。在《神圣家族》中，马克思、恩格斯指出：“费尔巴哈完成了对宗教的批判，因为他同时也为批判黑格尔的思辨以及全部形而上学拟定了博大恢宏、堪称典范的纲要。”[②]马克思对资本拜物教批判的来源，部分就是受到费尔巴哈批判宗教的影响。费尔巴哈认为上帝与神明并非在人类出现之前就已经出现，人也不是上帝创造出来的，人之所以要信仰崇拜一些宗教神明，是因为人们把自身美好品质的集合全部投射到了其

---

① 徐光春主编：《马克思主义大辞典》，武汉，崇文书局2017年版，第115页。

② 《马克思恩格斯文集》第1卷，北京，人民出版社2009年版，第342页。

中，赋予了它创造性的力量。马克思发展了这一观点，进而对宗教“现实的本质”方面与“抽象的人”方面进行了批判，将其发展为一种实践唯物主义和历史唯物主义的观点。

在费尔巴哈看来，宗教的上帝与神明不过是人自身意识发展到一定程度的反映，黑格尔同样从神学角度出发认识世界，他的绝对精神也是为了让人类更好地适应世界，最终实现的效果仍然是某种绝对精神统摄一切，人自身只不过居于其边缘而已。马克思并不纠结宗教问题本身，对它的认识更为彻底。既然宗教本身就是人类历史的产物，是人活动的结果，研究好人类历史的发展规律从而探究其未来发展走向，远远比对宗教本身的批判更为重要。这实际上成为马克思资本逻辑批判思想形成的文化前奏，而之后对商品、货币与资本拜物教的批判则成为马克思开始由神学批判转移到资本逻辑批判的线索。所以，马克思在《〈黑格尔法哲学批判〉导言》的开篇便指出：“就德国来说，对宗教的批判基本上已经结束；而对宗教的批判是其他一切批判的前提。”[①]在马克思看来，作为商品的文化产品首先要具备使用价值，同时还要满足资本逻辑实现自身价值增殖的内在需求。资本逻辑为了实现自身价值增殖的目标，将文化产品作为一种重要手段，以其本身的物质属性、符号属性与精神属性满足文化消费者对于文化产品的需求，从而使文化产品成为资本逻辑实现其自身价值增殖目标的重要工具。

资本逻辑在现代社会的文化效力表现为其文化产品的商品属性，它消解了文化产品的主体性、创造性与内生性。在现代社会，资本逻辑对文化产品商品属性的宰制体现在资本逻辑对文化产品生产过程和价值实现过程的否定，这从根本上决定了文化产品成为资本逻辑用于文化消费的对象及其价值实现载体的命运。在资本逻辑的文化效力中，资本通过控制劳动者

① 《马克思恩格斯文集》第1卷，北京，人民出版社2009年版，第3页。

和文化资源，实现了对人的精神生活的控制，这种控制体现在生产与消费过程中。具体而言，在生产领域，资本通过对劳动时间、劳动强度和劳动方式等的控制实现对劳动力的控制；在消费领域，资本通过对文化产品和消费方式等的控制实现对文化资源的控制。而这种控制又表现为一种内在于生产关系中的生产力与生产关系之间相互协调、相互适应，从而使生产关系至少在表面上适应生产力发展水平。也就是说，在资本主义生产过程中，资本逻辑实现了对劳动力、文化资源等生产要素及其使用方式等的控制，从而实现了生产与消费之间在形式上的协调。资本逻辑通过产生、传播这些文化产品的途径显著地改变了人们的内心世界与外部生活形态。它驱动着文化产品不断创新与广泛传播，既影响了人们的精神世界，也悄然改变了人们的价值观、审美观乃至情感表达方式，进而重塑了人们的生活方式。这不仅深刻地改变了人们的物质生活与精神面貌，还以独特的方式干预着社会结构的演进，甚至是社会权力的配置。

正如前面所指出的，文化产品通过“物化”方式将资本逻辑“内化”为自身的内在规训机制，从而使这样的文化成为资本逻辑的潜在实施工具。商品只有成为人们在经济生活中不可或缺的要素，才能发挥其价值功能。从马克思、恩格斯所处的时代来看，资本主义社会是一个生产与消费高度发达的社会。随着资本主义生产方式的发展，资本逻辑获得了越来越大的市场份额，商品拜物教和物化现象在整个资本主义社会中无处不在。马克思、恩格斯所批判的拜物教以及文化产品物化形式所体现出来的精神力量，都是资本主义制度下劳动异化和资本力量对人控制的结果。这种精神力量主要表现为通过文化产品将劳动者物化为社会生产中的一种异化力量，使人成为资本逻辑的奴隶，进而使人丧失自由自觉发展自身的能力。这种精神力量就是一种异化的精神力量。资本逻辑通过对物与人之间关系、主体与客体之间关系以及生产与消费之间关系的否定，从根本上消解了人类社会的经济和政治关系，导致现代社会物质生产和精神生产、资本主义生产方式和社会主义生产方式之间的对立。

中国的文化主体性建设必须坚持马克思主义在意识形态领域的根本指导，必须坚持以社会主义核心价值观为统领，必须坚持以人民为中心的价值导向，必须坚持以人为本、推动人的全面发展的价值理念。只有这样，才能有效克服资本逻辑在现代社会对文化产品生产过程以及对文化价值实现过程的消解作用，才能充分发挥资本逻辑对现代社会的积极作用和有效控制其消极作用，促进中华文化主体性建设。

二、把握资本逻辑批判的拜物教转向

如果说在人类文明发展的早期阶段，人民大众是把自己最好的精神奉献给了虚拟的神祇，即宗教的产生与发展，那么在资本主义时代，无产阶级将自己最好的一面奉献给被投射出的“神”——资本，在过程中反而贬低了自我认知的价值，青年时期的马克思便发现了这一问题，在批判青年黑格尔派的《论犹太人问题》中，马克思指出：“这种国家的基础不是基督教，而是基督教的人的基础。宗教仍然是这种国家的成员的理想的、非世俗的意识，因为宗教是在这种国家中实现的人的发展阶段的理想形式。”[①]如此看来，宗教只不过是表面上精神的“理想形式”而已，马克思提出了一个不同的叙事，将历史按照生产方式分成不同时期，在这些生产方式转变过程中出现的矛盾才是宗教问题产生的本质，而这些矛盾会通过资本主义生产方式体现出来，这便是马克思在其青年时期的研究中实现的从宗教到拜物教批判的转换。

在马克思早期的作品中这一转向便得到过一定程度上的阐释，在之后

① 《马克思恩格斯文集》第1卷，北京，人民出版社2009年版，第36页。

的《资本论》中多次得以出现，完成了从哲学到政治经济学的过渡与统一。恩格斯强调："因此，在我们看来，任何一个规律只要是表现纯粹资产阶级关系的，都不是先于现代资产阶级社会而存在的；那些或多或少地对过去的全部历史起过作用的规律则仅仅表现了以阶级统治和阶级剥削为基础的一切社会状态所共有的关系。"[①]这个关系就是人与物之间和人与人之间的关系。在资本主义社会，商品与货币成为一个"异己的媒介"，一种凌驾于人类之上的力量，它能够控制所有经济关系进而是社会关系，将其中原本存在的人类力量侵蚀而空。[②]拜物教认为一个"没有感觉的东西"会失去自己的自然特性。崇拜的对象在一定程度上并不表现为物的自然特性。一件由人劳动创造的商品，在经济活动中被强制赋予了凌驾于其自身之上的"超自然力量"和经济效益，换句话说，这里存在着由人到物的主体转移，相比宗教的虚幻性来说，拜物教实际上把人的内在价值和力量赋予了控制人自身生产生活的物品，表现在不同时期的商品、货币与资本之上，所以，马克思给拜物教下了这样的定义："因此，要找一个比喻，我们就得逃到宗教世界的幻境中去。在那里，人脑的产物表现为赋有生命的、彼此发生关系并同人发生关系的独立存在的东西。在商品世界里，人手的产物也是这样。我把这叫做拜物教。"[③]

资本逻辑批判作为马克思哲学和政治经济学批判的一条主线，对资本主义的发展起源、历程、性质、实质及其历史命运等方面的研究作出了极为深刻的阐释。但是，在资本逻辑批判视域下，不同时期的资本逻辑的拜物教性质日益凸显但表现形式却不同，资本逻辑的异化也逐渐展现出拜物

① 《马克思恩格斯文集》第10卷，北京，人民出版社2009年版，第225页。

② 参见［澳］罗兰·玻尔：《尘世的批判——论马克思、恩格斯与神学》，陈影、李洋译，北京，中国人民大学出版社2019年版，第167页。

③ 《马克思恩格斯文集》第5卷，北京，人民出版社2009年版，第90页。

教批判的多重面孔。在对这一现象进行分析和批判的过程中，人们逐渐认识到，资本逻辑在其发展过程中已经实现了拜物教转向，拜物教批判也不能仅仅停留在对拜物教的表面现象进行描述和解释，而应当深入到资本主义生产中去探讨其本质。所以，在对资本逻辑进行批判时，我们不能仅仅停留在对其表面现象的描述和解释上，而是应当深入到资本主义生产过程中去考察其拜物教性质。只有这样，才能真正把握资本逻辑批判的拜物教转向及其内在关系，才能真正把握马克思在对资本逻辑的批判中，资本以货币和商品的形式来表现自己的重要现实意义。这既是对历史唯物主义的坚持和发展，也为当代中国特色社会主义文化建设提供了理论指导。

三、认清资本逻辑文化效力的普遍性

一些西方马克思主义理论的文化逻辑一味想要消除“经济决定论”的影响，以至于容易走向另一个极端，忽略了马克思、恩格斯为什么重视经济因素的影响。“拜物教不仅是人类价值观念史上不可逾越的一个阶段，而且是一个重要的阶段。”①

在新的历史条件下，文化产业发展已成为我国国民经济发展的新引擎。然而，由于历史和现实的诸多因素，中国文化产业在快速发展中也面临着一系列不容忽视的问题，比如文化生产力与生产关系不相适应、文化产业与其他相关行业协调发展不足、文化市场缺乏有效监管等。这些问题严重制约了中国文化产业的进一步发展。在这一背景下，需要深化对我国文化产业发展的认识，认清资本逻辑文化效力的普遍性。在文化产业这一特定领域内，资本逻辑文化效力的普遍性体现在它不仅为文化产业提供了

---

① 鲍金：《实践功能论视域中的意识形态真假性标准再阐释——以拜物教问题为例》，《马克思主义与现实》2020 年第 4 期。

必要的资金支持与市场驱动力，还通过其特有的机制促进了文化资源的优化配置与创意产业的蓬勃发展。然而，值得注意的是，资本在文化产业中的运作并非单一无差别的。由于文化产业本身兼具经济性与文化性的双重属性，且文化产品在生产、流通过程中展现出独特的价值形态与社会意义，这使得资本逻辑在文化产业中的表现形式变得充满了差异性、特殊性和复杂性。这些差异集中体现在文化产业内部及与其他相关行业的协调发展上。在文化产业领域，资本逻辑已经渗透到文化产品的生产过程之中。第一，资本对文化产品的生产具有调节作用。比如，在电影产业中，一部电影从剧本创作起始，历经电影拍摄、后期制作，直至最终在影院的大银幕上放映，这一系列环节紧密相连。第二，资本在文化产品生产过程中展现出的加速效应尤为显著。比如，在电视剧产业中，由于其制作周期长、资金需求大、市场反馈不确定等特性，没有强大的资本后盾作为坚实支撑，一部高质量的电视剧作品往往难以顺利诞生并赢得观众与市场的认可。此外，资本还具备对文化产品生产过程的放大作用。这意味着，在资本的助力下，优秀的文化产品能够突破原有的限制与边界，实现更广泛的传播与更深远的影响。

马克思主义认为，物质生产方式是人类社会发展的决定性因素，它决定着人类社会发展的方向和进程。对于文化产业而言，其发展同样离不开其赖以存在的物质基础——广大人民群众的物质生产实践和精神生产实践。然而，随着文化产业的迅速发展，人们在对其进行认识时往往会出现一些偏颇和偏差。比如，不少人认为文化产业是以商业盈利为目的的，认为文化产业就是纯粹为了利润的。在构建社会主义先进文化体系中，这一观点并不正确。目前，文化产业中资本逻辑的存在是客观事实，资本作为现代社会最重要的生产要素之一，对于文化产业的发展具有重要意义。正是在资本驱动下，文化产业才能不断发展壮大，并成为国民经济发展新的增长点。尤其是随着我国文化体制改革的不断深入以及文化领域供给侧结构性改革的逐步推进，文化产业发展已成为我国现代经济社会发展中不可或缺的重要组成部分。

尽管中国文化产业在近些年的快速发展中取得了显著成就，但与全球领先的文化产业相比，仍存在一定的差距。改革开放以来，伴随着我国经济体制的深刻转型与市场经济的蓬勃发展，文化领域同样经历了前所未有的变革。具体而言，首先，以资本为中心的文化产业生产模式往往倾向于追求经济效益最大化，可能导致某些小众或非主流的文化产品因缺乏市场吸引力而被边缘化，进而加剧了文化多样性的流失。此外，这种生产模式还可能促使文化产品过度商业化，忽视了其内在的文化价值和社会责任，最终影响公众的文化素养和审美取向。比如，以“粉丝”群体为代表的一大批以满足特殊消费为目的的“粉丝”，其行为或习惯已成为资本利益最大化目标下所需要的“消费者”。他们在购买文化产品时更多地追求产品消费本身所带来的情感、心理上的满足感，而对产品本身所具有的实际价值则并不十分关注。从这一意义上讲，这种以资本为中心、以“粉丝”为代表的文化消费模式与传统文化生产和流通方式相比已经发生了很大变化，其最主要表现在“无形之手”和“有形之手”很难协调配合推动文化产业的发展。其次，在资本逻辑范畴内文化效力的发挥主要依赖于多元主体的共同作用。在经济领域，文化产业作为一种特殊的经济形态，既有一般经济形态的共性，又具有其自身的特殊性。从社会经济发展角度来看，文化产业发展既是社会生产力发展到一定阶段的产物，又是推动其他产业和行业发展的重要力量。最后，文化产业要健康发展，需要政府、市场和社会之间形成合力、协调配合。只有这样，才能更好地发挥文化产业在国民生活中的作用，促进中国文化产业与其他相关行业协调发展。

第二节 破除西方资本逻辑文化规制

资本逻辑批判的文化向度，本身是一种社会批判方法。资本逻辑在文化维度上的问题认识，目标均指向资本拜物教。马克思在《资本论》中指出古典经济学的一个伟大功绩："它就把上面那些虚伪的假象和错觉，把财富的不同社会要素互相间的这种独立化和硬化，把这种物的人格化和生产关系的物化，把日常生活中的这个宗教揭穿了。"[①]马克思称呼资本为"日常生活中的这个宗教"，把资本作为某种"宗教"来看待，实际上从另一方面说明资本并非虚假的宗教神祇，资本逻辑之所以选择了资本拜物教作为其文化效力的出场方式，正是在于文化可以成为商品假象意识的拜物教的存身之处，文化就能够被资本拜物教征用，形成了资本拜物教问题中的资本逻辑文化宰制。西方资本主义国家由于受到资本逻辑的支配，不断膨胀的资本逻辑不仅使得自身经济发展面临巨大压力，而且使得文化产业发展严重滞后于资本主义生产关系，文化在一定程度上沦为西方资本主义国家政治统治和意识形态输出的工具。

一、以理念重塑破除资本逻辑的"神秘性"继承

在马克思所在的历史时代，无论是宗教还是拜物教，都产生于生产力发展不充分的历史时代，这一不充分来源于一些生产生活中能够实现自身需要的人，掌握了当时社会有限的生产力，而除此之外的人只能在无形中受到掌控，无论这一掌控采取的是权力、宗教还是资本的形式。需要注意的是，直接把资本拜物教看作宗教发展的新兴形式并不准确，二者并不是

① 《马克思恩格斯文集》第7卷，北京，人民出版社2009年版，第940页。

一种简单替代的关系。宗教影响更多存在于人们所处的特定文化共同体中，接受共同的思想文化信仰的约定。文化共同体之外的宗教形式的拜物教影响并不大。[①]但是，资本逻辑同样源于人类社会自身的发展过程，也是人与自然、人与人之间关系的体现。与宗教制造的神秘性类似，它同样可以成为控制社会生产、生活方式乃至人的思维方式的体系。“对宗教的批判最后归结为人是人的最高本质这样一个学说，从而也归结为这样的绝对命令：必须推翻使人成为被侮辱、被奴役、被遗弃和被蔑视的东西的一切关系。”[②]在马克思看来，资本逻辑是资本主义制度下劳动异化的主要表现形式，并且由内在规律决定了其产生和发展的历史必然性。马克思在《资本论》中深入分析了资本逻辑在资本主义社会中运行和发展的客观规律，认为资本逻辑必然会被人的劳动的发展扬弃。在资本主义生产方式中，资本逻辑在生产过程中支配着劳动过程，使劳动者从现实的、具体的、历史的人变为抽象的、无个性的、供资本消费的物。在资本主义社会中，毫无限制的资本能够通过对劳动过程的支配使劳动者失去对自身本质力量的把握，使劳动者丧失人与人之间的“同一性”。首先，资本主义生产所追求的是剩余价值，马克思认为，这种“剩余价值”是由工人在生产过程中所创造出来的，因而它应该归工人所有。其次，资本通过对劳动者劳动能力的否定与剥夺来获取利润，这种否定与剥夺必然是以对劳动者自身本质力量的否定与剥夺为前提和基础的。从另一个角度来说，资本通过对劳动者劳动能力的否定与剥夺来获取利润，而利润最终又转化为资本家所占有和享受的资本价值。在资本逻辑的强势主导下，劳动者常被视作生

① 参见李怀涛：《马克思拜物教批判理论研究》，南京，江苏人民出版社 2017 年版，第 8 页。

② 《马克思恩格斯文集》第 1 卷，北京，人民出版社 2009 年版，第 11 页。

产流程中的机械部件，其劳动被无情地消耗与利用，成为资本增殖与利润累积不可或缺的基石。特别是在当代西方资本主义体系下，资本逻辑全面渗透社会经济活动与资源分配，导致劳动者的劳动回报往往显得微不足道且难以体现公平原则。更为严峻的是，劳动者所从事的生产活动往往被剥夺了应有的价值，呈现出低效甚至无效的状态，进一步加剧了劳动者的困境。

可见，马克思通过资本主义生产方式神秘化的论述，认为人的生活交往形式与在生产活动中所处的地位有关，生产关系具有了物的属性，这种物的形式在本质上是脱离于人本身的。在资本主义社会，这样的无生命客体以一种全新的方式开始了相互关联，对这种新型关系的进一步描述便是资本的内涵体现，也成为资本逻辑营造其"神秘性"的选择。所以，必须破除资本逻辑的"神秘性"继承，马克思的意识形态批判根本在于资本逻辑批判，其意图便在于去神秘化，指出任何思想观念都是有物质利益在背后支撑的，所以阶级斗争的本质仍然是赤裸裸的物质利益斗争，即采取了资本拜物教形式的斗争，而不是被冠冕堂皇的所谓文化或文明冲突迷惑了斗争的路径。面对资本逻辑的神秘性及其带来的负面影响，必须从理念的总体层面进行重塑。理念是行动的先导，只有树立正确的价值观和发展观，才能有效引导社会实践，鼓励文化创新和文化多样性发展，抵制文化产品的过度商业化和同质化倾向，破除资本逻辑的束缚，让文化产业真正成为人民精神生活的重要支撑。

二、以社会关系革新破除资本逻辑的拜物教呈现

资本拜物教是把人的抽象劳动这一主要社会属性转移到商品中，人自身也变成了一种商品。马克思对商品、货币与资本拜物教的认识看似是着力于外在形式上的，背后的线索却在于资本逻辑自身，以拜物教的名义则

主要是为反击当时的资产阶级政治经济学家。马克思区分了拜物教的物质形式和观念形式，这是资本逻辑选择的“物”的属性方面。因为拜物教的社会存在对于日常生活中的当事人来说是客观的，并且他们无法穿越这种社会生活的假象而深陷其中。我们认识到现实生活中存在的就是物与物的关系，存在就是拜物教文化的表征，人们每天客观发生的生产、生活方式都是按照这种表现来进行的。如此一来，文化与人们社会生活的界限变得逐渐模糊。所以，警惕人们的生活世界容易被资本逻辑殖民化，使得整个社会文化呈现出趋同化特征，需要以社会关系革新破除资本逻辑的拜物教呈现。资本主义社会生产力发展水平决定了资本逻辑的存在和运行，而资本主义生产方式是其赖以存在的基础，生产关系的改变必然会对资本主义生产方式产生影响。因此，马克思认为，要破除资本逻辑及其拜物教对社会的全面支配，就必须从生产领域入手，通过改变生产领域的生产关系来改变资本主义社会的生产关系。对此，马克思强调，在资本主义社会中，生产力发展水平决定着资本逻辑运行的广度与深度。随着资本主义生产范围的不断扩大与扩展，资本逻辑的运行也愈加深入渗透到社会生产、经济生活及社会生活等各个方面。因此，只有通过对资本主义生产关系的改革与调整，来摆脱资本主义社会中资本逻辑对人的奴役与支配，这就意味着，要想真正实现人的解放，就必须彻底破除资本主义社会中资本逻辑所建构起来的拜物教世界，进而以社会关系革新实现人的本质的复归。为了使人在社会关系中获得解放，需要通过对资本主义生产关系的变革实现对资本逻辑的解构与超越。在这种解构与超越中，需要不断对资本逻辑背后隐藏着的拜物教现象进行揭露与批判。而这种解构与超越所带来的社会关系革新是以生产领域为基础并对生产关系进行彻底的革新，使劳动成为人与人之间联合劳动的形式和自由自觉活动方式。因此，在社会生产领域中，只有当社会关系与劳动方式都发生改变时，才能为人获得全面解放提供条件。

马克思对拜物教的揭示不仅放在资本逻辑赋予的物的属性上，也在人与人之间的关系上，最主要的表现就是以货币为代表的关系媒介。马克思认为资本逻辑追求的货币增殖不过是一种异己的、能够超脱自身力量的媒介，资本正是以此掌握经济关系进而控制着整个社会关系，而人自身力量却产生了失位。马克思指出："因为媒介是支配它借以把我间接表现出来的那个东西的真正的权力，所以，很清楚，这个媒介就成为真正的上帝。"[①]马克思关于这一媒介作用的观点表明媒介也是可以拜物的。这种媒介有着属于自己的拜物教，决定着属于这一"新宗教"的人际关系的方式，以及只有那些代表该媒介的人才拥有的价值和权力。所以，当货币这一媒介成为拜物教的重要内涵之时，它就成为神明一样的"通用语言"，当交易关系发生时，人际关系、整个社会的文化氛围就变得越来越功利，越来越具有剥削性。货币在这一过程中不过是异化的媒介而已，需要认识到资本逻辑才是根本的原因。马克思批判资本逻辑实现的对人的抽象统治，已经不再是个体现象，因此必须打破整个社会文化发展的桎梏。

三、以推动人的全面发展破除资本逻辑的价值制约

资本逻辑既是物质力量也是精神力量，它不仅对生产力起到推动或制约作用，而且还对整个社会文化产生深刻影响。一方面，资本在促进物质生产方面的作用日益明显，特别是随着现代科学技术的进步，以及由此带来了生产工具、生产资料、管理手段等方面不断更新升级。另一方面，资本逻辑不仅深刻影响了物质生产领域，还对人的精神世界构成了不容忽视的制约。在高度分工的社会结构中，个人之间以及个人与社会之间的界限日益清晰，甚至出现了某种程度的对立与分离，这样的环境下，实现社会

① 《马克思恩格斯全集》第42卷，北京，人民出版社1979年版，第19页。

全体成员的全面发展显得尤为艰难。这就要求促使人们在劳动中更加注重实现自身全面发展、追求自身价值和幸福生活。

虽然资本主义社会的思想形式多以资本拜物教的形态出现，但作为文化批判理论的一种，资本拜物教其实有限定的范围，拜物教也没有穷尽社会意识所用的形式。为了突出近代资产阶级政治经济学家所认为的科学与工业进步的结果，其也不过是迷信、原始行为的拜物教的体现。资本主义让纯粹的剥削关系，从最初的以宗教为原始粉饰的社会生产关系中赤裸裸地展现出来。在现实生产、生活过程与人们的交往活动中，资本逻辑的客观影响无时不存在于人的观念中并表现出来。而文化维度上的资本拜物教形象，对于人自身发展来说，首先是向人的意识中渗透，然后才会有在此认识下的行动。马克思揭示了人们现实的关系和活动，以及生产、生活方式的有意识表现的异化，这种形式规定性或范畴的物质承担者是本身所固有的属性。在这个意义上，文化维度上破除资本逻辑的价值制约和文化宰制，根本在于推动人的全面发展。

需要建立以推动人的全面发展和美好生活为衡量尺度的价值规范体系。中国可以充分发挥中华文化的特点和社会主义的优势，以国家力量和政府行动的搭配，使人的自由成为推动人全面发展的真实内容，人的主体价值提升使发展的实效性得到提高，正如马克思在《资本论》中的论述："只有当社会生活过程即物质生产过程的形态，作为自由联合的人的产物，处于人的有意识有计划的控制之下的时候，它才会把自己的神秘的纱幕揭掉。"[①]美好生活指向下对人全面发展的认识提升，使我们能够深刻理解马克思对资本逻辑批判的文化向度，并能一探实现人的全面发展、社会的全面进步的美好生活样貌。人并非一开始就是孤立的、不自由的和异

① 《马克思恩格斯文集》第5卷，北京，人民出版社2009年版，第97页。

化的，需要在现代化发展过程中寻求一种人的主体独立性、主体能力和主体自由的发展，不是超越了某种自由的一无所有，而是“建立在个人全面发展和他们共同的、社会的生产能力成为从属于他们的社会财富这一基础上的自由个性”[①]。正如孔子所言的“君子不器”(《论语·为政》)，千百年来中国人始终致力于推动人的全面发展，使人的社会关系逐渐趋向马克思所预言的“自由人的联合体”，对联合体的理解，就是超越被动自由、超越资本逻辑束缚的真实的基于人们需要本身的自由，以及发展的目的性、工具性、结果重要性和程序正义性的有机结合，为人们在全面发展中实现自由的实践奠定坚实的基础。相比于传统资本主义市场经济的发展，社会主义市场经济能够拥有国家力量这一“有意识有计划”的保证，中国共产党能够纵览国际国内风云，处理好自由与民生关系，提出新发展理念，让全体人民可以共享改革发展成果，从而实现更加美好的生活。因此，我们需要也完全有能力建立一个实践全面发展的价值规范体系，这包括坚实的法治、行为准则与协议。总之，在经济与社会共同体之中的全面发展，是一个动态发展的过程，绝非一成不变，只有建立一个有尺度的价值规范体系，对全面发展的社会安排才会更为恰当和富有成效。另外，国家力量与政府行动除了提供外在的保证，还需要有更多的人文内涵，提供的是一个广泛的“包容性制度”，让更多人参与到全面发展与实现美好生活的过程中，本身这是一种对自由的实现，其追求的美好生活所体现的不同个人价值拥有更大的包容性，成为一种主动的自由，最终是以美好生活的价值目标来引领人的全面发展。

从现实来看，随着全球化进程中实体资本增殖疲软，资本逐渐进入文化领域，世俗世界建构固定的独立王国——意识形态的布控越来越强

① 《马克思恩格斯文集》第8卷，北京，人民出版社2009年版，第52页。

劲，“资本主义社会由此走向了一条文化和意识形态单向度建构的发展路径”[①]。从文化层面上规制拜物教的问题是历史唯物主义发展的时代课题，需要坚定人民才是社会历史发展的创造者和变革者。无产阶级的斗争能够使人民在资本主义历史发展中逐渐脱离社会关系上的隐性的却是强制的依附关系。马克思的拜物教批判让资本拜物教这一“古老的迷信”在当代资本主义生产方式中被再现了，人们的生活需要像摆脱封建束缚一样摆脱资本主义带来的投射、异化和客体化。马克思找到了资本逻辑不能克服自身限制进而达成的文化宰制，同样也让我们看到了资本主义拜物教特性也只是历史发展暂时的必然，它自身包含的内在矛盾最终导致它会被扬弃为更高的阶段，我们需要创造一个新的社会文化环境以逐步摆脱它的束缚。

推动人的全面发展也是由马克思主义关于人的自由全面发展理论所决定的，是人民根本利益和共产主义崇高理想的集中体现。坚持和完善中国特色社会主义制度，就是要为实现人的全面发展创造有利条件，从而切实维护最广大人民的根本利益。中国特色社会主义制度是马克思主义关于人的全面发展理论在中国实践中的创造性运用和发展。它遵循社会主义初级阶段基本国情，坚持人民主体地位，始终把实现好、维护好、发展好最广大人民根本利益作为党和国家一切工作的出发点和落脚点，并充分体现到国家政治经济制度之上。中国特色社会主义制度以促进人的全面发展为目标，坚持公有制为主体、多种所有制经济共同发展，为推动人的全面发展提供了经济基础；坚持按劳分配为主体、多种分配方式并存的分配制度，既体现了社会主义本质要求，又为人的全面发展提供了重要保证；坚持人民当家作主和依法治国有机统一，不断推动社会主义民主政治建设；坚持

① 王荣：《马克思拜物教批判的哲学革命品格》，北京，人民出版社 2018 年版，第 291 页。

社会主义核心价值观和以爱国主义为核心的民族精神、以改革创新为核心的时代精神，不断弘扬民族文化精神；坚持中国共产党领导和中国特色社会主义道路，而中国特色社会主义制度是促进人的全面发展必不可少、不可或缺、无法替代的制度保障。

四、中华文化主体性建设的辩证统一

中国当前正处于新时代的文化社会转型关键期，其明确目标是在各个维度上全面实现中国式现代化，这一转型的核心在于推动中国式现代化文化体制的深刻变革。为此，必须坚决破除一切束缚和阻碍文化现代化进程的消极力量。在此背景下，加强中华文化主体性建设，要求我们积极激发现代性文化发展的正面能量，鼓励创新、开放与包容的文化氛围，又必须坚决消除那些阻碍现代化文化进步的消极因素，比如保守观念、僵化体制等，为进一步深化文化体制机制改革扫清障碍。

随着资本主义进入后工业社会阶段，资本主义文化的全球扩张与各民族文化的碰撞融合构成了复杂多变的国际文化景观。这一背景下，文化霸权、消费文化泛滥与全球文化资源不平衡等现实矛盾，资本主义文化与局部战争动荡的关联，以及文化多元化趋势，共同构成了中华文化主体性建设不可忽视的时代大幕。自 20 世纪 80 年代起，新自由主义经济思潮在全球范围内兴起，并对世界历史进程产生了深远影响。中国在改革开放后，选择了引入市场经济体制，开创了社会主义市场经济的独特模式。这一变革带来了经济繁荣与物质丰富的显著成果，但随之而来的，也有资本主义文化附带的一系列负面影响，这些影响有进一步蔓延的趋势。尽管我国的社会制度迥异于西方，但资本主义工具理性过度发展所引发的社会问题，比如精神文化领域的混乱、文化表面的虚假繁荣、价值信仰的危机等，在我们社会中也有不同程度的体现。西方社会的拜金主义、消费主义、享乐主义等思潮悄然渗透，所以邓小平早已意识到了它的危害性，深刻指出："在社会主义国家，一个真正的马克思主义政党在执政以后，一定要致力于发展生产力，并在这个基础上逐步提高人民的生活水平。这就是建设物质文明。过去很长一段时间，我们忽视了发展生产力，所以现在我们要特别注意建设物质文明。与此同时，还要建设社会主义的精神文明，最根本的是要使广大人民有共产主义的理想，有道德，有文化，守纪律。"[①]

在推进中华文化主体性建设的过程中，我们不仅要警惕西方资本主义文化以其排他性和斗争性逐渐渗透日常生活，引发拜金主义和消费文化的泛滥，同样不能忽视东方社会内部封建主义文化遗留的落后性。历史悠久、文化深厚的民族，其文化传统中往往蕴含着更为深刻且广泛的消极因素，这些内容对社会进步与发展的阻碍作用尤为显著。中国历经2000多年的君主专制社会，形成了以"神权、君权、父权、夫权"为核心的儒家文化体系。尽管新文化运动对此进行了猛烈的冲击，但传统封建思想的残余至今依然影响深远。中国共产党在成立之初，便投身于激烈的革命斗争之中，这在一定程度上限制了党对理论研究的深入探索，导致理论准备相对不足。在此情境下，资本主义文化的思潮如潮水般涌入，进一步冲击了人们的思想观念。尽管中国共产党早已确立了马克思主义作为系统化意识形态和思想道德的基石，并以俄国为借鉴，但传统的封建文化、陈规陋习等隐性文化因素依然顽固存在，严重束缚了社会的发展步伐。社会主义制度的建立，是在政治、经济、文化均相对落后的基础上起步的，封建社会的落后性残余并未得到彻底清除。因此，我们必须对封建传统文化的落后性保持高度警惕，正视其存在及其带来的危害，并采取积极有效的措施加以清除和改造。这不仅是为了维护中华文化的主体性和纯洁性，更是为了

① 《邓小平文选》第3卷，北京，人民出版社1993年版，第28页。

推动社会的全面进步与发展，实现中华民族的伟大复兴。

中华文化主体性建设亟须清除多种非科学文化思潮的负面影响。当前，中国文化体制机制改革正处于深刻转型阶段，新自由主义、复古主义、“文化虚无主义”及“历史虚无主义”等思潮交织浮现，对文化生态造成了一定程度的混乱。在全球经济危机的频繁冲击下，资本主义文化所推崇的“消费合理”价值观遭受广泛质疑。这种文化不仅激发了人们难以满足的贪欲，还催生了消费主义盛行、资本贪婪无度及全球普遍债务问题。在此背景下，有人提出重建国际文化的构想，旨在既摆脱封建主义文化的束缚，又超越资本主义文化的局限，于传统文化基础上构建一种全新的无产阶级文化。然而，这一主张若稍有不慎，就容易滑入“文化虚无主义”的误区，即片面否定一切既有文化成果，试图从零开始构建新文化体系。因此，在推进中华文化主体性建设的过程中，我们既要勇于批判和超越那些阻碍社会进步的文化思潮，又要坚持文化发展的历史唯物主义立场，尊重并吸收人类文明的优秀成果，确保在继承与创新中推动中华文化的繁荣发展。

早在20世纪初，列宁就对俄国“无产阶级文化派”所秉持的虚无主义立场进行了深刻批判。他明确指出，虚无主义无法孕育出真正的社会主义文化。相反，社会主义文化的构建必须根植于广泛的文化土壤之中，这包括了对资本主义文化及其他一切历史经验教训的批判性继承。列宁强调，对资产阶级文化的态度不应是简单的否定或形而上学式的摒弃，而应是一种辩证的否定，即在否定中蕴含着肯定，是在批判中吸收其有价值的成分。“马克思主义这一革命无产阶级的意识形态赢得了世界历史性的意义，是因为它并没有抛弃资产阶级时代最宝贵的成就，相反却吸收和改造了两千多年来人类思想和文化发展中一切有价值的东西。只有在这个基础上，按照这个方向，在无产阶级专政（这是无产阶级反对一切剥削的最后的斗争）的实际经验的鼓舞下继续进行工作，才能认为是发展真正的无产阶级文化。”[①]同时，提出无产阶级文化应是人类创造的全部知识合乎规律的发展。“应当明确地认识到，只有确切地了解人类全部发展过程所创造的文化，只有对这种文化加以改造，才能建设无产阶级的文化，没有这样的认识，我们就不能完成这项任务。无产阶级文化并不是从天上掉下来的，也不是那些自命为无产阶级文化专家的人杜撰出来的。如果硬说是这样，那完全是一派胡言。无产阶级文化应当是人类在资本主义社会、地主社会和官僚社会压迫下创造出来的全部知识合乎规律的发展。”[②]在推动中华文化主体性建设的进程中，我们必须鲜明地强调其社会主义的文化特色，要面向世界，积极吸纳人类文明的一切优秀成果，以社会主义文化特色为引领，推动中华文化的创新与发展，为世界文化的多样性贡献中国智慧和中国方案。

第三节　超越资本逻辑基础上的文化自信

马克思的资本逻辑批判思想给我们以超越资本逻辑的启示，在文化上我们需要一种“通变”风格的思路，重视资本逻辑中的“物”对人的生存性作用前提下，满足人民美好生活需要中的文化需求。当代中国对于资本逻辑的超越需要深深扎根中国文化，形成一种中国式的“逻辑”。正是这样一种“东方式逻辑”的框架，让马克思主义与中国具体文化特点相互贯通，中国文化自信需要体现在马克思主义基本原理之中，尤其是应对宰制近代社会发展的资本逻辑之上。文化自信能够为理解马克思的资本逻辑批

① 《列宁全集》第 39 卷，北京，人民出版社 2017 年版，第 374 页。

② 《列宁全集》第 39 卷，北京，人民出版社 2017 年版，第 334 页。

判提供一个发展性的历史观框架，从而真正革除资本拜物教的资本逻辑文化宰制根源，消解“资本的意志侵入到了人们精神和情感领域”[①]，实现人真正的解放。尤其是对待资本逻辑掌控下的一些文化产业，需要让其回归自律性的发展规律，发展多样性的文化产业来满足人民对优秀文化产品的需要，不断促进人的全面发展。

当今世界，文化是民族的血脉，是人民的精神家园。文化自信是一个民族、一个国家以及一个政党对自身文化价值的充分肯定和积极践行。这就要求我们必须坚持以马克思主义为指导，坚定中国特色社会主义文化自信，努力建设社会主义文化强国，推动中华优秀传统文化创造性转化、创新性发展，不断提高国家文化软实力。文化自信是对文化主体性建设的价值以及文化发展成果的肯定，也是对其文化生命力和创造力的坚定信念。文化自信是在人类文明发展过程中产生和形成的，是一个民族、一个国家对自身文化价值的充分肯定和积极践行。马克思主义文化理论揭示了人类社会发展的普遍规律，也指明了中华文化主体性建设的现实道路。在建设、巩固和发展中华文化主体性过程中，必须坚持以马克思主义为指导，深入研究资本逻辑在社会主义现代化建设中产生的作用及其问题，通过弘扬社会主义核心价值观，不断增强文化自信，在对资本逻辑进行批判性超越的基础上实现中华文化主体性建设的发展。这就要求我们必须坚持马克思主义文化理论与中国具体实际相结合，始终遵循当代中国文化建设和发展的正确方向，自觉运用马克思主义立场、观点和方法分析解决实际问题。

自中国挣脱近代以来半殖民地半封建的沉重枷锁，走上社会主义的发展道路以来，中国人民始终不渝地奋斗在民族复兴的伟大征程上。在这条

---

① 杨丽丽:《“拜物教”嬗变的根本动因及其社会影响——基于“符号拜物教”和“符号价值”的跨学科研究视角》,《思想教育研究》2020 年第 8 期。

道路上，经济建设是基石，政治建设是保障，而精神文化建设则是推动社会进步的强大动力。面对全球经济危机带来的文化自觉与文化迷茫交织的复杂局面，中华民族伟大复兴的理论自觉应运而生，它是对文化价值体系深刻反思与重构的集中体现。随着中国特色社会主义文化事业的蓬勃发展，中国人民的文化自觉日益成熟，这不仅是对西方资本主义文化价值系统合理性危机的一次积极回应，更是马克思主义文化解放价值诉求的深刻体现。这一理论将“人民的美好生活”确立为我们的奋斗目标，强调实干精神，警惕空谈误国，致力于全方位实现中国式现代化。而中国式现代化的建设，离不开科学发展的马克思主义大众化的社会文化的引领。需从多维度、多领域、多视角入手，实现文化的全面解放。这既包括对资本主义文化消极性因素、封建主义文化落后性因素的批判与超越，也包括对多种非科学性文化思潮的清理与引导。同时，我们还应积极构建符合时代要求的新文化体系，包括促进经济文化的科学发展、推动政治文化的民主参与，以及不断开辟马克思主义中国化时代化新境界。马克思以深邃的洞察力审视世界，致力于全人类的解放事业。面对资本主义文化“无休止经济增长”本质下隐藏的致命危害，我们必须有清醒的认识，并努力摆脱其思想束缚，这是全人类亟待解决的时代课题。在此过程中，我们应充分发挥社会主义文化的先进性和优越性，在中国特色社会主义文化层面上实现对资本逻辑的超越，这也正是中国文化自信的彰显路径。

一、继承与创新中华优秀传统文化的底色

文化自信是现实性、发展性的实体概念，是民族凝聚力和国家感召力的基础。发扬优秀传统文化能够在历史维度上不断革除资本逻辑的文化宰制，并且为扬弃资本逻辑准备好精神要素。

中华优秀传统文化是我们的“根”和“魂”，是中华民族在5000多年

悠久历史进程中积累下来的宝贵财富，文化自信的形成离不开对优秀传统文化的继承与发扬，这是实现文化自信的必要前提。中国特色社会主义文化既要吸收中华优秀传统文化中的积极因素，又要坚持马克思主义指导思想，批判借鉴外来优秀文化成果。特别是在改革开放之后，我们党以巨大的政治勇气和理论勇气，对中华优秀传统文化进行了创造性转化和创新性发展，使中国特色社会主义文化得到了丰富与发展。

在中华文化的百花园中，博大精深的中华优秀传统文化是一株枝繁叶茂的参天大树，是中华民族独特的精神标识，是我们最深厚的文化软实力。在习近平新时代中国特色社会主义思想中，中华优秀传统文化是当代中国文化创新发展的不竭动力，也是提升我国文化软实力、建设社会主义文化强国的重要支撑。习近平总书记指出："独特的文化传统，独特的历史命运，独特的基本国情，注定了我们必然要走适合自己特点的发展道路。对我国传统文化，对国外的东西，要坚持古为今用、洋为中用，去粗取精、去伪存真，经过科学的扬弃后使之为我所用。"[①]这就要求我们正确处理继承与创新的关系，在继承优秀传统文化底色基础上，不断进行创造性转化、创新性发展。比如，"仁爱"思想是中国传统文化的重要内容，是儒家文化的核心思想，也是中华文明的精神基因。中华文化历来以"仁爱"为核心，其基本精神是"仁爱"，而"仁"与"爱"的关系亦即"仁者爱人"。"仁"首先表现为对他人的关爱和同情。孔子认为，仁者就是能体贴他人之痛苦的人，即以"己欲立而立人，己欲达而达人"(《论语·雍也》)为原则来处理人与人之间关系的人。孟子认为，仁爱就是要做到"老吾老以及人之老，幼吾幼以及人之幼"(《孟子·梁惠王上》)。"仁"还表现为对社会群体和个人之间关系的重视和关切。荀子认为，仁爱是一种

① 《习近平著作选读》第1卷，北京，人民出版社2023年版，第150页。

情感表现、情感能力，同时也是一种道德表现和道德能力。可以说，“仁爱”思想贯穿中国传统文化的各个方面和各个领域，仁爱思想也是中华优秀传统文化的重要内容。“爱人”就是仁爱思想的核心理念之一。由此可见，“仁爱”思想与我们党全心全意为人民服务的根本宗旨高度契合，与中国共产党的初心和使命高度契合，是中华民族最深厚的文化软实力。《易经》中说：“天之道，损有余而补不足。”中华优秀传统文化也把“和”作为一种理想追求，认为只有通过“和”，才能达到事物的和谐平衡状态。

在中华优秀传统文化中，“和”体现为和谐、平衡、稳定等价值观。从政治层面看，“和”就是和谐、安定、秩序；从经济层面看，“和”就是平衡、协调、互利互惠；从文化层面看，“和”就是和谐、统一和合。《道德经》中对此有精辟的论述：“天道无亲，常与善人。”而“天人合一”就是主张人与自然和谐相处。孔子提出的“君子和而不同”和孟子提出的“仁政”都强调和谐思想。今天我们提倡继承中华优秀传统文化，也需要坚持以马克思主义为指导思想，继承和弘扬中华优秀传统文化中的和谐思想理念，不断推进社会主义核心价值观建设，形成全体人民团结奋斗、共创美好未来的精神力量。比如，“中庸”是中国人的处世哲学，是中华优秀传统文化的核心内容，体现了中华民族在处理人与自然、人与社会、人与自我关系时所追求的一种和谐状态。中国传统文化的核心就是协调，这不仅是一种治国理念，更是一种民族精神状态。《论语》认为“中庸之为德也，其至矣乎！民鲜久矣”。《中庸》也强调：“天命之谓性，率性之谓道，修道之谓教。”孔子将“中庸”作为一种至高境界，认为只有在实践中达到“至中和”才能实现人生价值。从历史上看，“中庸”是中国传统文化中一种重要的思想原则，它反对极端化、绝对化和绝对主义的思想倾向。中华优秀传统文化中的中庸思想体现了“天、地、人”的有机统一和人与自然的协调。这种“和谐共生”的思想对后世中国人产生了深远影响。我们要把中华优秀传统文化的精神标识提炼出来、展示出来，把中华优秀传统文化中具有当代价值、世界意义的文化精髓提炼出来、展示出来。中华优秀传统文化的“中庸”，能够不偏不倚、折中调和。“中庸”和马克思主义基本原理中强调矛盾既对立又统一也有契合之处，认为万物既对立又统一，就能达到最好状态，这个最好状态就是“中”。《中庸》还指出：“喜怒哀乐之未发，谓之中；发而皆中节，谓之和。中也者，天下之大本也；和也者，天下之达道也。致中和，天地位焉，万物育焉。”只有当人的情感和理智、意志与客观规律达到和谐统一时，人才能表现出中庸的精神。《中庸》提出“天命之谓性”“致中和”等思想，强调人要充分发挥自己的天性和本性来处理人与自然、人与社会、人与自我的关系。作为儒家伦理道德规范的中庸之道在中华优秀传统文化中占据重要地位。中庸之道讲究的“和为贵”“和而不同”“求同存异”“中和之道”，是中国人的处世之道和处世哲学。

除了继承中华优秀传统文化，更为重要的是在当代继续创新发展中华优秀传统文化。首先，需要革除资本逻辑为实质的拜物教思想，真正明晰优秀传统文化本身，加强巩固中华民族在数千年历史长河中形成的文化信仰。马克思批判了德国哲学家鲍威尔认为的犹太人和基督徒要想实现自身的解放，必须抛弃他们信仰以及使他们受限的宗教，马克思谈道：“因为你们不用完全地、毫无异议地放弃犹太教就可以在政治上得到解放。”①可见，完全的解放并不需要脱离自身的历史和文化属性，这其实是说每个民族可以不被附加强制的条件而获得解放，中华民族在历史发展过程中并不存在宗教信仰的“历史包袱”的束缚，而是具有独特文化信仰的鲜明底色，本身也就不存在资本逻辑所继承的“神秘性”问题。其次，传统文化

① 《马克思恩格斯文集》第1卷，北京，人民出版社2009年版，第38页。

中如何看待世界、看待社会、看待物与人，有自己所传承的价值体系，中国文化中独特而悠久的精神世界，让中国人对传统文化本身具有很强的自信心。“一个有中华文化的人，是不把人作为物、作为器的，是不去用市场价值来衡量人的存在的”[①]，资本逻辑对物与物关系的文化宰制实际上也就失去了存在的根本性基础。而中华优秀传统文化中强调的“万物合理”，“彰显了中华民族优秀传统文化中蕴含的‘和合’魅力与价值”[②]。最后，传统文化中“天人合一”的思维取向恰恰是重新回归对人的社会关系属性的高度重视，从现实的物质生活（社会关系）寻找历史发展的动因，强调社会发展在于人民自身，历史发展“在于‘势’而不在‘圣人之意’”，这与马克思的历史唯物主义基本精神相通，实现“文化发展历时性和共时性的统一”[③]，也是文化自信生成的不竭源泉。

中华民族创造了源远流长的中华文化，为人类文明进步作出了不可磨灭的贡献。中华文化博大精深，学习和研究中华文化，要注重从中华优秀传统文化中汲取养分。中国历史悠久，地域辽阔，民族众多，各民族文化丰富多彩，每个民族都有自己独特的物质和非物质文化遗产。在中国漫长的历史发展过程中，各民族共同创造了丰富多彩的中华优秀传统文化。在今天，我们要汲取中华优秀传统文化中的智慧和精华，汲取世界各民族优秀文明成果，不断滋养和丰富社会主义先进文化，同时对一些落后的思想观念和陈规陋习进行批判和扬弃。这是实现中华民族伟大复兴的需要，也

---

① 田辰山：《自信来自中国哲学文化本身的源头》，《马克思主义文化研究》2020 年第 1 期。

② 孙倩倩、岳伟：《论习近平新时代中国特色社会主义思想的整体性逻辑》，《社会主义研究》2020 年第 5 期。

③ 朱光亚、江峻任：《从西学东渐到儒学复兴：马克思主义中国化视域中的儒学现代化问题》，《北京科技大学学报（社会科学版）》2020 年第 2 期。

是我们建设社会主义文化强国的需要。

二、坚定与发扬中国共产党的革命文化信仰

习近平总书记指出："革命理想高于天。"[①]革命文化又是在实现革命理想过程中形成的价值凝聚与精神动力。马克思批判了路德为代表的德国革命缺乏广泛的群众基础，因为其单纯只是停留在宗教信仰的阐释与现实知识的传递，而不是一开始就是以人民大众为中心，马克思认为必须从无产阶级中去寻找并使用大众耳熟能详的术语，一句话，要形成属于自己的革命文化。"中国共产党和中国人民在长期革命斗争中，形成和孕育了革命文化，并以这种革命文化作为重要的精神力量。""革命文化形成于中国共产党领导的革命实践之中，但它本身又是对优秀传统文化的继承和发扬。"[②]

"信仰"是一个抽象的概念，在不同的历史时期有不同的表现形式。信仰是人类历史上最深刻、最广泛的社会现象。信仰不仅是一种精神力量，更是一种强大的物质力量。一个国家、一个民族要走好新的长征路，必须有强大的精神力量。中国共产党之所以能在近代以来各种政治力量反复较量中脱颖而出，最根本的就在于始终坚持真理、坚守理想，始终牢记初心、不忘使命，用革命文化凝聚了党心军心民心，汇聚起实现民族复兴的磅礴力量，推动中国革命、建设和改革事业不断取得胜利。

第一，革命文化是中国共产党的精神之源，中国共产党之所以叫共产党，就是因为从成立之日起我们党就把共产主义确立为远大理想。中国共产党的创立和发展是中国社会从近代以来最深刻的社会变革中孕育产生的。中

① 习近平：《决胜全面建成小康社会　夺取新时代中国特色社会主义伟大胜利——在中国共产党第十九次全国代表大会上的报告》，北京，人民出版社 2017 年版，第 63 页。

② 吴海江：《中国共产党与中国文化》，上海，上海人民出版社 2019 年版，第 22 页。

国共产党的历史就是一部实现中华民族伟大复兴的历史，就是一部中国共产党领导人民创造辉煌业绩的历史。党的百年奋斗史就是一部党的文化发展史，也是一部党的文化信仰史。从新中国成立到改革开放，党领导人民在中华民族文化复兴道路上艰难跋涉，在社会主义建设时期探索中前行，在改革开放和社会主义现代化建设新时期开拓创新，始终坚持马克思主义的指导地位，以革命文化为引领和支撑，进行了艰辛的理论探索和实践创造，成功开创了中国特色社会主义道路。进入新时代以来，习近平总书记以高度的政治自觉和深厚的理论素养对革命文化进行了全面总结和科学阐释，系统阐述了革命文化对推动我国社会发展进步的重大作用，提出了新时代弘扬革命文化、传承红色基因的重大要求。党的十八大以来，以习近平同志为核心的党中央高度重视弘扬革命文化，取得一系列重大理论成果和实践成果。党领导人民成功走出了一条中国特色社会主义道路，实现了从站起来、富起来到强起来的伟大飞跃。革命文化孕育了中国共产党人的初心使命。中国共产党的初心使命是革命文化的核心内容，是在马克思主义指导下，为了实现中华民族伟大复兴而奋斗的实践精神，是以“为中国人民谋幸福、为中华民族谋复兴”为使命的追求。第二，革命文化是中国共产党成立以来，党领导人民进行革命斗争的精神文化形态，是中国共产党在革命实践中所形成的世界观、人生观、价值观和道德规范体系。它始终以中华民族伟大复兴为己任，以人民利益为重，以国家和民族的前途命运为念，“江山就是人民，人民就是江山。中国共产党领导人民打江山、守江山，守的是人民的心”[①]。党始终把人民放在心中最高位置，一切为了人民、一切依靠人民，把实现好、维护好、发展好最广大人民根本利益作为一切工作的出发点和落脚点。第三，革命文化为实现中华民族伟大复兴提供了强大精神动力。在中国共产党的坚强

① 《习近平著作选读》第 1 卷，北京，人民出版社 2023 年版，第 38 页。

领导下，革命文化如同一股磅礴的力量，激励着亿万中华儿女不屈不挠、奋勇向前。它见证了中华民族从深重苦难中崛起，从列强欺侮下挺立，最终实现了民族解放、国家独立和人民当家作主的伟大跨越。革命文化不仅是中国共产党人的精神支柱，更是实现中华民族伟大复兴不可或缺的强大精神动力。经过长期努力，建立起充满活力的社会主义市场经济体制，实现了全方位开放的历史性转变，创造了经济快速发展奇迹和社会长期稳定奇迹。这一伟大成就充分证明，革命文化是我们党坚定信仰信念、把握历史主动、团结带领全国各族人民不断前进所需要的强大精神力量。第四，革命文化是中国共产党取得历史性成就的文化基因。在党的百年历史进程中，中国共产党始终以革命文化为引领，弘扬爱国主义精神。当前，世界正经历百年未有之大变局，中国正处于实现中华民族伟大复兴关键时期，中国共产党将团结带领全国各族人民踏上实现第二个百年奋斗目标新的赶考之路。要更加坚定地传承和发扬革命文化，以党领导人民进行革命的历史实践积累下来的宝贵精神财富为源泉，不断丰富和发展革命文化的内涵。要更加坚定地弘扬和传承革命文化所蕴含的强大精神力量，以昂扬向上、奋发有为、勇毅前行的精神状态走好新时代长征路。第五，革命文化为党的建设和革命斗争提供了强大的思想武器，文化是一种信仰，也是一种精神力量。中国共产党领导人民进行革命、建设、改革的伟大实践，孕育了具有中国特色的革命文化，为党的建设和革命斗争提供了强大的思想武器。我们党始终坚持马克思主义指导地位不动摇，始终坚持用马克思主义武装全党，始终坚持用马克思主义指导党的理论建设。从《共产党宣言》到《新青年》，从《英国工人阶级状况》到《中国社会各阶级的分析》，一部马克思主义中国化历史，就是中国共产党领导人民进行革命、建设和改革实践的历史。我们党始终把革命文化作为加强党的思想理论建设和意识形态工作的重要抓手，通过开展以马克思主义为指导的教育运动、学习运动、思想教育等多种方式，把革命文化贯穿党的建设和社会主义现代化建设全过程。正是在这种深厚文化根基上，我们党才能不断汲取历史经验和智慧，不断强化对马克思主义科学真理和理想信念的坚持，从而不断丰富和发展中国特色社会主义理论体系。我们党始终坚持用革命文化建设党、教育党员、教育人民。从新民主主义革命时期到社会主义革命和建设时期，再到改革开放和社会主义现代化建设新时期，中国共产党坚持用马克思主义武装全党。党的十八大以来，中国特色社会主义进入新时代，我们党以前所未有的力度抓思想建党、理论强党、制度治党。通过开展理论学习中心组学习、举办领导干部专题研讨班、开设网上党校等形式，坚持不懈地用马克思主义中国化时代化最新成果武装全党。实践证明，只有始终用马克思主义武装头脑，坚定信仰信念，才能在纷繁复杂的形势下保持清醒头脑和战略定力；只有始终坚持马克思主义指导地位不动摇，才能把中国特色社会主义事业不断推向前进；只有始终坚持以人民为中心的发展思想，才能不断增强人民群众获得感、幸福感、安全感；只有始终坚持守正创新、开拓前进，才能实现中华民族的伟大复兴。

在长期革命斗争中形成和发展起来的革命文化，是我们党凝聚党心军心民心最重要、最根本、最可靠的思想武器。正是因为有了这一强大思想武器才能使我们党战胜一个又一个艰难险阻。新时代新征程上我们必须倍加珍惜革命文化蕴含的丰富政治资源和宝贵精神财富，深入挖掘革命文化中蕴含的丰富党建内容和工作方法，用好革命文化这一强大思想武器开展党的建设和革命斗争。我们党一路走来，就是在革命文化的滋养下成长壮大起来的。在党的百年奋斗历程中，革命文化始终贯穿其中，成为中国共产党人宝贵的精神财富。在井冈山时期和中央苏区时期，我们党通过制定一系列正确的路线方针政策和策略，充分发挥党和人民群众的积极性创造性，并通过武装斗争来推动革命事业不断前进。我们党还注重把中华优秀传统文化中的精华与马克思主义相结合，从传统文化中汲取智慧和力量。经过长期努力，中国共产党形成了坚定信仰、实事求是、艰苦奋斗、清正廉洁、开拓创新等革命文化的丰富内涵。正是这些宝贵的革命文化内容和精神特质构成了我们党最鲜明的品格，成为中国共产党不断发展壮大的强大精神支撑。

中国共产党提出的坚持以人民为中心的发展思想，是马克思主义和中华优秀传统文化的有机融合，也是在中国近代革命历史过程中逐渐形成并成熟的宝贵理念。在此基础上能够实现对资本逻辑的超越，正是中国革命文化基因的优势所在，也是文化自信在开启全面建设社会主义现代化国家新征程中的根本彰显。其不仅着眼于传统意义上的人类文明发展问题，而且在发展过程中坚持以人民为中心，始终不依附于资本和权贵，明晰资本逻辑在历史发展过程中呈现“霸道”的根本原因，又能够在社会主义道路与制度框架内以“王道”的方法驾驭资本，为人民服务。新时代的革命话语应当置身于全面冲破资本主义文化的牢笼，在打破资本逻辑挟持改革发展利益藩篱的情境中，传承革命文化基本的价值取向，从而以此为契机，创造性转化革命文化在新时代的表达形式，为文化自信的坚定提供坚实动力。中国共产党始终是先进文化的积极倡导者和实践者，始终是先进文化的重要创造者、弘扬者和引领者。在新的时代条件下，我们党要团结带领人民坚持和发展中国特色社会主义，推动物质文明、政治文明、精神文明、社会文明、生态文明协调发展，把我国建设成为富强民主文明和谐美丽的社会主义现代化强国。这就要求我们必须坚持以马克思主义为指导，牢牢把握社会主义先进文化前进方向，不断深化文化体制机制改革。

三、发展社会主义先进文化

西方一些发达资本主义国家为了实现文化霸权，不断向其他国家输出以资本拜物教为核心内容的资本主义价值观，资本逻辑的文化宰制以更加隐蔽、更加隐性的形式进入到全球文化与文明的交流碰撞中。在这一过程中，必须坚持与完善社会主义先进文化的发展方向和要求，实现对资本拜物教的扬弃、终结乃至超越。其一，相比于资本主义的社会主义是先进文化的发展方向，已经不需要宗教到拜物教这样的“媒介”形式，马克思指出：“社会主义作为社会主义已经不再需要这样的中介；它是从把人和自然界看做本质这种理论上和实践上的感性意识开始的。社会主义是人的不再以宗教的扬弃为中介的积极的自我意识，正像现实生活是人的不再以私有财产的扬弃即共产主义为中介的积极的现实一样。”[①]其二，社会主义先进文化是创造人民美好生活的文化自信的体现。中国的当代发展，是以实现美好生活的发展愿景，能够在通过各种发展问题的解决过程中来倒逼资本的转向，强调找到属于创造美好生活的新发展逻辑，实现社会长远发展的新发展模式，重视资源节约利用和社会治理进步的文化氛围，能够在不断超越资本逻辑的过程中凝聚自信。其三，社会主义先进文化需要真正革除资本拜物教中的文化宰制性元素，这也是在当前坚定文化自信、建设文化强国的一个重要发展方向。注重坚持文化事业的社会主义性质与文化产业的市场化改革能够双向并举，不仅让中国特色社会主义文化在社会效应与经济效益的结合有了实际联动，而且需要超越以资本逻辑为主导的现代文化的消费性、功利性和狭隘性，在同党的性质、宗旨和理念的现实统一中，创造中国经验、中国智慧。

中国共产党历来高度重视社会主义文化建设，形成了中国特色社会主义文化发展道路。进入新时代，我们要在坚持和发展中国特色社会主义的历史进程中，始终把建设社会主义文化强国作为重要战略目标。中国共产

---

① 《马克思恩格斯文集》第 1 卷，北京，人民出版社 2009 年版，第 197 页。

党是以马克思主义为指导的先进政党，始终以实现中华民族伟大复兴为己任。早在中国共产党成立之初，毛泽东就强调只有无产阶级的革命运动，才能产生真正的共产主义文化。在新民主主义革命时期，我们党从思想上、文化上确立了马克思主义在意识形态领域的指导地位。毛泽东进一步强调："我们共产党人，多年以来，不但为中国的政治革命和经济革命而奋斗，而且为中国的文化革命而奋斗；一切这些的目的，在于建设一个中华民族的新社会和新国家。在这个新社会和新国家中，不但有新政治、新经济，而且有新文化。这就是说，我们不但要把一个政治上受压迫、经济上受剥削的中国，变为一个政治上自由和经济上繁荣的中国，而且要把一个被旧文化统治因而愚昧落后的中国，变为一个被新文化统治因而文明先进的中国。一句话，我们要建立一个新中国。建立中华民族的新文化，这就是我们在文化领域中的目的。"①新中国成立后，我们党把马克思主义基本原理同中国具体实际相结合、同中华优秀传统文化相结合，创造性地提出了一系列符合当时历史条件和现实需要的重大思想理论观点和战略思想，丰富和发展了马克思主义关于文化建设的理论。我们党把坚持以马克思主义为指导作为社会主义文化建设的根本原则和首要任务。改革开放以来，我们党坚持以马克思主义基本原理和科学方法分析把握我国经济社会发展的阶段性特征，并根据新的实践对社会主义文化建设提出了一系列新要求。进入新时代，我国发展环境面临深刻复杂变化，国内社会主要矛盾已经转化为人民日益增长的美好生活需要和不平衡不充分的发展之间的矛盾。我们必须把坚持以马克思主义为指导全面落实到文化建设各领域全过程。要用马克思主义观察时代、解读时代、引领时代，用鲜活丰富的当代中国实践来推动马克思主义发展，不断开辟当代中国马克思主义发展新境界。我们党把

---

① 《毛泽东选集》第2卷，北京，人民出版社1991年版，第663页。

文化建设摆在全局工作的重要位置，推动社会主义精神文明建设取得了重大成就。党的十八大以来，以习近平同志为核心的党中央高度重视社会主义先进文化建设。习近平总书记明确提出："我们不断厚植现代化的物质基础，不断夯实人民幸福生活的物质条件，同时大力发展社会主义先进文化，加强理想信念教育，传承中华文明，促进物的全面丰富和人的全面发展。"①

当前，在全面建设社会主义现代化国家的新征程中，要按照习近平总书记对加强社会主义文化建设提出的具体要求，不断增强全体人民的文化自觉和文化自信。坚定文化自信，必须坚持马克思主义为指导，以社会主义核心价值观为引领，建设具有强大凝聚力和引领力的社会主义意识形态；必须坚持以人民为中心的工作导向，不断满足人民群众日益增长的精神文化需求；必须坚持面向世界、面向未来、面向现代化，不断吸收借鉴人类优秀文明成果。

第四节　建设社会主义文化强国，不断巩固中华文化主体性

从党的十八大开始，中国特色社会主义新时代帷幕徐徐拉开。习近平总书记高度重视文化主体性建设，发表一系列重要讲话，提出文化主体性建设与发展的一系列新理念新思想新战略，形成富有新时代特点的理论创新，构成习近平文化思想的重要组成部分，从世界文明、全球视野和中国历史"长时段"审视文化，对文化的地位与作用做出具有鲜明时代内涵的新论述，是其文化思想的突出特征；中国本位，即植根于源远流长的中华优秀传统文化、立足于中国特色社会主义伟大实践，发展创新当代中国文

① 《习近平著作选读》第1卷，北京，人民出版社2023年版，第19页。

化，发扬光大中华文化，构成其文化主体性建设思想的重要内容。党的十七届六中全会正式提出了建设社会主义文化强国的目标，此后，党的十八大、十九大和二十大均重申了这一目标追求，《中华人民共和国国民经济和社会发展第十四个五年规划和 2035 年远景目标纲要》明确为，到 2035 年“建成文化强国、教育强国、人才强国、体育强国、健康中国，国民素质和社会文明程度达到新高度，国家文化软实力显著增强”①。

文化是一个国家和民族的根本、灵魂、标识，对经济社会能产生重要的引导。文化是一个民族的存在与发展的形式，是一个民族的精神所在；任何一个国家，任何一个民族，若不重视自己的意识形态和文化，失去了意识形态和文化的精髓，不但无法发展壮大，还会引发一场又一场的历史悲剧；一个国家如果没有一个强大的灵魂，就很难立足于自己的土地上；一个国家和一个民族的强大，离不开文化的繁荣，没有文化的正面引导，没有强大的精神生活，也没有物质生活的强大，一个国家和一个民族就不能在世界民族之林中立足；中华文化根植于 5000 多年的文明土壤之中，蕴含着中华民族最深刻的精神诉求，是中华民族独有的精神标志，也是中华民族不断前进的坚强精神动力。中华文明的文化融合和凝聚效应尤其明显。中华民族生生不息，屡遭挫折和危难又屡获新生，与中华文明强大的支持是分不开的。换句话说，中华文明之所以能够自古代持续发展至今，最主要的原因之一，就是我们的精神追求、精神特质、精神脉络，孕育并发展出了独特而又博大精深的中华文明。自古以来，中国能有自己的地位，有自己的影响，不在于它的军事力量，也不在于它的向外发展，而在于中华文化体现的伟大魅力。中华文明在守护自己的根本立场上，始终

① 《中华人民共和国国民经济和社会发展第十四个五年规划和 2035 年远景目标纲要》，北京，人民出版社 2021 年版，第 8 页。

坚持着与时代同步，让我们的国家拥有了坚强的国家信心和自我修补的力量，孕育着共同的情感和价值观念，共同的理想和灵魂。从长远看，振兴一个国家，除了要有足够的经济发展水平，还要有足够的精神力量，中华文明的振兴必然包含着中华文化的振兴。

在历史发展进程中，文化的功能在于与社会主义革命、建设和改革相协调，并推动其发展。新中国成立后历经 30 多年的奋斗，最终建成了较为完备的工业系统，并初步形成了坚实的国防力量，使中国在世界民族之林中傲然挺立。然而，相对于西方发达资本主义国家，中国仍然处于相对贫穷和落后的状态。以改革开放加速实现现代化，是顺应时代潮流的必然选择，改革开放“以经济建设为中心”已在党内外达成了一致意见。中国特色社会主义文化的发展必须围绕经济建设这个中心，为我们国家的现代化事业提供思想保证、精神动力和智力支持。改革开放后，中国人民在 30 多年的艰苦奋斗下，发展成为世界第二大经济体，逐步迈入了中高收入国家的行列，综合国力也达到了一定的水平，实现了从站起来、富起来到强起来的历史跨越。中国特色社会主义取得的伟大成就激发了我们的文化自信。

中国共产党从决定论和能动论出发，着重指出了文化在革命、建设和改革中的协调功能，而在之前的情形下，大多是处于配合的位置。在改革开放以后也是这样，只是从属于经济发展。经济社会快速发展的同时，逐渐凸显出人们不断增加的各种精神文化需求的重要性。文化是民族的血脉、民族的精神家园等说法的产生，也是标志着人们对于自身的身份和功能的认知发生了主动的改变。这些问题的解决既有历史的合理性，又有理论的合理性，更有现实的必然性，这也是习近平文化思想形成的理论和现实依据。

中华文化主体性建设依然要坚持马克思主义在意识形态领域的指导地位，马克思主义是我们立党立国的根本指导思想，是我们党的灵魂和旗帜。在当代中国，坚持马克思主义，最根本的是要坚持以习近平新时代中国特色社会主义思想为指导，筑牢信仰之基、补足精神之钙、把稳思想之舵。习近平新时代中国特色社会主义思想是马克思主义中国化时代化最新成果，是当代中国马克思主义、21世纪马克思主义，是中华文化和中国精神的时代精华，实现了马克思主义中国化新的飞跃。坚持以这一科学理论为指导，要坚持用习近平新时代中国特色社会主义思想武装全党、教育人民，进一步加强广大干部群众特别是各级领导干部的理论学习；全面加强党的建设，提高全党运用马克思主义分析和解决实际问题的能力，使党始终成为中国特色社会主义事业的坚强领导核心；巩固全党全国各族人民团结奋斗的共同思想基础。

一、尊重人民的主体性作用

中华文化主体性建设，离不开人的主体作用，这是文化建设的根本出发点。任何文化建设活动，都必须坚持以人民为中心，尊重人民的主体地位，始终把人作为文化发展的目的和归宿。社会主义文化是在人民群众中形成和发展起来的，中国特色社会主义文化之所以能得到广大人民群众的广泛认同，是因为它根植于人民群众之中，满足了人民群众的精神需求。只有根植人民、依靠人民，社会主义文化才能繁荣发展。

习近平总书记指出："中国特色社会主义文化，源自于中华民族五千多年文明历史所孕育的中华优秀传统文化，熔铸于党领导人民在革命、建设、改革中创造的革命文化和社会主义先进文化，植根于中国特色社会主义伟大实践。发展中国特色社会主义文化，就是以马克思主义为指导，坚守中华文化立场，立足当代中国现实，结合当今时代条件，发展面向现代化、面向世界、面向未来的，民族的科学的大众的社会主义文化，推动社会主义精神文明和物质文明协调发展。要坚持为人民服务、为社会主义服务，坚持百花齐放、百家争鸣，坚持创造性转化、创新性发展，不断铸就中华文化新辉煌。”[①]因此，在新时代，实现中华文化主体性建设必须始终坚持以人民为中心的价值取向。要充分发挥人民群众在文化生产和创新中的主体作用。人民是历史的创造者、历史的见证者和历史的评判者。同时，也要看到人民群众是推动历史进步和社会发展的力量源泉。当前，我国正处于经济社会发展转型时期，社会矛盾日益复杂多样。这就需要我们不仅要关注人民群众在物质生活方面所遇到的困难和问题，更要关注其在精神层面所面临的矛盾和问题。只有这样才能更好地满足人民群众日益增长的精神文化需要。从马克思主义经典作家关于“人”的观点来看，他们都是以“现实的人”为出发点和归宿。在中国革命、建设和改革中，中国共产党始终坚持以人为本、坚持为人民服务，并把人民作为一切工作的根本出发点和落脚点。毛泽东指出：“我们共产党人区别于其他任何政党的又一个显著的标志，就是和最广大的人民群众取得最密切的联系。全心全意地为人民服务，一刻也不脱离群众；一切从人民的利益出发，而不是从个人或小集团的利益出发；向人民负责和向党的领导机关负责的一致性；这些就是我们的出发点。”[②]习近平总书记说：“文化是民族生存和发展的重要力量。人类社会每一次跃进，人类文明每一次升华，无不伴随着文化的历史性进步。”[③]我们党历来高度重视文化和文化工作，尤其对于文化应该为谁服务、如何服务的问题，党的历代领导人都曾有过明确的指示。这是因为文化问题的中心，主要是一个为谁服务和如何服务的问题，不解决这个问题，或解决得不适当，就会使我们的文化工作与自己的环境、任务

---

① 《习近平著作选读》第2卷，北京，人民出版社2023年版，第34页。

② 《毛泽东选集》第3卷，北京，人民出版社1991年版，第1094—1095页。

③ 习近平：《在文艺工作座谈会上的讲话》，北京，人民出版社2015年版，第2页。

不协调，就会失去方向。

尊重人民的主体性作用在于人民群众是历史的创造者，是社会变革的决定力量。在中华文化中，人民始终被认为是决定力量的核心和基础。无论是孔子所倡导的“仁”，还是孟子所倡导的“民为贵，社稷次之，君为轻”（《孟子·尽心下》）等思想，无不体现了人民群众在历史进程中的重要作用。我们必须坚持以人民为中心的发展思想，把人民放在心中最高位置，使文化发展成果更多地惠及全体人民。只有坚持以人为本，尊重人、依靠人，保障人民在文化发展中的主体地位和作用发挥出来，才能实现文化主体对客体需求满足上的积极主动作用和对文化生产创新上的能动创造作用。

同时，要以社会主义核心价值观引领文化主体性建设。其一，培育和践行社会主义核心价值观，必须立足中华优秀传统文化。我们要以社会主义核心价值观引领文化建设，大力推进中华文化创新创造，积极推进中华优秀传统文化创造性转化、创新性发展。这就要求我们要以社会主义核心价值观引领文化建设的根本方向和价值取向，并充分发挥中国特色社会主义文化的重要载体作用，加强对中华优秀传统文化的挖掘和阐发，运用现代科技手段和方式改造提升传统文化，使其更好地为当代中华文化主体性建设服务。其二，坚持以社会主义核心价值观为引领，就是要把体现社会主义核心价值观要求作为哲学社会科学研究的根本出发点和落脚点，努力构建中国特色哲学社会科学的价值体系、话语体系、学科体系。在新时代背景下，我们应聚焦于培育能够肩负起民族复兴重任的新时代青年，通过深化教育引导、强化实践锻炼、完善制度保障，让社会主义核心价值观成为国民教育的灵魂、精神文明创建的灯塔以及精神文化产品创作、生产、传播的导航标。这一核心价值观需全方位融入社会发展的脉络，转化为民众内心深处的情感共鸣与日常行为的自觉遵循。我们需进一步优化文化创作生产体系，确保社会效益的优先地位，同时实现社会效益与经济效益的和谐共生。加强理论创新与发展，以马克思主义中国化时代化的最新理论成果丰富我们的思想武器，完善哲学社会科学研究评价体系，激活全社会的文化创造力与活力。其三，重视哲学社会科学人才队伍建设，充分发挥其在培育和践行社会主义核心价值观中的关键作用。为此，我们需构建具有强大凝聚力和引领力的社会主义意识形态体系，凝聚全体人民在理想信念、价值追求、道德标准上的共识，形成团结一心的强大力量。其四，创新文化传播方式与表现形式，确保文化内容贴近民生、喜闻乐见，不断满足人民群众多样化、高品质的精神文化需求，促进人的全面发展。这要求我们在推动文化建设与文化活动中，不断创新人民群众的参与机制与模式，促进中华文化的创新发展，形成独具特色、富有生命力的文化新形态。

二、继续深化文化体制机制改革

在党的二十届三中全会上提出了“深化文化体制机制改革”的要求，明确了“中国式现代化是物质文明和精神文明相协调的现代化。必须增强文化自信，发展社会主义先进文化，弘扬革命文化，传承中华优秀传统文化，加快适应信息技术迅猛发展新形势，培育形成规模宏大的优秀文化人才队伍，激发全民族文化创新创造活力”[①]。继续深化文化体制机制改革可以进一步建设和巩固中华文化主体性，我们可以对继续深化文化体制机制改革以加强中华文化主体性建设的构成要素进行归纳和分析。

首先，文化创造的源泉充分涌流，文化创造的活力持续迸发。可以明确的是，没有充沛可持续的源泉和动力，不可能建成文化强国，也不可能

① 《中共中央关于进一步全面深化改革　推进中国式现代化的决定》，北京，人民出版社2024年版，第32页。

保持中华文化主体性。根据改革开放以来的经验，文化发展繁荣的根本出路在于改革创新。以改革文化管理体制为核心，围绕建立现代文化市场体系、推动国有经营性文化单位转企改制、构建全面的公共文化服务体系等关键领域实施深刻变革，显著激发了文化创造力与生产力的空前释放，这一成果无疑是文化领域创新与繁荣的鲜活例证。全面深化文化体制机制改革，需精准把握并妥善协调党委、政府、市场、社会四者之间的关系，构建起一个党委坚强领导、政府有效管理、行业严格自律、社会广泛监督、企事业单位依法运营的综合文化治理体系。这一体系旨在加速塑造一种既符合社会主义先进文化发展规律，又紧密对接社会主义市场经济需求的全新管理模式与经营机制，从而最大限度地激发文化创新创造的无限活力。党的十八届三中全会通过的关于全面深化改革的决定，专节提出“推进文化体制机制创新”要求，由此可见文化体制机制改革对于中华文化主体性建设的动力意义。

其次，在文化强国的构成要素中，显见的、可比较性强甚至可以进行数据比较的是文化产业与公共文化服务体系。改革开放以来，我国文化产业发展取得了巨大成就。文化产业成为国民经济的重要支柱产业，已经成为国民经济增长的重要推动力，并带动了相关就业、创业和消费。但是，在文化产业发展过程中也出现了一些新问题，主要表现在文化产业过度资本化导致“泛娱乐化”问题严重、文化市场的垄断与不公平竞争问题突出，以及文化产品的价值偏离等。我们要建设的社会主义文化强国，应该是物质文明和精神文明相协调的文化强国，是具有强大竞争力、创新力、影响力的文化强国，是弘扬中华优秀传统文化、革命文化、社会主义先进文化的文化强国。

进入21世纪后，中国文化体制机制改革和发展的主要内容和亮点即在此。在文化体制机制改革的重要性、基本思路和方向均已确定的情况下，习近平总书记对文化产业发展与公共文化服务体系建设的论述基本上是原则性的重申和进一步强调，习近平总书记强调："推动文化事业和文化产业发展。满足人民过上美好生活的新期待，必须提供丰富的精神食粮。要深化文化体制改革，完善文化管理体制，加快构建把社会效益放在首位、社会效益和经济效益相统一的体制机制。完善公共文化服务体系，深入实施文化惠民工程，丰富群众性文化活动。加强文物保护利用和文化遗产保护传承。健全现代文化产业体系和市场体系，创新生产经营机制，完善文化经济政策，培育新型文化业态。"[①]一方面，加快发展文化产业，促进产业结构优化升级，提高规模化集约化专业化水平。推动国有文化企业加快完善文化生产经营机制，提高市场开发和营销能力，做优做强做大一批文化企业和文化品牌。引导非公有资本有序进入、规范经营，鼓励社会各方面参与文化创业。加快文化产品市场建设，发展基于互联网的新型文化市场业态，健全文化要素市场，促进文化资源与文化产业有机融合，创新文化投融资体制，等等。另一方面，鉴于文化产业和文化市场迅速发展的同时，存在过于看重市场和经济效益的偏向，要把握好意识形态属性和产业属性、社会效益和经济效益的关系，始终坚持社会主义先进文化前进方向，始终把社会效益放在首位，建立健全把社会效益放在首位、社会效益和经济效益相统一的文化创作生产体制机制。不能忽视的是，正因为文化事业和文化产业是社会主义事业的重要组成部分，繁荣发展文化事业和文化产业是推动社会主义文化大发展大繁荣的必然要求，以增强社会主义核心价值观引领力、培根铸魂为根本，以满足人民日益增长的精神文化需要为出发点和落脚点，深化文化体制机制改革，推动社会主义文化繁荣兴盛。所以，继续加快构建把社会效益放在首位、社会效益和经济效益相统一的体制机制，不断推进公

① 《习近平著作选读》第2卷，北京，人民出版社2023年版，第36页。

共文化服务体系建设，完善城乡公共文化设施网络，加强基层公共文化服务体系建设，通过进一步全面深化改革提高文化事业发展活力。

另外，中华文化主体性建设取得一定成就的最具说服力和标志性的是文化作品的丰富多彩和享誉世界，拥有一批国际认可、世界一流的原创性文艺作品、思想成果，一批国际闻名的文学家、艺术家、思想家、学者。否则，文化主体性建设就容易成为空谈。在当今世界文化评价标准依然主要掌控在西方发达国家手中、文化格局依然是西强我弱的背景下，一方面，中国要积极参与国际文化评价与交流平台的活动，发出中国声音、展示中国创造和创作，并努力争取认可和荣誉；另一方面，不能唯其马首是瞻，更不能投其所好、为得奖而创作，要有自主性、重原创，习近平总书记强调："在中外文化沟通交流中，我们要保持对自身文化的自信、耐力、定力。桃李不言，下自成蹊。大音希声，大象无形。潜移默化，滴水穿石。只要我们加强交流，持之以恒，偏见和误解就会消于无形。"[①]要努力打造基于中国、面向世界、文明平等、交流互鉴互赏为宗旨、主动设置主题和话题的文化评价平台，这也是一个文化强国应有的作为和标志。当然，归根结底，文化强国还是要靠一流的文化精品、原创性成果说话。

最后，从国家层面到乡村的六级公共文化服务体系已经基本建立，要加快健全和完善重大公共文化工程和文化项目建设，强调向基层向农村向贫困地区倾斜。为了全面提升城乡公共文化服务水平，需进一步完善公共文化服务体系，优化资源配置策略，确保城乡间文化资源的均衡分配。国家应制定并推广统一的公共文化服务标准和指标体系，以此推动基本公共文化服务的标准化与均等化进程，让每一位公民都能享受到高质量的文化

---

① 中共中央文献研究室编：《习近平关于社会主义文化建设论述摘编》，北京，中央文献出版社 2017 年版，第 205 页。

服务。在实施过程中，应聚焦重点文化惠民工程，通过政策引导促使公共文化资源向城乡基层倾斜，扩大服务覆盖面，并强化服务的实际效果。具体而言，要深入推进广播电视村村通、农家书屋建设、乡镇综合文化站升级等关键项目，确保这些工程能够真正惠及广大农村地区，缩小城乡文化差距。同时，针对革命老区、民族地区、边疆地区及贫困地区，应实施更加倾斜的政策支持，推动这些区域的公共文化建设实现跨越式发展，让文化成为促进区域均衡发展的重要力量，还应建立健全支持群众性文化活动的长效机制，鼓励并引导社会各界参与组织多种形式的基层文化活动及全民健身运动。深化公益性文化事业单位改革。建立健全政府向社会力量购买公共文化服务机制，加大公共文化设施免费开放力度。增加优质文化产品和服务供给。鼓励社会力量参与公共文化服务体系建设等。[①]概言之，就是“坚持政府主导、社会参与、重心下移、共建共享，坚持缺什么补什么，注重有用、适用、综合、配套，统筹建设、使用与管理，加快构建普惠性、保基本、均等化、可持续的现代公共文化服务体系”[②]。2020年，基本建成覆盖城乡、便捷高效、保基本、促公平的现代公共文化服务体系的目标已经实现了，下一步是与党的十九大确定的中国现代化建设两步走战略同步，进一步促进公共文化服务现代化、标准化和均等化。党的二十大报告基于全面建设社会主义现代化国家新征程和文化建设已经取得的显著成就，提出“实施国家文化数字化战略，健全现代公共文化服务体系，创新实施文化惠民工程。健全现代文化产业体系和市场体系，实施重大文化

① 参见中共中央文献研究室编：《习近平关于社会主义文化建设论述摘编》，北京，中央文献出版社 2017 年版，第 185—188、第 191—192 页。

② 中华人民共和国国家发展和改革委员会编：《“十三五”国家级专项规划汇编（上）》，北京，人民出版社 2017 年版，第 392—393 页。

产业项目带动战略”[①]等新任务。伴随这些任务逐步完成，中华文化主体性建设将得到进一步巩固和加强。

三、弘扬民族精神和时代精神

任何一个具有文化主体性并能够走在时代前列的民族，都有自己的独特的民族精神，这种民族精神都是优秀传统与时代精神的结合。习近平总书记指出：“实现中国梦必须弘扬中国精神。这就是以爱国主义为核心的民族精神，以改革创新为核心的时代精神。这种精神是凝心聚力的兴国之魂、强国之魂。爱国主义始终是把中华民族坚强团结在一起的精神力量，改革创新始终是鞭策我们在改革开放中与时俱进的精神力量。全国各族人民一定要弘扬伟大的民族精神和时代精神，不断增强团结一心的精神纽带、自强不息的精神动力，永远朝气蓬勃迈向未来。”[②]一个国家和民族要顺应时代的发展，就必须继承并培养其民族精神。要发扬和培养中华民族的精神，就必须对其进行正确的弘扬。无论在哪个时期，都离不开传统的传承、培养与弘扬。所谓传统，就是指在漫长的岁月里，不断地在人民生活中产生影响的生活方式、思想方式、价值观念、风俗习惯等。虽然是一种传统的东西，但却得到了现代人的认可。传统不等于单纯的文化典籍，继承优秀传统绝不仅仅是对文化典籍的注释。写在书上的并不就是实有的，文化典籍中的精华也并不就是完全等于传统。而从文学经典中提炼出的东西，未必就是能直接用于现在的东西。从本质上讲，对优秀传统的传承，就是要将民族传统中的优秀的、与当代实践相结合的内容，在现实生

① 习近平：《高举中国特色社会主义伟大旗帜 为全面建设社会主义现代化国家而团结奋斗——在中国共产党第二十次全国代表大会上的报告》，北京，人民出版社 2022 年版，第 45 页。

② 《习近平著作选读》第 1 卷，北京，人民出版社 2023 年版，第 98 页。

活中传播，让它不局限于书籍，更多地变成人们的思想方式、价值理念和行为准则的一部分。

对中华民族精神的发扬与培养，并非简单的“返本”、对传统的还原或对其进行的某种形式上的保守遵循。中国有很悠久的传统文化，但是这并不意味着我们就可以自然而然地强大起来，也不能使人民直接富裕起来。传统文化是一柄“双刃剑”，守旧的一面成为推动社会前进的重担，因此，在对守旧的传统思想进行打破和创新的过程中，就不可避免地出现了一些新的局面，而其中最好的部分，就是一个国家一代又一代的创新与智慧的结晶，是这个国家能够存在与延续的一种精神动力，因此，一个国家的发展与振兴，都离不开对民族精神的传承。中华文化主体性建设，并不意味着要对文化传统进行完全的传承或“尊孔读经”，而应该从现实出发，将优良的历史、文化传统传承下去。以社会需求为基础，以继续推动改革开放、实现社会主义文化强国为目标的传承，才是对优良传统的真实传承。在传承与变化中，传统不断演变。随着时间的推移，原有的一些传统会逐渐弱化，同时，随着现实的变化，一些新的事物也会逐渐变为“旧”，并浓缩成为“传统”。在历史的长河中，可以看到在社会生活中，我们所经历的一切，都是一种新的、有活力的、有生命力的、有意义的、有价值的“传统”。要发扬和培养中华民族的优良传统，就必须对其进行传承。这种传承，自然也包含了五四以后所发展起来的革命的、有思想的内容。而实事求是的精神，勇于创新、务求实效的精神，则是我们的民族精神在新的历史时期的生动体现和发扬光大，体现着民族精神的与时俱进。要发扬、培养民族精神，就要紧紧抓住时代的脉搏，同时代的精神统一起来，才能引领国家走向现代化。这关系到一个国家的民族精神是否有价值，是否能够存在，是否能够发展。一个国家既不能贬低自己的传统，又不能沉溺于传统之中。对民族精神的弘扬与培养，实质上就是一种建构与创新。对民族精神的发扬与培养，就是顺应时代，在创新中传承，在推陈中求新，从而实现了民族精神同时代精神的统一。

“时代精神”是指时代主题、本质特征、发展趋向在思想层面上的体现。与时代主题相统一的时代精神凝练，一方面，要抓住其基本特点与发展趋向，即“古为今用”，给中华优秀传统文化注入新的内涵；另一方面，要把目光投向世界文化发展的最前沿，不断地进行文化创新，培养新的民族精神，做到“洋为中用”。这就是同一流程的两面。历史早已证明，凡是背离传统、背离时代精神的民族精神，必然会走向没落。在我们这个时代，马克思主义依然是时代的精神。在现代中国，要发扬和培养中华民族的精神，就必然要继续推动马克思主义中国化时代化。所以，把马克思主义与中国革命、建设联系起来，就必须把它与中华优秀传统文化有机地结合起来。马克思主义与中国革命、建设和改革的统一，也是马克思主义与中华优秀传统文化相互融合的历史。所以，毛泽东提出：“从孔夫子到孙中山，我们应当给以总结，承继这一份珍贵的遗产。”[①]把马克思主义中国化，并不意味着要对中国的传统文化进行表面上的“化”，要把中国的传统文化“空心化”，变成“儒家的马克思主义”；马克思主义中国化并不是单纯地将“物质”转化为“气”，“矛盾”转化为“阴阳”，“规律”转化为“理”，“共产主义社会”转化为“大同社会”，这些都是简单文字游戏，是一种形式上的结合。马克思主义中国化本质上是把马克思主义同中国所面临的具体问题联系起来，把实践问题上升到理论问题，给出马克思主义的答案，同时用有中国特色的问题和科学的回答来充实和发展马克思主义。与此同时，运用马克思主义的观点对中国传统文化进行分析和批判，吸收其中的精华，并将其创造性地转化为马克思主义中国化的理论体系，“通

① 《毛泽东选集》第2卷，北京，人民出版社1991年版，第534页。

过一定的民族形式”，“使马克思主义在中国具体化，使之在其每一表现中带着必须有的中国的特性，即是说，按照中国的特点去应用它，成为全党亟待了解并亟须解决的问题。洋八股必须废止，空洞抽象的调头必须少唱，教条主义必须休息，而代之以新鲜活泼的、为中国老百姓所喜闻乐见的中国作风和中国气派”[①]。

每一个国家和民族在不同的时期，都有着各自独特的现实，有着各自独特的社会问题。中国的人口、资源与环境问题，正义与利益等关系问题，单靠传统文化是无法解决的。只有马克思主义中国化才能真正地解决这个问题。在推进中国式现代化的进程中，我们不能简单地把中国传统文化和马克思主义当作“体”和“用”的关系，中国的革命、建设和改革的实践决定了二者的关系应是辩证统一的。把中国传统文化当作“体”，把马克思主义当作“用”，或把马克思主义当作“体”，把中国传统文化当作“用”，这些都是形而上学的看法，认为“体”和“用”之间并无内在联系，可以随意选择，而只能转化为“体”和“用”的任意组合。“中华优秀传统文化是中华民族的突出优势，是我们在世界文化激荡中站稳脚跟的根基，必须结合新的时代条件传承和弘扬好。”[②]要深入挖掘和阐发中华优秀传统文化讲仁爱、重民本、守诚信、崇正义、尚和合、求大同的时代价值，让中华民族深植于心的文化基因与当代文化的脉搏同频共振，与快速发展的现代社会和谐相融，致力于弘扬那些跨越历史长河、超越地域界限、蕴含永恒魅力且具备鲜明当代价值的文化精髓。为此，需深化对中华优秀传统文化的挖掘与阐释工作，积极探索并实践传统文化的创造性转化

① 《毛泽东选集》第2卷，北京，人民出版社1991年版，第534页。

② 《中共中央关于党的百年奋斗重大成就和历史经验的决议》，北京，人民出版社2021年版，第46页。

路径，鼓励创新性发展，让古老的文化智慧在新时代焕发出勃勃生机与活力，不断赋予其新的时代内涵和现代表达形式。要加大文物和非物质文化遗产保护力度，加强城乡公共文化设施网络建设，深入开展群众性精神文明创建活动。要推动中华优秀传统文化进教材进课堂进头脑，加强青少年中华文化素养建设，使中华优秀传统文化成为涵养社会主义核心价值观的重要源泉。要推动中华优秀传统文化走向世界，坚持以我为主、为我所用，以我强大的生命力提升中华文化国际影响力。

中国共产党革命文化的一个重要特征就是将革命精神与时代精神相结合，使其具有时代性。要不断赋予革命文化新的时代内涵和表现形式，把红色资源利用好、把红色传统发扬好、把红色基因传承好，坚持古为今用、推陈出新，有鉴别地加以对待，有扬弃地予以继承。理想信念是共产党人安身立命之本，也是中国共产党的精神支柱和政治灵魂。中国共产党在领导人民进行革命、建设和改革的过程中，始终站在时代前列，敏锐把握时代脉搏，勇于担当时代重任，将革命精神与时代精神紧密结合，不断赋予其新的内涵和生命力。中国共产党在新民主主义革命时期，将革命精神与民族独立、人民解放的时代要求相结合，形成了诸如“伟大建党精神”“井冈山精神”“长征精神”“延安精神”等一系列具有鲜明时代特色的革命精神。这些精神不仅激励了无数革命先烈英勇奋斗、前赴后继，也为后人留下了宝贵的精神财富。在新中国成立后，中国共产党又将革命精神与社会主义建设、改革开放的时代任务相结合，形成了诸如“‘两弹一星’精神”“雷锋精神”“特区精神”“抗洪精神”“伟大抗疫精神”等，推动了国家的快速发展和民族的伟大复兴。作为我们党的宝贵精神财富，时代精神集中体现了中国共产党的先进性和纯洁性。在新时代新征程中，我们要从党走过的风云激荡的历史中、从党开创和不断推进的伟大事业中汲取奋进力量，继续坚定不移地以党的创新理论作为全党的精神武装，激励全党成员更加主动投身实现新时代赋予党的历史使命，不懈奋斗，勇往直前。因此，继承和弘扬时代精神，不仅是我们党对历史使命的深刻认识与自觉担当，也是我们党能够始终保持蓬勃朝气、昂扬锐气和强大战斗力的不竭源泉。

总的来说，在历史与现实面前，每一代人都面临着“继承”和“扬弃”的问题。继承和扬弃，不依赖于传统文化，而依赖于现实，依赖于实践的需求。马克思主义中国化，不是脱离中国的传统，而是以现实为基础。当前中国最大的现实，就是改革开放，实现建成社会主义现代化强国目标，实现中华民族伟大复兴。它将现代化、市场化和社会改革这三大重大社会变革集中在一个时间点上，形成了极为独特、复杂而又波澜壮阔的巨大社会变革。只有立足于这样一个现实，我们才能真正认识马克思主义的时代性，认识中华优秀传统文化的当代价值，真正把握马克思主义基本原理同中华优秀传统文化当代价值的一致性，以马克思主义对中华传统文化进行分析和批判，实现其创造性转化和创新性发展。与此同时，对中国传统文化进行了分析和批判，对马克思主义进行了创造性的理解和诠释，赋予了社会主义先进文化以“民族形式”。事实上，这就是同一流程的两面，就是马克思主义在中国的发展历程显现。

四、发展中国特色哲学社会科学

中华文化主体性能够使中华优秀传统文化和中国共产党的革命文化在这里汇集、转换，在这里同现实、同实践相结合，并获得不断发展。中华优秀传统文化是中华文化主体性的根源与母体，中国共产党的革命精神是其丰富的养分，而时代精神又是其不断革新与发展的力量。中国共产党领导的新民主主义革命和社会主义革命，为中华文化主体性建设创造了根本社会条件。改革开放和建设中国特色社会主义，为中华文化主体性发展创造了空前的契机，同时为当代发展社会主义先进文化提供了前所未有的机遇。习近平总书记指出："当代中国的伟大社会变革，不是简单延续我国历史文化的母版，不是简单套用马克思主义经典作家设想的模板，不是其他国家社会主义实践的再版，也不是国外现代化发展的翻版，不可能找到现成的教科书。"①

发展中国特色哲学社会科学，就是对发展社会主义先进文化作出突出贡献，中国化时代化马克思主义特别是当代中国马克思主义和 21 世纪的马克思主义，不仅是马克思主义先进文化的代表，而且也是马克思主义先进文化的主要内容。要使一个国家登上文化发展之巅，没有理论思考是不可能的。正如马克思主义对自然界、人类社会和人类思维发展的一般规律作了全面的揭示。从历史与现实看，中国共产党领导的回答中国经济与社会发展的重要理论与实践问题的重要结论，也是对中国文化建设的整体统筹，特别是对文化主体性建设具有重要的理论意义。以马克思主义为指导，是中华文化主体性区别于其他文化的一个重要特征，尤其是中国现代的哲学社会科学。哲学社会科学作为一种文化的生存形态，它是一个民族的意识形态成果，是一个民族的思维能力和精神品质的集中表现，是一个民族的政治体制的文化依据，也是一个民族的综合实力和国际竞争力的文化标志。中国共产党对中国哲学社会科学工作提出了一套清晰的观点，这一观点突出表现为：始终保持马克思主义在意识形态领域的指导地位，始终站在中国的立场上，围绕正在进行的伟大实践，推动马克思主义中国化时代化；哲学社会科学作为人类认识和改造世界的一种重要手段，对人类发展起着巨大促进作用；哲学社会科学是与自然科学同等的学科；哲学社会科学应着眼于中国的经济和社会发展的重要问题，以新时代中国特色社会主义为

① 《习近平著作选读》第 1 卷，北京，人民出版社 2023 年版，第 484 页。

中心展开研究；在遵循马克思主义基本原理的前提下，结合中国实际问题，对体现新时期需要的新思路、新政策进行研究、发展和深化。要坚持把马克思主义的大旗高举起来，坚持马克思主义的根本原则是一种能够与时俱进、永不过时的理念；不管时代怎么变迁，科学怎么发展，马克思主义始终保持着科学思维的力量，始终站在时代的高地上；以500多年的社会主义历史大视野审视，我们还处于马克思所指明的历史时代。

从时代出发，从实践出发。时代和实践并不只是为我们的生活带来了丰富的内涵，同时也为我们带来了全新的视角。中国正处在这个历史和时代的交叉点，在中国特色社会主义取得伟大成就的基础上，在构建人类命运共同体的理念和创造人类文明新形态的理念指引下，中国更加坚定了对马克思主义理论的信心，对理论创新、对世界问题的思考具有更强的信心，为中华文化主体性建设作出应有的创新。中国近现代哲学和文化系统的形成，在很大程度上是由西方传入东方的影响的产物。自改革开放以来，中国再次迎来了一股来自西方的文化思潮，与五四时期的西方化思潮有类似之处，成为20世纪80年代“文化热”的主要力量。21世纪以后，尽管“西学”之风渐弱，但由西而来的新思想、新方式，并没有因此而中断，反而经常在一定程度上引领着学术革新。不可否认的是，这股西学思潮在中国哲学社会科学的现代化和国际化进程中起了重要作用。然而，对于以西方为主的外国理论、概念、话语、方法等，存在着生搬硬套，乃至盲从的现象。类似“西方的学术是真正的学术”，所谓的“科学的尖端”“科学前沿”，在学术领域内过分注重个人名利、玩概念游戏、跟风热点等现象屡见不鲜，而基于中国国情与实践的文化自信的相关研究，往往没有得到足够的尊重与关注。对此，习近平总书记指出：“我们既要立足本国实际，又要开门搞研究。对人类创造的有益的理论观点和学术成果，我们应该吸收借鉴，但不能把一种理论观点和学术成果当成‘唯一准则’，不能企图用一种模式来改造整个世界，否则就容易滑入机械论的泥坑。一些理论观点和学术成果可以用来说明一些国家和民族的发展历程，在一定地域和历史文化中具有合理性，但如果硬要把它们套在各国各民族头上、用它们来对人类生活进行格式化，并以此为裁判，那就是荒谬的了。对国外的理论、概念、话语、方法，要有分析、有鉴别，适用的就拿来用，不适用的就不要生搬硬套。哲学社会科学要有批判精神，这是马克思主义最可贵的精神品质。”① 哲学社会科学的中国特色归根到底是看文化主体性和原创性，而这又取决于两个重要因素。一方面，要围绕中国的现实工作，深入地总结我国改革开放与社会主义现代化建设的实践经验，深入剖析研究社会主义市场经济、民主政治、先进文化、和谐社会、生态文明、党的建设等方面，加强对党的创新理论深入探究与精准阐释，旨在构建一套兼具学术严谨性与实践指导性的新理论体系，同时提炼出反映时代特征、具有普遍指导意义的规律性新见解与新结论；另一方面，改革开放是我国当代社会发展和历史进步的时代条件，哲学社会科学既要吸收古今各种有用的文化资源，又要倾听时代之声，在知识和理论上进行创新。中国特色社会主义的伟大实践和令人瞩目的成绩，为实现自主创新的哲学社会科学创造了巨大的发展机遇，也能够为中华文化主体性建设贡献力量。

五、辩证对待吸收外来文化

唯物史观认为，文化是人的创造性的实践劳动的成果。广义的文化是指人类劳动所创造出的一切文明成果，狭义的文化仅指观念形态的文化成果。文化的力量在于它是人类生存和发展的重要力量。一部人类社会发展史，是人类生命繁衍、财富创造的物质文明发展史，更是人类文化积

① 《习近平著作选读》第1卷，北京，人民出版社2023年版，第481页。

累、文明传承的精神文明发展史。人类社会每一次跃进，人类文明每一次升华，无不伴随着文化的历史性进步。文化总是历史的，一部文化史就是一部人类的生活史。一个民族的文化反映了这个民族的精神发展史和物质创造史。中华文化是一个逐步发展的过程，也是一个不断进步的过程。近代以来的中华文化是在中国现代社会变迁与历史思潮演进中逐步发展起来的，其目的在于挽救国家危亡，建立民族认同，实现中华民族伟大复兴。中华文化在一批先进知识分子的传播下，表现出了强大的生命力与先进性。

当代中华文化主体性的建设与发展，就是能够在不断吸收外来文化精华的基础上，创造出适合中国国情、具有中国特色的新文化。中国特色社会主义文化，就是坚持马克思主义的指导地位，要吸收人类文明中一切有益的东西，特别是要吸收近代人类社会创造的一切先进文化成果。我们在吸收外来文化的过程中，必须以科学的态度对待外来文化，坚持“古为今用、洋为中用”，这是马克思主义辩证唯物主义和历史唯物主义在社会主义文化建设中的具体运用。每个不同的社会成员都要在其活动中体现自己的社会本质，即有一个从低级到高级、从简单到复杂、从落后到先进的发展过程。这一发展过程包含物质生活和精神生活两个方面，而人类社会又是一个不断前进、不断发展、不断变化着的世界。因而，这一发展过程也是一个“扬弃”过程。马克思强调：“在黑格尔那里，否定的否定不是通过否定假本质来确证真本质，而是通过否定假本质来确证假本质或同自身相异化的本质，换句话说，否定的否定是否定作为在人之外的、不依赖于人的对象性本质的这种假本质，并使它转化为主体。因此，把否定和保存即肯定结合起来的扬弃起着一种独特的作用。”[①]新中国成立以来，我们在

① 《马克思恩格斯文集》第1卷，北京，人民出版社2009年版，第214页。

吸收、借鉴外来文化方面，主要是学习外国先进的科学技术。改革开放以后，我们吸收了国外一些有价值的文化成果，但我们对外来文化必须以科学态度对待。这些先进的科学技术和文化成果，对于促进我国经济、文化发展起到了积极作用。但也要看到外来文化与中国传统文化存在着明显差异，在认识上存在着不同看法。比如，对待西方国家的一些宗教和文化习俗，在我们的传统文化的演变中是有一定借鉴价值的。但西方宗教和习俗中一些不符合我国传统道德观念、不符合我国国情的东西，既要认识到其存在的合理性，又要注意甄别和正确对待。但如果一概排斥、否定，或者全盘引进外来文化，就会在思想上产生混乱，影响社会稳定，也不利于中国式现代化建设和社会进步。所以，在吸收外来文化时，我们必须时刻保持清醒的头脑，坚持“扬弃”态度，不能亦步亦趋，照抄照搬，只有这样才能真正使中华文化主体性建设得以加强。

习近平总书记指出：“文明交流互鉴不应该以独尊某一种文明或者贬损某一种文明为前提。中国人在二千多年前就认识到了‘物之不齐，物之情也’的道理。推动文明交流互鉴，可以丰富人类文明的色彩，让各国人民享受更富内涵的精神生活、开创更有选择的未来。”[①]文明交流、文化交往是一种客观的潮流，也是一种社会发展的需要。随着全球一体化进程的加快，国家与国家之间的关系越来越密切。全球化浪潮席卷世界各国，尤其对于发展中国家来说是严峻的挑战，这不仅仅是在经济层面上，也扩展到了政治、文化、社会等各个领域。同时，我们也要看到，机遇和挑战同在，只要我们能够抓住机会，充分借鉴西方的优秀文化，为自己所用，全球化的机遇是能够把握的。因此，对待西方文化需要采取辩证的眼光来看待，对其精华与糟粕要学会区别对待，而不是一味地排斥或盲从。但是，

---

① 《习近平著作选读》第1卷，北京，人民出版社2023年版，第229页。

对外来文化的吸纳与学习，决不是要替代本国的文化，而应是对本国文化的丰富与发展。所以，学习西方一些先进的文化，进行对外文化交流，都要建立在自己国家的国情基础上。批判继承是在吸收外来文化时，对外来文化的某些内容加以扬弃，不能全盘接受或机械地照搬。比如，对古希腊文化中的民主思想和自由、平等等观念，我们需要明确其产生的背景和适用的范围；对古印度的佛教文化和以佛教为代表的中国传统文化中的宗教思想，也不能机械地一概遵循。马克思主义是从资本主义社会的生产实践中产生和发展起来的，是当今世界最先进的科学体系，它的许多基本原理适合于人类社会发展的客观要求。这就要求我们在吸收外来文化时，坚持马克思主义为指导，坚决反对各种形式的“历史虚无主义”。吸收外来文化的目的在于使中华文化的包容性能进一步适应当今社会发展的要求，中华优秀传统文化也能够不断推陈出新，因此，吸收外来文化必须以有利于社会进步与发展为原则。

从中国国情出发，提高文化主体性的自主性和重视原创性，要以开放的心态吸纳世界上所有的优秀文化，这也是我们进一步巩固和发展中华文化主体性的必然要求，也是文化自信的体现。马克思、恩格斯在创立自己的理论系统时，对古代、近代的哲学、经济学和空想社会主义都进行了广泛的吸收，对德国、英国和法国等不同国家学者的研究成果也是如此。中华文化之所以博大精深，历史悠久，也与它对外来文化的不断吸收与借鉴有着密不可分的关系。在进一步全面深化改革和扩大开放的过程中，敢于传承人类所创造的所有优秀的文化遗产，既是时代的共识，又是时代的特点。凡是有用的东西，不管是什么学问，什么研究方法，我们都要学习，借鉴外国的理论、概念、语言、方法，海纳百川，善于融合。但不要不加分析，不加辨别，要具有批评的态度，适合的看能否直接使用，不适合的就不能照搬。我们要充分吸取近代以来对待外来文化的经验教训，顺应当今时代的变化，在对待国外意识形态和文化成果时，要牢记守正创新的原则，不能丧失对自己文化主体性的科学判断能力。要按照立足中国、借鉴国外，挖掘历史、把握当代，关怀人类、面向未来的思路，体现继承性、民族性和原创性、时代性，也要保持文化的系统性、专业性，努力构建全方位、全领域、全要素的哲学社会科学体系，在学科体系、学术体系、话语体系等方面体现中国特色、中国风格、中国气派，努力创作同我们这个文明古国、我们这个蓬勃发展的国家相匹配的优秀文化作品。

六、创作无愧于时代和人民的文艺作品

中华文化主体性建设以哲学社会科学作为基础，也离不开文学艺术作品作为重要的表现形式。如果说哲学社会科学是文化之基，显示了文化主体性的厚度，那么，文学艺术产品就是文化主体性的灯塔，显示了文化的色彩、灵气、犀利和敏锐。文学艺术是时代的召唤，它能够最大限度地反映不同时代的状况和精神风貌。中国的文学艺术在新世纪取得了巨大的发展，在题材和内容上，在创作技巧和表现手法上都取得了巨大的发展。但是，不可否认的是，文学艺术的发展还面临着“有量而无质”，有“高原”无“高峰”，复制模仿、雷同重复、机械化生产、快速消费等现象和问题丛生。而且在社会主义市场经济的浪潮中，浮躁、拜金、迷失等现象越来越明显，因此，“在有些作品中，有的调侃崇高、扭曲经典、颠覆历史，丑化人民群众和英雄人物；有的是非不分、善恶不辨、以丑为美，过度渲染社会阴暗面；有的搜奇猎艳、一味媚俗、低级趣味，把作品当作追逐利益的‘摇钱树’，当作感官刺激的‘摇头丸’；有的胡编乱写、粗制滥造、牵强附会，制造了一些文化‘垃圾’；有的追求奢华、过度包装、炫富摆阔，形式大于内容；还有的热衷于所谓‘为艺术而艺术’，只写一己悲欢、杯水风波，脱离大众、脱离现实。凡此种种都警示我们，文艺不能在市场

经济大潮中迷失方向，不能在为什么人的问题上发生偏差，否则文艺就没有生命力”[①]。

创作无愧于时代和人民的文艺作品，才能不断巩固中华文化主体性建设。首先，在社会主义市场经济的浪潮中，文学艺术作品不能失去自己文化主体性的定位，不能偏离“为何人”的问题，要坚持以人民为中心，坚持以人为本，以天下为己任。优秀文学艺术作品的作者是历史的创作者，是优秀文学艺术创作的主体记录者；文学艺术要立足于人民群众、为人民群众而存在，才能具有强大的生命力与魅力。自改革开放至今，我国文学艺术的繁荣与成果是显而易见的。然而，若从其自身的问题上来考察，问题也很明显，尤其是在社会主义市场经济飞速发展的今天，一些问题似乎越来越凸显。究其本质，在于过分强调市场化和对经济利益的追逐，过分强调个体利益，而忽略了文化主体性建设。党和政府、社会公众都意识到了，但文化艺术领域本身却没有深刻认知。在 2014 年文艺工作座谈会上，习近平总书记集中概括和分析了文艺界在市场经济中迷失的主要表现，分析其症结所在，提出有针对性的解决方案，其中之一是坚持以人民为中心的创作导向，以增强抵制市场带来的拜金主义、低俗庸俗媚俗等不良现象的自觉性，讲品位、讲格调、讲责任。只有从这一现实出发，才能真正创作出无愧于时代和人民的文艺作品。在 2021 年 12 月召开的中国文联十一大、中国作协十大开幕式上的讲话中，习近平总书记进一步阐释道：“希望广大文艺工作者坚守人民立场，书写生生不息的人民史诗。源于人民、为了人民、属于人民，是社会主义文艺的根本立场，也是社会主义文艺繁荣发展的动力所在。广大文艺工作者要坚持以人民为中心的创作导向，把人民放在心中最高位置，把人民满意不满意作为检验艺术的最高标准，创

---

① 习近平：《在文艺工作座谈会上的讲话》，北京，人民出版社 2015 年版，第 9 页。

作更多满足人民文化需求和增强人民精神力量的优秀作品，让文艺的百花园永远为人民绽放。”[①]

其次，文艺要与时代同频共振。“古今中外，文艺无不遵循这样一条规律：因时而兴，乘势而变，随时代而行，与时代同频共振。在人类发展的每一个重大历史关头，文艺都能发时代之先声、开社会之先风、启智慧之先河，成为时代变迁和社会变革的先导。”[②]文艺要反映时代潮流，与党领导的革命、建设、改革事业同步起舞，是中国共产党一以贯之的文艺理念和成功经验。文艺需要与时代同频共振，那就是讴歌党和祖国、礼赞英雄，歌颂光明、彰显正义和善良。在中国共产党人与革命文艺工作者的传统认知中，歌颂与批判被视为文艺不可或缺的功能，尽管文艺作品的复杂性与多样性远非单一类型所能概括。关于歌颂与批判的对象、方式及界限，一直是革命文艺领域内热烈讨论与实践探索的焦点，这一过程催生了一系列既蕴含深厚政治意义又兼具艺术美感的红色经典之作。然而，这也不可避免地引发文艺创作可能陷入政治化、概念化、公式化倾向。以往在革命文艺中较为边缘化的领域，如世俗生活描绘、个人情感与命运探索、社会阴暗面揭露，以及纯粹艺术追求的作品，纷纷涌现并占据重要位置。同时，自然主义、魔幻现实主义、意识流等现代及后现代创作理念与手法竞相绽放，为文艺创作注入了新的活力与可能性。在这一转型过程中，中国共产党长期倡导并珍视的，以浪漫主义与现实主义相结合为鲜明特色的文艺创作风格，却在一定程度上遭遇了挑战，甚至面临被边缘化或嘲讽的境遇。这反映了文艺生态随时代变迁而发生的深刻变化，也促使我们思考如何在保持文艺创作多样性的同时，继续弘扬和传承那些能够激发民族情

① 《习近平谈治国理政》第4卷，北京，外文出版社2022年版，第322页。

② 《习近平著作选读》第1卷，北京，人民出版社2023年版，第537页。

感、反映时代精神、引领社会风尚的优秀文艺传统。习近平总书记鲜明地提出："我们要高扬爱国主义主旋律，用生动的文学语言和光彩夺目的艺术形象，装点祖国的秀美河山，描绘中华民族的卓越风华，激发每一个中国人的民族自豪感和国家荣誉感。对中华民族的英雄，要心怀崇敬，浓墨重彩记录英雄、塑造英雄，让英雄在文艺作品中得到传扬，引导人民树立正确的历史观、民族观、国家观、文化观，绝不做亵渎祖先、亵渎经典、亵渎英雄的事情。"①还要不断推出讴歌党和祖国、讴歌人民、讴歌英雄的精品力作，"文艺创作的目的是引导人们找到思想的源泉、力量的源泉、快乐的源泉。清泉永远比淤泥更值得拥有，光明永远比黑暗更值得歌颂。广大文艺工作者要提高阅读生活的能力，善于在幽微处发现美善、在阴影中看取光明，不做徘徊边缘的观望者、讥谗社会的抱怨者、无病呻吟的悲观者"②。这些掷地有声、导向鲜明的话语，清楚地告诉文艺界中华文化主体性建设需要的文艺正能量是什么，即使是在市场经济和信息化时代，历史形成的并为实践证明为正确的文艺创作原则也必须融入到坚持和强化中华文化主体性之中。

最后，促进文艺事业的蓬勃兴盛，核心要义在于孕育出能够彰显民族精神、映照时代风貌的杰出作品与艺术瑰宝，以此作为最宝贵的精神滋养，献给广大人民群众。优秀的文艺作品，不仅是国家与民族文化创造力与高度的直接体现，更是衡量其文化繁荣程度不可或缺的标尺。中国共产党始终寄希望于文艺界能够创作出既蕴含深刻思想性，又展现高超艺术性的佳作。理想的文艺佳作应当是那些能够历经民众口碑、专家品鉴及市场

---

① 《习近平著作选读》第1卷，北京，人民出版社2023年版，第538页。

② 习近平：《在中国文联十大、中国作协九大开幕式上的讲话》，北京，人民出版社2016年版，第14页。

考验的经典作品。它们不仅要在社会效益上树立标杆，将提升公众审美、弘扬社会主义核心价值观放在首位，同时也要实现社会效益与经济效益的和谐共生，既赢得口碑也获得市场认可，这样的作品才是我们追求的文艺高峰。从创作角度说，一部优秀作品必将是反映时代精神的原创性作品。文艺是时代的号角，文艺精品一定是具有强烈时代意识、与时代共鸣的优秀作品。文艺是铸造灵魂的工程，对文艺来讲，思想和价值观是灵魂，离开了它，再丰富多样的表现形式也是苍白无力的。文艺的性质决定了它必须以反映时代精神为神圣使命。

七、扩大中华文化国际影响力

中华文化主体性构建的核心愿景，就是铸就社会主义文化强国的辉煌篇章。如何在全球舞台上拓展中华文化的国际影响力，通过文化交流这一桥梁，生动讲述中国故事，展现当代中国繁荣、进步、民主、和谐的国家形象，进而发挥好中华文化主体性的国际影响力，是摆在我们面前的历史性课题。

随着国家经济实力的显著增强和“走出去”战略的深入实施，国际社会对中国的认知出现了复杂变化，误解与偏见时有出现。在此背景下，中共中央深刻意识到提升国际话语权、通过文化交流与现代传媒塑造正面国家形象的重要性，明确提出要讲好中国故事，展示真实、立体、全面的中国，并致力于构建全方位、多层次的对外宣传格局，取得了显著成效，表现为政府主导的文化交流活动频次增加、规模扩大，民族文化展示更加丰富多彩。然而，面对西方主导的“话语霸权”及“西强我弱”的国际舆论环境，中国在国际舞台上的话语权仍面临诸多挑战，常处于有理难言或言之无力的境地。由此，习近平总书记提出：“增强中华文明传播力影响力。坚守中华文化立场，提炼展示中华文明的精神标识和文化精髓，加快构建中国话语和中国叙事体系，讲好中国故事、传播好中国声音，展现可信、可爱、可敬的中国形象。加强国际传播能力建设，全面提升国际传播效能，形成同我国综合国力和国际地位相匹配的国际话语权。深化文明交流互鉴，推动中华文化更好走向世界。”[①]其核心在于秉持文明交流互鉴的广阔胸襟，将增强国际话语权置于首要位置，把提升文化软实力作为坚实后盾，旨在塑造积极向上的国家形象并广泛扩大中华文化的全球影响力。该战略不仅体现了对不同文明的尊重与包容，也彰显了我国在国际舞台上积极发声、贡献中国智慧与方案的决心与能力。

首先，扩大中华文化影响力必须持续提升文化开放程度，积极融入并广泛参与全球文明对话的洪流之中。文明的多样性正是构建多彩世界的基石与生动体现。世界上每一种文明都如同璀璨星辰，各自闪耀独特的光芒，既拥有无可替代的辉煌成就，也难免存在需要完善之处。“如果人类文明变得只有一个色调、一个模式了，那这个世界就太单调了，也太无趣了！”[②]每一种文明都承载着不可替代的价值。文明之间并无高低优劣之分，只有如同春日里花朵般绚烂多彩的差异。正是这种多样性促进了文明间的交流与对话，而交流则进一步推动了相互借鉴与学习，使得世界文化更加丰富多彩、生机勃勃。因此，各民族国家应当秉持相互尊重、平等相待的基本原则，以开放包容的心态，积极开展互学互鉴，勇于取长补短，展现“有容乃大”的胸怀，共同营造一个和谐共生的全球文明交流环境。“我们应该推动不同文明相互尊重、和谐共处，让文明交流互鉴成为增进各国人民友谊的桥梁、推动人类社会进步的动力、维护世界和平的纽带。我们应该从不同文明中寻求智慧、汲取营养，为人们提供精神支撑和心灵

① 《习近平著作选读》第1卷，北京，人民出版社2023年版，第37—38页。

② 《习近平外交演讲集》第2卷，北京，中央文献出版社2022年版，第196页。

慰藉，携手解决人类共同面临的各种挑战”[①]。

其次，在推进中华文化主体性建设的宏伟征程中，提升国家形象与扩大中华文化的国际影响力是我们责无旁贷的历史使命。历史与现实深刻告诫我们，一个落后的民族难以避免遭受欺凌，经济的贫困则会导致生存困境，而文化的失语则会让我们在国际舞台上失去声音，进而遭受误解与批评。长期以来，我们党带领人民就是要不断解决“挨打”“挨饿”“挨骂”这三大问题。经过几代人不懈奋斗，前两个问题基本得到解决，但“挨骂”问题还没有得到根本解决。[②]随着国际社会对中国的关注度日益加深，中国道路的独特魅力与成功经验越发成为各国学者研究的热点。这一趋势为中国提升国家形象、扩大文化影响力提供了前所未有的历史机遇。面对这样的时代大潮，我们必须敏锐洞察、主动作为，紧跟时代步伐，积极把握历史机遇，努力增强国际话语权。因为缺乏话语权，任何关于国家形象与文化影响力的构建都将沦为空谈，难以在国际舞台上发挥应有的影响力与感召力。因此，我们必须坚定信心、奋发有为，以更加开放包容的姿态，向世界展示一个真实、立体、全面的中国，让中华文化的独特魅力与智慧贡献惠及全球。

再次，推进中华文化主体性建设需要增强文化软实力。其一，任何大国的崛起历程，都是硬实力（如经济总量、军事力量）与软实力（如价值观念、思想文化）双重提升的结果。其中，文化软实力作为综合国力的重要组成部分，其精髓与核心在于核心价值观的生命力、凝聚力与感召力。文化的影响力，究其根本，首先源自价值观念的影响力，因为文化之争的

① 《习近平著作选读》第1卷，北京，人民出版社2023年版，第232页。

② 参见中共中央文献研究室编：《习近平关于社会主义文化建设论述摘编》，北京，中央文献出版社2017年版，第211页。

实质，乃是不同价值观念之间的碰撞与较量。然而，在当代中国，我们面临的一个紧迫问题是，价值观念领域存在着诸多被误解、被扭曲，甚至被屏蔽的现象，这严重阻碍了我国文化软实力的有效传播与提升。因此，将当代中国价值观念贯穿国际交流与传播的各个环节，成为提升我国文化软实力、塑造良好国家形象的关键所在。我们不仅要在国内加强社会主义核心价值观的培育与践行，更要在国际舞台上积极发声，用当代中国价值观念讲述中国故事，展现中国精神，让这一先进的文化理念跨越国界，赢得世界的理解与尊重，从而推动中华文化在全球范围内的广泛传播与深远影响。其二，我们不仅要善于讲述中国故事，还要确保这些故事能够真实、立体、全面地传达出中国的面貌与风采。通过精心挑选和呈现那些能够展现中国发展成就、文化传承、社会进步以及人民精神风貌的故事，我们可以让世界更加深入地了解中国，感受到中国的独特魅力和深厚底蕴。要重点展示中国历史底蕴深厚、各民族多元一体、文化多样和谐的文明大国形象，经济发展、政治清明、文化繁荣、社会稳定、人民团结、山河秀美的东方大国形象，坚持和平发展、促进共同发展、维护国际公平正义、为人类作出贡献的负责任大国形象，对外更加开放、更加具有亲和力，充满希望、充满活力的社会主义大国形象。要把我国的发展道路、发展理念、发展方式宣传好，把我国发展为世界发展所作的贡献宣传好，批驳各种针对我国的无端质疑和不实攻击。要主动宣介习近平新时代中国特色社会主义思想，主动讲好中国共产党治国理政的故事、中国人民奋斗圆梦的故事、中国坚持和平发展合作共赢的故事，让世界更好了解中国。其三，为了增强国家的文化软实力，我们致力于充分展现中华文化的独特韵味与非凡魅力。历经五千多年的文明积淀，中华文化孕育了丰富的思想观念、人文精神与道德规范，这些不仅是中华民族精神的核心，也为解决全球性问题提供了宝贵的智慧与启示。因此，我们需深入挖掘并提炼出中华优秀传统文化的精神标识，让这些独特的文化符号焕发光彩；同时，也要挖掘并展示传统文化中那些具有当代价值与世界意义的文化精髓，使其在新的时代背景下焕发生机。此外，我们还应积极传播那些既继承优秀传统文化又弘扬时代精神，既立足本土又面向世界的当代中国文化创新成果，让世界感受到中华文化的活力与创造力。其四，在当今全球化的时代背景下，文化已跃升为凝聚民族向心力与激发创新活力的关键源泉。同时，它也是衡量国家综合竞争力不可或缺的重要维度，以及塑造和展示国家形象的核心载体。因此，提升国家文化软实力，不仅是促进社会主义文化事业全面繁荣与深入发展的内在需要，更是积极应对全球化浪潮中复杂多变挑战、确保国家文化安全与国际地位稳步提升的迫切任务。只有提升国家文化软实力，才能赢得国际社会对中国文化价值的认同，增强中国在国际上的话语权和影响力。中国特色社会主义植根于中华文化沃土，承载着中国人民独特的精神标识，是中华民族生生不息、发展壮大的丰厚滋养。中华优秀传统文化蕴含着丰富的政治智慧、道德理念、人文精神、审美追求，是发展社会主义先进文化的深厚滋养。提高国家文化软实力，需要进一步坚定文化自信，继续推动中华优秀传统文化创造性转化、创新性发展。全面提高国家文化软实力，需要进一步建设和巩固中华文化主体性。要坚持以我为主、为我所用，既大力推动中华优秀传统文化在建设中华文化主体性的基础性作用，又要坚定维护中国文化主权、安全和发展利益，为中华文化主体性建设提供基本保障。要加强对外话语体系建设和国际传播能力建设，统筹运用多种传播手段，推动中华优秀传统文化全方位多层次走向世界。

最后，为了塑造积极正面的国家形象并强化国际话语权，我们必须着重加强对外话语体系的构建与国际传播能力的提升。一是要求我们在讲述中国故事、传播中国声音、阐述中国特色时，具备高超的提炼与创新能力。我们需要善于从丰富的实践中提炼出具有标识性的概念，运用精湛的阐释技巧，创造出既新颖又易于被国际社会理解和接受的新概念、新范畴、新表述。通过这样的努力，我们能够有效提升对外话语的创造力，使其更具吸引力和说服力。同时，增强对外话语的感召力，让国际社会更加认同和接受我们的观点和立场，提高对外话语的公信力，使我们的声音在国际舞台上更加坚韧有力。二是致力于优化人文交流机制，创新交流模式，积极设立并引领讨论议题，通过大众传媒的广泛覆盖、群体交流的深度互动及人际传播的亲切交流等多种渠道，全方位展现中华文化的独特魅力与深厚底蕴。在此过程中，应特别强化新兴数字化媒体平台的运用，利用其高效、精准的传播特性，拓宽文化传播的边界。三是坚持构建以政府为引领、企业为主体、市场为导向、社会广泛参与的国际传播工作新体系。这意味着要不断创新传播理念和机制，整合并调动各类资源，形成强大合力，通过承接和实施人文交流项目，进一步加深中外人民之间的理解和友谊，促进文化的互鉴与融合。四是在推动中华文化国际传播的进程中，通过文艺作品，我们能够以更加生动、直观且富有感染力的方式，向世界展示中华文化的魅力与内涵，促进不同文明之间的相互理解和尊重，“一部小说，一篇散文，一首诗，一幅画，一张照片，一部电影，一部电视剧，一曲音乐，都能给外国人了解中国提供一个独特的视角，都能以各自的魅力去吸引人、感染人、打动人”①。习近平总书记希望“广大文艺工作者要立足中国大地，讲好中国故事，以更为深邃的视野、更为博大的胸怀、更为自信的态度，择取最能代表中国变革和中国精神的题材，进行艺术表现，塑造更多为世界所认知的中华文化形象，努力展示一个生动立体的中国，为推动构建人类命运共同体谱写新篇章”②。

① 习近平：《在文艺工作座谈会上的讲话》，北京，人民出版社 2015 年版，第 15 页。
② 《习近平谈治国理政》第 4 卷，北京，外文出版社 2022 年版，第 326 页。

总的来说，改革开放40多年来，中国共产党的文化思想展现出鲜明的时代性与创新性，紧密伴随着对国情世情的深刻洞察与实事求是的态度而不断演进。这一进程与改革开放的实践紧密相连，相互推动，共同前行。我们摒弃偏见，以客观公正的视角审视时代的变迁与实践的发展，敏锐捕捉并深入剖析全球文化领域的最新思潮、创新动向以及不同文明间的交流互鉴模式，同时关注意识形态领域的激烈交锋。在此过程中，我们深刻认识到改革开放为中国社会带来的翻天覆地变化，以及这些变化为文化建设开辟的新天地和新机遇。我们始终尊重并回应人民群众日益增长的精神文化需求，顺应时代潮流，因势利导，推动当代中国文化与改革开放和社会主义现代化建设的步伐相协调、相促进。

值得注意的是，尽管全球化促使世界在诸多方面趋于一致，但“身份认同”的问题——“我是谁”以及如何在全球化大潮中保持自主性和独立性，日益成为众多民族国家关注的焦点。这一全球性思潮提醒我们，在融入全球化的同时，绝不能迷失自我。中国对此亦不例外，我们深刻认识到文化在凝聚民族力量、构建精神家园方面的重要作用，强调文化作为民族基因、血脉、根基与独特标识的价值。这种对文化的高度重视，正是我们在全球化背景下坚守文化自觉与文化自信的具体体现。中国共产党的文化思想展现出与时俱进的鲜明特征，这主要体现在对时代变化的敏锐感知和积极应对上。更为关键的是，我们党基于丰富的实践经验，对文化建设与发展中几对重要关系的认识日益成熟，这构成了其文化思想的另一大特征。这些关系包括一元与多元、古与今、中与外等，它们不仅是资本主义经济全球化进程以来长期存在的问题，也是中国共产党在认识和处理文化问题时必须面对的核心议题。因此，中国的文化主体性建设与发展既需要紧跟时代步伐，不断创新发展，又需要深刻把握这些长时段延续性的问题，寻求在传承与创新、本土与国际之间的平衡与融合。只有这样，我们才能在全球化的浪潮中保持文化的独立性和自主性，为国家的长远发展提供坚实的文化支撑。

展望未来，随着中国特色社会主义事业的不断发展，中华文化主体性建设的道路必将越走越宽广、越走越明朗。我们有理由相信，发展和推进中华文化主体性建设，中国将在全面建设社会主义现代化国家的新征程中，不断推动社会主义文化繁荣兴盛，最终实现建成社会主义文化强国的宏伟目标。这不仅是中国人民的共同期待，也是中华民族走向伟大复兴的必然要求。

结 语

马克思东方社会理论的文化向度，不仅是资本主义与社会主义在发展旨向上对立的关系，更是对资本逻辑文化向度内在否定性矛盾展开进而实现资本历史使命的必然结果。随着社会生产力的进步，西方资本逻辑文化向度终将成为历史的插曲，东方社会的发展将完全超越资本逻辑，完成资本的否定之否定，实现马克思所论述的人与自然、人与人、人自身之间的真正和谐。

中华文化主体性的建设、巩固和发展必将实现在文化向度对资本逻辑的扬弃，进而超越资本逻辑，完成对资本的否定之否定，只有革除资本逻辑文化宰制为核心的资本主义文化，不断开拓中国文化自信的生成理路，才能进一步坚定文化自信，推进社会主义文化强国建设，从而在根本上维护好文化主体性建设。这就是超越资本主义文明的基于人的真实文化需要本身，以及发展的目的性、工具性、结果重要性和程序重要性的有机结合，体现的是人的本性与本质，而对共产主义“自由人的联合体”的理解，就是超越资本拜物教的基于人的真实文化需要本身，能够去除依靠资本逻辑发展的异化元素，使人的生活更加美好，最终实现人的解放，美好生活与共产主义在这个程度实现了有机统一。

面对当今复杂的全球化环境，我们不能仅仅被动地一体化到资本主义的世界体系中，仍然需要依靠全球化所提供的资本力量来维护自己的民族利益和共产主义目标，这便是在资本逻辑席卷世界发展潮流的“霸道”中，实现属于中华民族在驾驭与超越资本逻辑上的“王道”，也是为创造人类文明新形态和世界的进步发展提供的马克思主义方案和中国力量。

参考文献

一、经典著作

[1]《马克思恩格斯文集》第1—10卷，北京，人民出版社2009年版。
[2]《马克思恩格斯全集》第1卷，北京，人民出版社1956年版。
[3]《马克思恩格斯全集》第15卷，北京，人民出版社1963年版。
[4]《马克思恩格斯全集》第38卷，北京，人民出版社1972年版。
[5]《马克思恩格斯全集》第42卷，北京，人民出版社1979年版。
[6]《马克思恩格斯全集》第45卷，北京，人民出版社1985年版。
[7]《马克思恩格斯全集》第30卷，北京，人民出版社1995年版。
[8]《马克思恩格斯全集》第44卷，北京，人民出版社2001年版。
[9]《马克思恩格斯全集》第3卷，北京，人民出版社2002年版。
[10]《马克思恩格斯全集》第37卷，北京，人民出版社2019年版。
[11]《马克思恩格斯全集》第29卷，北京，人民出版社2020年版。
[12]《列宁全集》第26卷，北京，人民出版社2017年版。
[13]《列宁全集》第37卷，北京，人民出版社2017年版。
[14]《列宁全集》第39卷，北京，人民出版社2017年版。
[15]《列宁全集》第41—43卷，北京，人民出版社2017年版。
[16]《毛泽东选集》第1—4卷，北京，人民出版社1991年版。
[17]《邓小平文选》第1—2卷，北京，人民出版社1994年版。

[18]《邓小平文选》第3卷，北京，人民出版社1993年版。

[19]《习近平著作选读》第1—2卷，北京，人民出版社2023年版。

[20]《习近平谈治国理政》第1卷，北京，外文出版社2018年版。

[21]《习近平谈治国理政》第2卷，北京，外文出版社2017年版。

[22]《习近平谈治国理政》第3卷，北京，外文出版社2020年版。

[23]《习近平谈治国理政》第4卷，北京，外文出版社2022年版。

二、文件、讲话、资料汇编

[1] 习近平:《在文化传承发展座谈会上的讲话》，北京，人民出版社2023年版。

[2] 习近平:《在纪念马克思诞辰200周年大会上的讲话》，北京，人民出版社2018年版。

[3] 习近平:《在庆祝中国共产党成立100周年大会上的讲话》，北京，人民出版社2021年版。

[4] 习近平:《决胜全面建成小康社会　夺取新时代中国特色社会主义伟大胜利——在中国共产党第十九次全国代表大会上的报告》，北京，人民出版社2017年版。

[5] 习近平:《高举中国特色社会主义伟大旗帜　为全面建设社会主义现代化国家而团结奋斗——在中国共产党第二十次全国代表大会上的报告》，北京，人民出版社2022年版。

[6] 习近平:《在文艺工作座谈会上的讲话》，北京，人民出版社2015年版。

[7] 习近平:《在中国文联十大、中国作协九大开幕式上的讲话》，北京，人民出版社2016年版。

[8] 习近平:《文明交流互鉴是推动人类文明进步和世界和平发展的

重要动力》,《求是》2019 年第 9 期。

[9]《中共中央关于进一步全面深化改革　推进中国式现代化的决定》,北京,人民出版社 2024 年版。

[10]《中共中央关于党的百年奋斗重大成就和历史经验的决议》,北京,人民出版社 2021 年版。

[11]《中共中央关于制定国民经济和社会发展第十四个五年规划和二〇三五年远景目标的建议》,北京,人民出版社 2020 年版。

[12]《中华人民共和国国民经济和社会发展第十四个五年规划和 2035 年远景目标纲要》,北京,人民出版社 2021 年版。

[13] 中共中央文献研究室编:《习近平关于社会主义文化建设论述摘编》,北京,中央文献出版社 2017 年版。

[14] 中华人民共和国国家发展和改革委员会编:《“十三五”国家级专项规划汇编(上)》,北京,人民出版社 2017 年版。

[15]《中共中央办公厅、国务院办公厅印发〈关于加快构建现代公共文化服务体系的意见〉》,《人民日报》2015 年 1 月 15 日。

[16]《习近平外交思想学习问答》,北京,人民出版社、学习出版社 2023 年版。

[17]《习近平外交演讲集》第 2 卷,北京,中央文献出版社 2022 年版。

三、学术著作

[1] 徐光春主编:《马克思主义大辞典》,武汉,崇文书局 2017 年版。

[2] 杨耕:《东方的崛起:关于中国式现代化的哲学反思》,北京,人民出版社 2022 年版。

[3] 胡芳:《东方社会主义的文化建设境遇》,北京,中国书籍出版社 2015 年版。

[4] 张培培:《问题与解释: 马克思〈给维·伊·查苏利奇的复信〉为何四易其稿》, 北京, 中国社会科学出版社 2020 年版。

[5] 陆扬等:《马克思主义文化理论发展史》, 南昌, 百花洲文艺出版社 2018 年版。

[6] 胡海波:《新时代中国特色社会主义文化自信的总体性研究》, 北京, 学习出版社 2022 年版。

[7]《马克思恩格斯与俄国政治活动家通信集》, 北京, 人民出版社 1987 年版。

[8] 俞良早、王进芬、孟宪平等:《20 世纪马克思主义发展史》第 3 卷, 北京, 中国人民大学出版社 2019 年版。

[9] 张爱武:《世界历史性社会主义研究》, 北京, 社会科学文献出版社 2005 年版。

[10] 郑异凡:《新经济政策的俄国》, 北京, 人民出版社 2013 年版。

[11] 陈先达:《文化自信中的传统与当代》, 北京, 北京师范大学出版社 2017 年版。

[12] 王治东:《资本逻辑视域下的技术正义研究》, 北京, 人民出版社 2021 年版。

[13] 王晓路:《西方马克思主义文化批评研究》, 北京, 北京大学出版社 2012 年版。

[14] 柳泽民:《资本逻辑与科学发展——破除“中等收入陷阱”符咒》, 上海, 上海人民出版社 2017 年版。

[15] 任平:《当代中国马克思主义研究》, 北京, 北京师范大学出版社 2017 年版。

[16] 王浩斌:《市民社会的乌托邦: 马克思主义的社会历史哲学阐释》, 南京, 江苏人民出版社 2020 年版。

[17] 欧阳谦等:《文化的转向：西方马克思主义的总体性思想研究》，北京，中国人民大学出版社 2015 年版。

[18] 熊敏:《资本全球化的逻辑与历史——罗莎·卢森堡资本积累理论研究》，北京，人民出版社 2011 年版。

[19] 姚大志:《现代之后——20 世纪晚期西方哲学》，北京，东方出版社 2000 年版。

[20] 李颖:《诠释学视角下马克思主义中国化的文化价值》，杭州，浙江大学出版社 2020 年版。

[21] 陈先达:《马克思主义十五讲》，北京，人民出版社 2017 年版。

[22] 周嘉昕:《马克思的生产方式概念》，南京，江苏人民出版社 2020 年版。

[23] 王让新、李弦:《马克思资本研究的逻辑演进与哲学透视》，北京，人民出版社 2020 年版。

[24] 刘同舫:《技术的当代哲学视野》，北京，人民出版社 2017 年版。

[25] 张有奎:《资本逻辑与虚无主义》，北京，中国社会科学出版社 2017 年版。

[26] 尤可可、王儒西:《元宇宙：数字化生存新机遇》，北京，电子工业出版社 2022 年版。

[27] 刘永谋、李曈:《元宇宙陷阱》，北京，电子工业出版社 2022 年版。

[28] 李勇坚:《元宇宙：经济学的解释及真相》，北京，人民出版社 2022 年版。

[29] 张笑宇:《技术与文明：我们的时代和未来》，桂林，广西师范大学出版社 2021 年版。

［30］李怀涛:《马克思拜物教批判理论研究》，南京，江苏人民出版社 2017 年版。

［31］王荣:《马克思拜物教批判的哲学革命品格》，北京，人民出版社 2018 年版。

［32］吴海江:《中国共产党与中国文化》，上海，上海人民出版社 2019 年版。

［33］张波:《文化强国何以实现：社会主义文化制度的解释框架》，北京，学习出版社 2023 年版。

［34］杨凤城、耿化敏、吴起民、谢春涛:《中国共产党文化思想史》，北京，中共党史出版社 2023 年版。

［35］吴雪琴等:《当代中国马克思主义意识形态话语体系的研究》，南京，江苏人民出版社 2018 年版。

［36］张静:《马克思恩格斯与俄国问题研究》，北京，人民出版社 2021 年版。

［37］卢文忠:《马克思主义文化理论：一种批判性的研究》，重庆，重庆大学出版社 2020 年版。

［38］黎世红等:《马克思东方社会理论与中国发展道路》，北京，人民出版社 2019 年版。

［39］孙来斌:《马克思的“跨越论”与落后国家经济发展道路》，北京，社会科学文献出版社 2021 年版。

［40］［美］爱德华·W. 萨义德:《东方学》，王宇根译，北京，生活·读书·新知三联书店 2019 年版。

［41］［美］萨义德:《文化与帝国主义》，李琨译，北京，生活·读书·新知三联书店 2016 年版。

［42］［美］詹明信:《晚期资本主义的文化逻辑》，陈清侨等译，北京，

生活·读书·新知三联书店2013年版。

[43][美]大卫·哈维:《资本社会的17个矛盾》,许瑞宋译,北京,中信出版社2016年版。

[44][德]海德格尔:《演讲与论文集》,孙周兴译,北京,商务印书馆2020年版。

[45][英]克里斯蒂安·福克斯:《数字劳动与卡尔·马克思》,周延云译,北京,人民出版社2020年版。

[46][美]乔尔·莫基尔:《增长的文化:现代经济的起源》,胡思捷译,北京,中国人民大学出版社2020年版。

[47][德]沃尔夫冈·弗里茨·豪格主编:《马克思主义历史考证大辞典》第3卷,俞可平等编译,北京,商务印书馆2023年版。

[48][德]沃尔夫冈·弗里茨·豪格主编:《马克思主义历史考证大辞典》第2卷,俞可平等编译,北京,商务印书馆2021年版。

[49][德]沃尔夫冈·弗里茨·豪格主编:《马克思主义历史考证大辞典》第1卷,俞可平等编译,北京,商务印书馆2018年版。

[50][美]大卫·哈维:《资本之谜:人人需要知道的资本主义真相》,陈静译,北京,电子工业出版社2011年版。

[51][德]伯尔尼德·哈姆、[加]拉塞尔·斯曼戴奇编:《论文化帝国主义:文化统治的政治经济学》,曹新宇、张樊英译,北京,商务印书馆2015年版。

[52][美]赫伯特·马尔库塞:《马尔库塞文集》第6卷,高海青、连杰、陶锋译,北京,人民出版社2019年版。

[53][加]莫伊舍·普殊同:《时间、劳动与社会统治:马克思的批判理论再阐释》,康凌译,北京,北京大学出版社2019年版。

[54][法]居伊·德波:《景观社会》,张新木译,南京,南京大学出

版社2017年版。

[55][法]让·鲍德里亚:《物体系》,林志明译,上海,上海人民出版社2019年版。

[56][德]哈贝马斯:《作为"意识形态"的技术与科学》,李黎、郭官义译,上海,学林出版社1999年版。

[57][美]贾森·萨多夫斯基:《过度智能》,徐琦译,北京,中译出版社2022年版。

[58][法]让·鲍德里亚:《符号政治经济学批判》,夏莹译,南京,南京大学出版社2015年版。

[59][印]阿马蒂亚·森:《以自由看待发展》,任赜、于真译,北京,中国人民大学出版社2012年版。

[60][澳]罗兰·玻尔:《尘世的批判——论马克思、恩格斯与神学》,陈影、李洋译,北京,中国人民大学出版社2019年版。

四、期刊论文

[1]谌中和:《马克思的东方社会理论与中国历史道路》,《广东社会科学》2015年第5期。

[2]张奎良:《马克思东方社会理论的再反思》,《求是学刊》2014年第5期。

[3]俞良早:《马克思恩格斯关于"东方问题"留待欧洲革命解决的思想》,《马克思主义与现实》2022年第1期。

[4]叶险明:《重新诠释两个重要历史哲学命题间的关系——超越"文明形态的多样"与"世界文明发展的统一和趋向"关系认识中的误区》,《理论视野》2022年第8期。

[5]薛永龙、吴学琴:《资本逻辑场域下传统文化的发展困境及出

路》,《中国石油大学学报(社会科学版)》2018 年第 5 期。

[6] 马骏:《马克思关于东方国家现代化进程的理论思考及启示》,《社会主义研究》2022 年第 6 期。

[7] 王莅:《亚细亚社会与资本扩张的空间界限——基于马克思的资本批判视角》,《马克思主义与现实》2023 年第 2 期。

[8] 秦慧源:《唯物史观视域下的文化资本逻辑批判》,《哲学动态》2018 年第 7 期。

[9] 张三元:《论资本逻辑与现代性文化》,《江汉论坛》2019 年第 3 期。

[10] 刘同舫:《"第二个结合"与文化主体性的巩固》,《思想理论教育》2024 年第 1 期。

[11] 何中华:《从马克思主义中国化看"两个结合"的意涵》,《哲学研究》2023 年第 9 期。

[12] 林彦虎:《论资本介入文化领域的双重影响及其超越路径》,《湖北社会科学》2023 年第 8 期。

[13] 李明哲、高福进:《文化帝国主义数字殖民的危机表征及应对路径》,《马克思主义文化研究》2023 年第 1 期。

[14] 陈立新:《中华民族现代文明的文化主体性建设》,《中国社会科学评价》2023 年第 4 期。

[15] 宁德业:《〈共产党宣言〉的文化思想及其当代价值》,《当代世界与社会主义》2018 年第 1 期。

[16] 张智:《论"为政以德"与"王霸之辨"》,《道德与文明》2020 年第 1 期。

[17] 何中华:《马克思主义与儒学的会通何以可能?》,《文史哲》2018 年第 2 期。

[18] 王芳、于少青:《〈共产党宣言〉中资本历史使命思想及其当代启示》,《社会主义研究》2018 年第 3 期。

[19] 李爱军:《马克思恩格斯对资本逻辑的批判及其当代价值——基于〈资本论〉的文本分析》,《求索》2021 年第 1 期。

[20] 魏传光:《从生产逻辑到资本逻辑:马克思正义思想的双重透视》,《哲学动态》2021 年第 3 期。

[21] 孙要良:《历史唯物主义视野中的资本逻辑与自然力——基于马克思〈1861—1863 年经济学手稿〉》,《北京大学学报(哲学社会科学版)》2019 年第 5 期。

[22] 付文军:《论资本主义“自我否定”的逻辑——基于〈资本论〉及其手稿的批判性考察》,《社会主义研究》2019 年第 5 期。

[23] 于少青:《资本逻辑的批判及其超越:恩格斯自然力思想的贡献》,《社会主义研究》2021 年第 2 期。

[24] 付文忠、马莲:《埃里克·赖特对当代资本主义的批判及其社会主义新规划》,《马克思主义文化研究》2018 年第 1 期。

[25] 王芳、于少青:《“互联网+”的逻辑转变与共产主义道路旨向——对〈德意志意识形态〉中分工与人的发展理论的思考》,《毛泽东邓小平理论研究》2018 年第 2 期。

[26] 王圆圆:《马克思“资本—劳动”关系思想及其时代价值——基于〈资本论〉的文本研究》,《马克思主义与现实》2021 年第 1 期。

[27] 姜英华:《数字时代资本逻辑的政治经济学批判》,《天府新论》2021 年第 5 期。

[28] 王建红:《“元宇宙”现象的历史唯物主义探析》,《江淮论坛》2022 年第 2 期。

[29] 徐艳如:《数字拜物教的秘密及其背后的权力机制》,《马克思主

义研究》2022 年第 6 期。

[30] 李石:《元宇宙追问——哲学、政治学、经济学径路的探讨》,《求索》2023 年第 2 期。

[31] 彭兰:《元宇宙之路的近虑与远忧——基于用户视角的需求—行为分析》,《探索与争鸣》2022 年第 7 期。

[32] 聂楠:《马克思劳动权利思想的内涵及其启示——基于〈资本论〉的文本分析》,《社会主义研究》2021 年第 1 期。

[33] 李勇坚、张海汝:《推动元宇宙与文化产业融合发展》,《学习与探索》2022 年第 9 期。

[34] 何中华:《马克思对人与自然对象性关系的历史建构——基于〈资本论〉语境的研究》,《哲学动态》2020 年第 1 期。

[35] 韩文龙:《平台经济全球化的资本逻辑及其批判与超越》,《马克思主义研究》2021 年第 6 期。

[36] 鲍金:《实践功能论视域中的意识形态真假性标准再阐释——以拜物教问题为例》,《马克思主义与现实》2020 年第 4 期。

[37] 杨丽丽:《"拜物教"嬗变的根本动因及其社会影响——基于"符号拜物教"和"符号价值"的跨学科研究视角》,《思想教育研究》2020 年第 8 期。

[38] 田辰山:《自信来自中国哲学文化本身的源头》,《马克思主义文化研究》2020 年第 1 期。

[39] 孙倩倩、岳伟:《论习近平新时代中国特色社会主义思想的整体性逻辑》,《社会主义研究》2020 年第 5 期。

[40] 朱光亚、江峻任:《从西学东渐到儒学复兴:马克思主义中国化视域中的儒学现代化问题》,《北京科技大学学报(社会科学版)》2020 年第 2 期。

[41][日]柄谷行人、欧阳钰芳:《作为精神的资本》,《开放时代》2017年第1期。

[42][英]斯图亚特·霍尔、孔智键:《马克思论方法：读1857年〈导言〉》,《山东社会科学》2016年第7期。

后 记

本书基于我在山东大学马克思主义学院（威海）工作期间的研究方向和科研工作撰写而成，是教育部人文社会科学研究青年基金项目“马克思东方社会理论视域下的文化自信研究”的结项成果。最初选择这一研究主题，主要是基于自己在博士研究生和博士后流动站阶段的研究兴趣，同时结合了所在学院和学术团队共同的研究经历。包括文化问题在内的当代各种社会发展问题，背后都有资本逻辑存在，这也是马克思、恩格斯始终致力于研究的问题，是他们一生的“对手”。当今世界文化与文明的冲突问题，始终是制约人类文明进步发展的障碍，只有解决好这个问题，才能对文化主体性建设和文化强国建设具有新的现实意义。基于马克思东方社会理论的视域，将资本逻辑与文化结合进行研究，希望能为相关研究贡献自己的绵薄之力。中华民族伟大复兴的实现，将是一个长期的历史过程，“功成不必在我”，我至少可以做到的是“为往圣继绝学”。

此书能够顺利出版，特别感谢山东大学马克思主义学院和学习出版社合作的“马克思主义理论研究丛书”出版资助计划，同时也要感谢学院领导老师和出版社编辑老师的支持和帮助。2019 年我博士毕业进入山东大学马克思主义学院（威海）从事教学和科研工作，距今已有 5 年之久，5 年的工作经历“应似飞鸿踏雪泥”，在这里也得到了学院众多领导老师和朋友的关心与帮助，使我能够继续在科学研究的康庄大道上踏歌长行，同时也要感谢我的家人对我工作的理解与支持。

由于本人学识有限，本书中错漏、浅薄与不足之处，还请读者批评指正。

2024 年夏·威海